"十二五"高等院校国际贸易专业规划教材

国际贸易实务

主 编 李 红 张亚芬 任慧玲 简 方
副主编 黄 剑 逢红梅

南京大学出版社

图书在版编目（CIP）数据

国际贸易实务 / 李红等主编. — 南京：南京大学
出版社，2013.12（2022.7 重印）
（"十二五"高等院校国际贸易专业规划教材）
ISBN 978 - 7 - 305 - 12851 - 6

Ⅰ. ①国… Ⅱ. ①李… Ⅲ. ①国际贸易－贸易实务
Ⅳ. ①F740.4

中国版本图书馆 CIP 数据核字（2013）第 317091 号

出版发行　南京大学出版社
社　　址　南京市汉口路 22 号　　　　邮　编　210093
出 版 人　金鑫荣
丛 书 名　"十二五"高等院校国际贸易专业规划教材
书　　名　国际贸易实务
主　　编　李　红　张亚芬　任慧玲　简　方
责任编辑　李宝平　荣卫红　　　编辑热线 025 - 83685720

照　　排　南京南琳图文制作有限公司
印　　刷　南京百花彩色印刷广告制作有限责任公司
开　　本　787×1092　1/16　印张 16.25　字数 406 千
版　　次　2013 年 12 月第 2 版　2022 年 7 月第 8 次印刷
ISBN 978 - 7 - 305 - 12851 - 6
定　　价　36.00 元

网址：http://www.njupco.com
官方微博：http://weibo.com/njupco
官方微信号：njupress
销售咨询热线：（025）83594756

再版前言

　　2007 年本书作为江苏省高等学校精品教材出版,至今已有 7 年的光阴。在此期间,伴随着科学技术的快速发展,国际贸易理论、贸易政策和贸易实务有了新的发展变化,尤其是国际贸易惯例和我国对外贸易政策有了较多的变化。如,国际商会新修订的《2010 年国际贸易术语解释通则》(2011 年 1 月 1 日正式实施);英国伦敦保险协会通过修订自 2009 年 1 月 1 日生效的《协会货物条款》;2012 年 8 月 1 日起国家外汇管理局取消出口收汇核销单等。为此,有必要对原教材进行修订和完善,使其能及时地、充分地反映国际贸易领域的新情况、新问题以及新方法,以更好地适应国际贸易发展的需要。

　　本次修订再版的一个重要特点是,在教材的实用性和实务可操作性方面有所突破。通过有选择的降低对现有理论知识深度掌握的要求,强化实践技能的训练,以加强学生对理论的应用能力和实际操作能力的培养。新教材构建了一个有理论、有案例、有分析、有操作、有应用的完整体系,能够更好地满足高等院校,尤其是应用型本科院校经济专业的师生以及广大从事国际贸易的实践工作者的需求。

　　这次书稿修订再版做了以下调整:(1)应用最新修订的国际贸易惯例。使用适用于国际贸易和国内贸易的《2010 年国际贸易术语解释通则》(INCOTERMS2010),并对第一章关于贸易术语的内容进行了全面更新。(2)更新补充案例、补充习题。每章中都有几例案例评析,章后附有一则经典案例,对每章后面的"思考与练习"进行了补充和完善;(3)每章补充了"想一想"板块。目的是提高学生发现问题、思考问题和解决问题的能力。(4)更新附件单证示例。采用真实的外贸单证,反映外贸业务原貌。(5)对教材内容进行整体精编,使语言表述更加精练,简明扼要,通俗易懂。

　　与现有的教材相比,本书的创新及特色如下:

　　(1)依据"易学、够用、可操作"的原则,培养学生对岗位的适应能力。课程内容和要求充分考虑了外销员、单证员、货代员、报关员等职业资格考核标准的相关要求;注重学生实践技能的培养,精心整合理论课程,合理安排知识点、技能点;注重实训教学,突出对学生能力的培养。通过"讲、学、练一体"的教学理念,充分体现学生为主体,教师引导、指导的作用。

　　(2)贴近外贸业务实际。教材中所用案例以外贸企业中发生实例为基础编写,所用合同、单证、票据等都是外贸企业的真实文件资料。

　　(3)对于难度较大的内容,如运输费用计算、保险条款保险险别的承保范围、进出口货物报关程序等知识点,进行了适当删减;对于专业性太强的内容,如国际贸易术语、结算票据、结算方式、运输方式及其运输单据等,只提出了了解要求。

　　(4)配套教学资源新颖丰富。教材配备了 PPT 电子教案以便于教师授课。提供了适当的实训资料及单证示例,为的是更好地提高学生的实际操作能力。

　　参加本次修订工作的有:李红(第一、二、三章),张亚芬(第三、四、五章),简方(第六、七章),任慧玲(第八、九章),黄剑、逢红梅(第十章)。李红、张亚芬任主编,负责全书的统稿工作以及 PPT 课件等整体编制工作。

本书在再版修订过程中,得到常州工学院经济与管理学院、常州大华(集团)有限公司、常州科兴贸易有限公司等单位的大力支持,在此一并表示最诚挚地感谢。

对于本书中可能存在的不妥之处,敬请各位老师、同学及广大读者批评指正。

编 者

2014 年 1 月

目 录

第一章
国际贸易术语

教学目标

   通过本章的教学,使学生了解有关国际贸易术语的国际惯例;理解贸易术语的含义、性质与作用;了解《2000 年通则》与《2010 年通则》的区别;重点掌握六种主要贸易术语的含义,卖方交货的地点、风险转移的界限及买卖双方承担的义务和费用。

关键词

   贸易术语(Trade Terms)

   国际惯例(International Practice)

   装运港船上交货 FOB(Free on Board)

   货交承运人 FCA(Free Carrier)

   成本、保险费加运费 CIF(Cost,Insurance and Freight)

   成本加运费 CFR(Cost and Freight)

   装运港船边交货 FAS(Free Alongside Ship)

   工厂交货 EXW(Ex Works)

   目的地交货 DAP(Delivered at Place)

   完税后交货 DDP(Delivered Duty Paid)

   运费、保险费付至 CIP(Carriage and Insurance Paid to)

   运费付至 CPT(Carriage Paid to)

   目的地或目的港的集散站交货 DAT(Delivered at Terminal)

第一节 有关贸易术语的国际贸易惯例

一、贸易术语的含义

   贸易术语(Trade Terms)又称贸易条件或价格条件,是在长期的国际贸易实践中产生的,用一个简短的概念,如"Free Carrier",或 3 个英文字母缩写,如"CIF",来表明商品的价格构成,明确买卖双方有关费用、风险和责任的划分,以确定买卖双方在交货和接货过程中应尽的权利、义务。

二、有关贸易术语的国际贸易惯例

1.《1932 年华沙—牛津规则》

国际法协会于 1928 年在华沙举行会议,制定了有关 CIF 买卖合同的统一规则,后又经 1932 年牛津会议进行重新修订,命名为《1932 年华沙—牛津规则》。该规则主要说明了 CIF 买卖合同的性质和特点,并且具体规定了 CIF 合同中买卖双方各自所承担的费用、责任和风险以及所有权转移方面的问题,一直沿用至今。

2.《1941 年美国对外贸易定义修订本》

该定义是美国九个商业团体最早于 1919 年在纽约制定,后来于 1941 年在美国第 27 届对外贸易会议上作了修订并予以公布的。该定义中所解释的贸易术语共有 6 种,分别是:EX(产地交货)、FOB(在运输工具上交货)、FAS(在运输工具旁交货)、CFR(成本加运费)、CIF(成本加保险费、运费)、EX Dock(目的港码头交货)。该定义在美洲国家采用较多,由于它对贸易术语的解释,特别是对第二种和第三种术语的解释与《2010 年国际贸易术语解释通则》有明显的差异,所以在与美洲国家做交易时应加以注意。

3.《2010 年国际贸易术语解释通则》

2010 年 9 月 27 日,国际商会在巴黎召开全球发布会,正式推出新修订的《2010 年国际贸易术语解释通则》(简称 INCOTERMS 2010,2010 通则)。

虽然《2010 通则》于 2011 年 1 月 1 日正式生效,但并非《2000 通则》或更早的通则版本就自动作废。因为国际贸易惯例本身不是法律,对国际贸易当事人不产生必然的强制性约束力。买卖双方在订立合同时可自愿选择通则的版本,也可在合同中作出与通则解释不同的规定,其效力将超越惯例的任何规定。

三、《2010 通则》与《2000 通则》的主要区别

相对《2000 通则》,《2010 通则》主要有以下变化。

(一)贸易术语数量由原来的 13 种变为 11 种

删除《2000 通则》D 组的 4 个术语(DAF、DES、DEQ、DDU),只保留了 DDP;新增 2 个术语(DAT 和 DAP),以 DAP 和 DAT 取代了 DAF、DES、DEQ、DDU,且扩展至适用于任何运输方式。

(二)贸易术语分类由 4 组变为 2 类

由原来的 E、F、C、D 4 组术语变为 2 类术语,即适用于各种运输方式和适用于水运。第一类有 7 种术语,包括 EXW、FCA、CPT、CIP、DAP、DAT、DDP,适用于任何运输方式;第二类有 4 种术语,包括 FAS、FOB、CFR、CIF,只适用于海运或内河运输。

表 1 - 1　　11 种贸易术语的分类及其适用的运输方式

类　别	术语缩写	术语英文含义	术语中文含义	适用的运输方式
第一类	EXW	Ex Works	工厂交货	任何运输方式
	FCA	Free Carrier	货交承运人	
	CPT	Carriage Paid to	运费付至	
	CIP	Carriage and Insurance Paid to	运费、保险费付至	
	DAP	Delivered at Place	目的地交货	
	DAT	Delivered at Terminal	目的地或目的港的集散站交货	
	DDP	Delivered Duty Paid	完税后交货	
第二类	FAS	Free alongside Ship	装运港船边交货	水上运输
	FOB	Free on Board	装运港船上交货	
	CFR	Cost and Freight	成本加运费	
	CIF	Cost，Insurance and Freight	成本、保险费加运费	

（三）取消了"船舷"的概念

卖方承担货物装上船为止的一切风险,买方承担货物自装运港装上船后的一切风险。

（四）使用范围扩大至国内贸易合同

贸易术语在传统上被运用于表明货物跨越国界传递的国际销售合同。然而,世界上一些地区的大型贸易集团,像东盟和欧洲单一市场的存在,使得原本实际存在的边界通关手续变得不再那么有意义。《2010 通则》的编撰委员会认识到这些术语对国内和国际销售合同都是适用的,因此,《2010 通则》在一些地方作出明确说明,只有在适用的地方,才有义务遵守进出口所需的手续。

（五）使用指南

《2010 通则》中的每一种术语在其条款前面都有一个使用指南。指南解释了每种术语的基本原理:何种情况应使用此术语;风险转移点是什么;费用在买卖双方之间是如何分配的。这些指南并不是术语正式规则的一部分,它们是用来帮助和引导使用者准确有效地为特定交易选择合适的术语。

（六）赋予电子单据与书面单据同样的效力

早期版本的通则已经对需要的单据作出了规定,这些单据可被电子数据交换信息替代。《2010 通则》赋予电子通讯方式完全等同的功效,只要各方当事人达成一致或者在采用地是惯例。这一规定有利于电子商务的演变发展。

（七）保险

《2010 通则》是自伦敦协会货物保险条款修改以来的第一个有关国际贸易术语惯例的

版本,这个最新版本在所修改内容中充分考虑了这些保险条款的变动。《2010 通则》在涉及运输和保险合同的 A3/A4 条款中罗列了有关保险责任的内容,原本它们属于内容比较泛化而且有着比较泛化标题"其他义务"的 A10/B10 款。为了阐明当事人的义务,对 A3/A4 款中涉及保险的内容作出了修改。

(八) 有关安全的核准书及这种核准书要求的信息

如今对货物在转移过程中的安全关注度很高,因而要求检定货物不会因除其自身属性外的原因而造成对生命财产的威胁。因此,在各种术语的 A2/B2 和 A10/B10 条款内容中包含了取得或提供帮助取得安全核准的义务,如货物保管链。

(九) 码头装卸费

按照 C 组术语,卖方必须负责将货物运输至约定目的地:表面上是卖方自负运输费用,但实际上是由买方负担,因为卖方早已把这部分费用包含在最初的货物价格中。运输成本有时包括货物在港口内的装卸和移动费用,或者集装箱码头设施费用,而且承运人或者码头的运营方也可能向接受货物的买方收取这些费用。在这些情况下,买方就要注意避免为一次服务付两次费:一次包含在货物价格中付给卖方;一次单独付给承运人或码头的运营方。《2010 通则》在相关术语的 A6/B6 条款中对这种费用的分配作出了详细规定,有助于避免经常出现的码头处理费(THC)纠纷。

(十) 连环销售(String Sales)

在商品的销售中,有一种和直接销售相对的销售方式即连环销售,货物在沿着销售链运转的过程中频繁地被销售好几次。在这种情况下,在一连串销售中间的销售商并不将货物"装船",因为它们已经由处于这一销售链中的起点销售商装船。因此,连环销售的中间销售商对其买方应承担的义务不是将货物装船,而是"设法获取"已装船货物。着眼于贸易术语在这种销售中的应用,《2010 通则》的相关术语中同时规定了"设法获取已装船货物"和将货物装船的义务。

第二节　六种主要贸易术语

在国际贸易中,仅适用于海运并在装运港交货的 3 种术语最为常用,分别是 FOB、CFR 和 CIF。随着集装箱运输和多式联运方式的不断普及,FCA、CPT 和 CIP 术语也越来越多地在国际贸易中使用。因此,熟悉这 6 种主要贸易术语的含义、买卖双方的义务以及在使用中应注意的问题,显得特别重要。

一、FOB 术语

free on board ... named port of shipment——即装运港船上交货(……指定装运港),是指卖方在合同规定的装运期内在指定的装运港将货物交至买方指定的船上,即完成交货,并负担货物装上船为止的一切责任、费用和风险。买方必须负担自该交货点起的一切费用和货物灭失或损坏的风险。FOB 术语要求卖方办理出口清关。

FOB 术语只适用于海运和内河航运。如果双方当事人不以货物装上船作为完成交货，则应采用 FCA 术语。

（一）买卖双方的责任划分

根据《2010 年通则》对 FOB 的解释，买卖双方各自承担的基本义务见表 1 - 2。

表 1 - 2　FOB 术语下买卖双方责任划分一览表

分类	卖　方	买　方
常规责任	在合同规定时间和指定港将货物装上指派的船上，并给予买方充分的通知	收取按合同规定交付的货物，并负责按合同规定支付价款
	办理货物出口所需的海关手续，取得出口许可证或其他核准书	办理货物进口所需的海关手续，取得进口许可证或其他核准书
	提供交货凭证、运输单据或同等作用的电子讯息	接受与合同相符的单据
共同责任	承担货物装上船为止的一切费用和风险	承担货物装上船后的一切费用和风险
主要责任	无	负责租船或订舱，支付运费，并给予卖方关于船名、装船地点和要求交货时间的充分通知
		负责办理保险并支付保险费

（二）采用 FOB 术语应注意的问题

1. FOB 合同属于装运合同

在 FOB 术语下，卖方在装运港将货物装上船，即完成交货义务。装运合同与到达合同是完全不同的。所谓装运合同，就是卖方只管按时装运，不管货物何时到达。所谓到达合同，就是卖方既要按时装运，又要确保货物按时到达。

2. FOB 是象征性交货方式

从交货方式来看，有象征性交货（Symbolic Delivery）和实际交货（Physical Delivery）之分。象征性交货是指卖方只要按期在约定地点完成装运，并向买方提交合同规定的有关单证包括物权凭证在内的有关单证，就算完成了交货义务。实际交货是指卖方在规定的时间和地点，将符合合同规定的货物提交给买方或其指定人，而不能以交单代替交货。在象征性交货方式下，卖方凭单交货，买方凭单付款。只要卖方如期向买方提交了合同规定的全套合格单据，即使货物在运输途中损坏或灭失，买方也必须履行付款义务，但他可凭提单向船方或凭保险单向保险公司要求赔偿。反之，如果卖方提交的单据不符合要求，即使货物完好无损地运达目的地，买方仍有权拒付货款。

FOB 是一种典型的象征性交货。卖方提交单据，可推定为交付货物，而买方则必须凭符合合同要求的货运单据支付价款。但必须指出，按 FOB 术语成交，卖方履行其交单义务，只是得到买方付款的前提条件，他还必须履行交货义务。如果卖方提交的货物不符合要求，买方即使已经付款,仍然可以根据合同规定向卖方提出索赔。

3. 船货衔接

在 FOB 合同中,买方必须负责租船或订舱,并将船名和装船时间通知卖方,而卖方则须负责在合同规定的装船期和装运港,将货物装上买方指定的船只。这里有个船货衔接的问题。买方在合同规定的期限内安排船只到合同指定的装运港接受装货。如果船只按时到达装运港,因卖方货未备妥而未能及时装运,则卖方应承担由此造成的空舱费(Dead Freight)或滞期费(Demurrage)。反之,如果买方延迟派船,使卖方不能在合同规定的装运期内将货物装船,则由此引起的卖方仓储、保险等费用支出的增加以及因迟收货款而造成的利息损失,均须由买方负责。因此,在 FOB 合同中,买卖双方对船货衔接事项,除了在合同中明确规定外,双方应加强联系,密切配合,防止船货脱节。同时,卖方发货后应及时用电讯方式向买方发出装船通知。

按 FOB 成交如货物数量不大,只需部分舱位且用班轮装运时,买方可委托卖方代办各项装运手续,但买方负责偿付卖方代办上述手续而产生的任何费用,订不到舱位的风险也由买方负担。

4. 装货费用的负担

按照《2010 通则》的解释,卖方承担将货物装上船之前的一切费用。如采用班轮运输,装卸费用等都包括在运费之内,由买方负担。若采用程租船运输,买卖双方应在合同中就装货各项费用由何方负担问题作出具体规定。在国际贸易中形成了 FOB 术语的变形,这种变形可以在合同中用文字作出具体规定,也可采用在 FOB 术语后加列字句或缩写,以明确装船费由谁负担的问题。常见的 FOB 术语变形,如表 1-3 所示。

表 1-3　FOB 术语变形

FOB 术语的变形	装货费用规定
FOB Liner Terms(FOB 班轮条件)	装货费由支付运费的一方(即买方)负担
FOB Under Tackle(FOB 吊钩下交货)	卖方将货物置于船舶吊钩可及之处,从货物起吊开始的装货费用由买方负担
FOB Stowed,FOBS(FOB 包括理舱)	卖方负责将货物装入船舱并负担理舱费在内的装货费用
FOB Trimmed,FOBT(FOB 包括平舱)	卖方负责将货物装入船舱并负担平舱费在内的装货费用
FOB Stowed and Trimmed,FOBST(FOB 包括理舱平舱)	卖方负责将货物装入船舱并负担理舱费和平舱费在内的装货费用

以上 FOB 术语的变形,只是为了明确装船费用由谁负担的问题而产生的,并不改变 FOB 术语的交货地点以及风险划分的界限。

案例评析 1-1

案例:某合同出售一级大米 300 公吨,按 FOB 条件成交。装船时,货物经过合同约定检验机构检验符合合同规定的品质条件,卖方在装船后及时发出装船通知。但航行途中,由于海浪很大,大米被海水浸泡,品质受到影响。货物到达目的港后,只能按三级大米的价格出售,因而买方要求卖方赔偿差价损失。试问:在上述情况下,卖方对该项损失是否应负责?为什么?

评析：卖方对该项损失不负责任。因为根据《2010 通则》的解释，按 FOB 术语成交，买卖双方对于货物的风险划分以货物在装运港装上船为界，卖方只承担货物在装运港装上船之前的风险，货物装上船之后包括在运输途中的风险则由买方负责。

二、CFR 术语

cost and freight ... named port of destination——成本加运费（……指定目的港），是指卖方在装运港将货物装上指定船只，即完成交货。CFR 是象征性交货，属于装运合同。卖方负责订立运输合同并安排运送货物，支付将货物运至指定目的港所需的费用和运费。但交货后货物灭失或损坏的风险以及由于发生事件而引起的任何额外费用，则由买方负担。CFR 术语要求卖方办理出口清关。

CFR 术语适用于海运和内河航运。如果双方当事人不以货物装上船作为完成交货，则应采用 CPT 术语。

（一）买卖双方的责任划分

CFR 术语下，买卖双方的责任划分，如表 1-4 所示。

表 1-4　CFR 术语下买卖双方责任划分一览表

分类	卖方	买方
常规责任	同 FOB（见表 1-2）	同 FOB（见表 1-2）
共同责任	同 FOB（见表 1-2）	同 FOB（见表 1-2）
主要责任	租船或订舱，支付运费	办理保险，支付保险费

（二）卸货费用的负担

CFR 术语下卖方只支付货物自装运港至目的港的正常运费，至于运输途中遭遇风险而产生的额外费用，则应由买方负担。在采用租船运输的情况下，货物运抵目的港卸货时产生的费用究竟由谁来承担，从 CFR 术语并不能清楚判定。为了明确责任和避免纠纷，国际上已经形成了该贸易术语的变形，如表 1-5 所示。

表 1-5　CFR 术语的变形及卸货费规定

CFR 术语的变形	卸货费用规定
CFR Liner Terms（CFR 班轮条件）	卖方或船方承担货物的卸货费，包括驳船费和码头费
CFR Landed（CFR 卸到岸上）	卖方负担卸货费，包括驳船费和码头费
CFR Ex Tackle（CFR 吊钩交货）	卖方负担将货物从舱底吊至船边或驳船上卸离吊钩为止的费用
CFR Ex Ship's Hold（CFR 舱底交货）	买方负担将货物从目的港船舱起吊、卸到码头的费用

上述 CFR 术语的变形，只是为了进一步明确卸货费由谁负担，并不改变交货地点和风险划分的界线。

（三）使用 CFR 术语应注意的问题

采用 CFR 术语，由卖方租船订舱，而由买方自行投保。如卖方不及时发出装船通知，买方就无法及时办理保险手续，甚至可能发生漏保货运险的情况。所以，卖方必须在装船前或装船时及时用电讯方式向买方发出装船通知。卖方对遗漏或不及时向买方发出装船通知，而使买方未能及时办妥货运保险所造成的后果，将承担违约责任。

案例评析 1-2

案例：我方以 CFR 术语与国外某公司签订一批茶叶的出口合同，合同规定最迟装运时间为 2013 年 4 月 10 日。我方备妥货物，并于 4 月 4 日装船完毕。由于适逢我国清明节放假，公司业务员未及时向买方发出装船通知，导致买方未能及时办理保险手续，而货物在 4 月 4 日晚因发生了火灾被烧毁。问：货物损失责任由谁承担？为什么？

评析：货物损失的责任由卖方承担。根据《2010 通则》的规定，按 CFR 术语成交，卖方有义务"给予买方货物装船的充分通知"，如果卖方未及时向买方发出装运通知，导致买方未能及时办理保险手续，由此引起的损失由卖方负担。

三、CIF 术语

cost, insurance and freight ... named port of destination——成本、保险费加运费（……指定目的港），是指当货物在指定装运港装上船后，卖方即完成交货。CIF 是象征性交货，也属于装运合同。卖方必须支付将货物运至指定目的港所需的运费、保险费及其他费用，但交货后货物灭失或损坏的风险以及由于发生事件而引起的任何额外费用，自卖方转移至买方。CIF 术语要求卖方办理货物出口清关。

CIF 术语只适用于海运和内河运输，如果双方当事人不拟以货物装上船作为完成交货，则采用 CIP 术语。

（一）买卖双方的责任划分

CIF 术语下，买卖双方的责任划分，如表 1-6 所示。

表 1-6　CIF 术语下买卖双方责任划分一览表

分类	卖　方	买　方
常规责任	同 FOB（见表 1-2）	同 FOB（见表 1-2）
共同责任	同 FOB（见表 1-2）	同 FOB（见表 1-2）
主要责任	租船或订舱，支付运费 办理保险，支付保险费	无

（二）卸货费用的负担

CFR 术语中述及的有关租船订舱的责任和在目的港卸货费用负担的问题，同样适用于

CIF 术语。为了明确卸货费用负担,也可采用 CIF 术语的变形。例如,CIF Liner Terms(CIF 班轮条件)、CIF Landed(CIF 卸到岸上)、CIF Ex Tackle(CIF 吊钩下交货)、CIF Ex Ship's Hold(CIF 舱底交货)。上述 CIF 术语的各种变形,在关于明确卸货费用负担的含义方面,与前述 CFR 术语变形中所说明的是相同的。

(三)使用 CIF 术语应注意的问题

1. CIF 合同属装运合同

根据《2010 通则》的解释,CIF 术语的交货点、风险点与 FOB 和 CFR 完全相同。因此,采用这些术语订立的买卖合同均属装运合同性质。此类合同的卖方在按合同规定在装运港将货物装上船之后,对货物可能发生的任何风险不再承担责任。

2. 卖方租船或订舱的责任

CIF 条件下,卖方必须负责租船或订舱。如卖方未及时租船或订舱,不能按合同规定装船交货,即构成违约,需承担责任。根据《2010 通则》规定,卖方只需负责按惯常条件租船或订舱,使用适合装运有关货物的通常类型的轮船,经习惯行驶航线装运货物,买方无权限制船舶的国籍、船型、船龄或指定船只、船公司等。但在实际业务中,如外方提出上述具体要求,在能够办到又不增加额外费用的情况下,我方也可灵活掌握考虑接受。

3. 卖方办理保险的责任

在 CIF 合同中,由卖方办理投保手续。但卖方是为了买方的利益办理货运保险的,规避货物装船后在运输途中的风险。卖方只需按伦敦协会货物保险条款或其他类似的保险条款中最低责任的保险险别投保,例如,ICC(C)险或平安险。如买方要得到更大责任保险险别的保障,及/或要求投保战争、罢工、暴动和民变险,须与卖方明示地达成协议,或者自行安排额外保险。最低保险金额应为合同规定的价款加 10%(即按 CIF 的发票金额加 10%),并以合同货币投保。保险责任的起讫期限为"仓至仓"。如果发生意外造成损失,买方可凭保险单直接向指定的保险代理索赔,至于能否得到赔偿,卖方概不负责。

综上所述,FOB、CFR 和 CIF 这 3 种常用的术语都是第二类贸易术语,都只适合水上运输,都是在装运港船上交货,其风险划分都是以装运上船为界。此类合同都属于装运合同,是象征性交货。采用这 3 种术语成交,除了对买方的资信状况要充分了解,对付款方式进行必要的控制外,还应注意防范买方不按时派船的风险(采用 FOB 术语)、船货衔接不当的风险(采用 FOB 术语)、买方不凭正本提单提货的风险(采用 FOB 术语)、漏保及运输途中的风险(采用 FOB 或 CFR 术语)。

案例评析 1 - 3

　案例:某外贸公司按 CIF 伦敦向英商出售一批核桃仁,由于该商品季节性较强,双方在合同中规定:买方须于 9 月底前将信用证开到卖方,卖方保证运货船只不得迟于 12 月 1 日抵达目的港。如货轮迟于 12 月 1 日抵达目的港,买方有权撤销合同;如货款已收,卖方须将货款退还买方。试问:这一合同的性质是否还属于 CIF 合同?

　评析:在国际贸易中,确定合同的性质是至关重要的。采用什么样的贸易术语,即属于什么样的合同性质。因为贸易术语本身就规定了买卖双方的有关责任、费用和风险界限的划分。但若合同的其他条款又规定了与这种贸易术语完全不同或有抵触的条款,那么有关这一贸易术语的惯例解释就完全不适用于该合同,甚至被认为无效。确定合同的性质不能单纯看它所使用的贸易术语,还要看该合同的全部内容是否与所使用贸易术语的主要含义相符。具体到本案的合同内容而言,在 CIF 术语下竟限定"到货日期",这就与 CIF 术语所赋予的风险界限划分的本意相悖。按 CIF 性质而言,是装运港交货,货物装上船之后的一切风险均由买方负责。如果限定"到货日期"岂不是要卖方承担货物装上船之后的一切风险? 其次,CIF 是"单据买卖",只要卖方提供齐全、正确的货运单据,买方也不能拒收单据,拒付货款。而该合同规定:如运货船只不能如期到达目的港,买方将收回货款。此项条款与 CIF 术语的本意相抵触。虽然名义上是按 CIF 成交,但已经改变了 CIF 合同的性质,由象征性交货变成了实质性交货。因此,业务人员应仔细审核合同条款,以免引起不必要的麻烦。

四、FCA 术语

free carrier ... named place——货交承运人(……指定地点),是指卖方在指定地点将货物交给买方指定的承运人,并办理了出口清关手续,即完成交货。FCA 合同也属于装运合同,是象征性交货。《2010 通则》将承运人定义为缔约承运人,即签署运输合同的一方。

FCA 术语是在以 FOB 同样原则基础上发展起来的,适用于任何运输方式,包括公路、铁路、江河、海洋、航空运输以及多式联运,特别是集装箱运输和多式运输的一种贸易术语。FCA 术语下买卖双方的责任划分,参照 FOB 术语下买卖双方的责任划分(见表 1-2)。

采用 FCA 术语应注意的问题。

1. 交货点和风险转移

由于 FCA 术语适用于任何运输方式,它的交货点需按不同的运输方式和不同的指定交货地而定。① 如在卖方所在处所交货,当货物被装上买方指定的承运人提供的收货运输工具上,卖方即完成交货义务;② 如在买方指定的地点交货,当货物在卖方送货的运输工具上(未卸下),被交由买方指定的承运人处置时,卖方即完成交货义务。由此可见,上述第①种情况下,FCA 的交货点是在卖方所在处所(工厂、工场、仓库等)由承运人提供的收货运输工具上;在第②种情况下,FCA 的交货点是在买方指定的其他地点(铁路终点站、启运机场、货运站、集装箱码头或堆场、多用途货运终点站或类似的收货点)卖方的送货运输工具上。当卖方按合同规定,在卖方所在处所将货物装上承运人的收货运输工具,或者,在其他指定交货地,在卖方的送货运输工具上,将货物置于承运人处置时,货物灭失或损坏的风险即转移至买方。

2. 买方安排运输

FCA 术语的买方必须自付费用订立自指定地运输货物的合同,但如果买方提出请求,要求卖方协助与承运人订立运输合同时,卖方也可代为办理,但有关费用和风险由买方负担。

案例评析 1-4

案例:北京 A 公司向美国纽约 B 公司出口某商品 50 000 箱,B 公司提出按 FOB 天津新港条件成交,而 A 公司则提出采用 FCA 北京的条件。试分析 A 公司提出上述成交条件的原因。

评析:A 公司提出采用 FCA 的原因为:FCA 术语适用于任何运输方式,北京是内陆城市,对 A 公司而言,FCA 北京交货更为方便,货物交给承运人时风险即转移给买方;如采用 FOB 天津新港条件交货,A 公司则要承担将货物运至天津新港越过船舷为止的一切风险。使用 FCA 术语对卖方而言具有以下优点:① 风险提前转移(货交承运人);② 提前交单收汇;③ 费用和风险减少。

五、CPT 术语

carriage paid to(... named place of destination)——运费付至(⋯⋯指定目的地),是指卖方负责订立运输合同,在合同规定的时间内将货物交给承运人(多式联运情况下,则交给第一承运人)处置时,即完成交货任务。CPT 合同也属于装运合同,是象征性交货。卖方交货后要及时通知买方,卖方承担货物交给承运人之前的一切风险,买方则承担自货物交付承运人处置时起货物灭失或损坏的一切风险。

上述承运人与 FCA 术语中的承运人相同。

CPT 术语是在以 CFR 同样原则基础上发展起来的,适用于任何运输方式,包括公路、铁路、江河、海洋、航空运输以及多式联运,特别是集装箱运输和多式运输的一种贸易术语。CPT 术语下买卖双方的责任划分,参照 CFR 术语下买卖双方的责任划分(见表 1-4)。

CPT 术语下,卖方将货物交给承运人后应及时向买方发出装运通知,以便买方办理保险和在目的地受领货物。卖方只承担从交货地到指定目的地的正常运费,包括装卸费。其他费用则由买方负担。

案例评析 1-5

案例:我方 A 公司以 CIP 条件出口一批箱包,A 公司按期将货物交给指定的承运人。但运输途中因天气原因延迟了 20 天,因而错过了销售旺季,买方因此向 A 公司提出索赔。问:此项损失应由谁承担?

评析:此项损失应由买方自己承担。因为按 CIP 术语成交的合同属于装运合同,其风险转移以"货交承运人"为界,即卖方将货物交给指定承运人时,风险就由卖方转移至了买方。因此,卖方按时将货物交给承运人以后产生的任何风险及造成的任何损失均由买方承担。

六、CIP 术语

carriage and insurance paid to(... named place of destination)——运费、保险费付至(⋯⋯指定目的地),是指卖方将货物交给承运人处置时,即完成交货义务。但卖方除了须承担在 CPT 术语下同样的义务外,还须对货物在运输途中灭失或损坏的买方风险取得货物保险,订立保险合同,并支付保险费。

CIP 术语适用于任何运输方式,包括多式联运。CIP 术语下买卖双方的责任划分,参照 CIF 术语下买卖双方的责任划分(见表 1-6)。

按 CIP 术语成交,卖方负责办理货运保险,并支付保险费,但货物从交货地点运往目的地运输途中的风险由买方承担。所以,卖方的投保仍属于代办性质。一般按 CIP 合同价款的 110％以合同货币投保。

　　CIP 术语是在以 CIF 同样原则基础上发展起来的,它们的价格构成中都包括运费和保险费,合同均属于装运合同,都是象征性交货。主要区别在于运输方式不同,CIF 术语只适用于水上运输,而 CIP 术语适用于任何运输方式,包括公路、铁路、江河、海洋、航空运输以及多式联运,特别是集装箱运输和多式联运。

案例评析 1-6

　　案例:我甲公司按 CFR 条件与外商签约,在信用证规定的装运期限内在装运港将货物装上开往目的港的货轮,并在装运前向保险公司办理了货物运输保险。但装船完毕不久,货轮起火爆炸沉没,该批货物全部灭失。外商问讯后来电表示拒绝付款。试问:甲公司应如何处理?

　　评析:甲公司可以不理会外商的无理行为,而应备妥符合信用证规定的全套单据向银行议付货款。理由如下:(1) 根据《2010 通则》的解释,按 CIF 术语成交,货物在装运港装上船之后包括在运输途中的风险由买方承担。(2) 根据《UCP600》第 5 条的规定,银行处理的是单据,而不是单据可能涉及的货物、服务或履行。只要受益人提交符合信用证规定的全套单据,银行就应向受益人支付款项,而不管货物的实际状况。

七、主要贸易术语的比较

(一) FOB、CFR 和 CIF 术语的比较

　　FOB、CFR 和 CIF 术语是国际贸易中最常用的 3 种术语,就买卖双方的义务而言,很多方面是相同的,不同之处主要在于租船订舱,支付运费;办理保险,支付保险费这两方面的责任。如表 1-7 所示。

表 1-7　FOB、CFR 和 CIF 术语下买卖双方承担的义务比较

		卖方义务	买方义务
相同点		装货,充分通知	接货
		出口手续,提供证件	进口手续,提供证件
		交单	受单、付款
		都是在装运港船上完成交货,风险、费用划分一致,以货物装上船为界	
		都是象征性交货,属于装运合同性质,凭单交货、凭单付款	
		都适用于海洋运输和内河运输	
不同点	FOB		租船订舱,支付运费 办理保险,支付保险费
	CFR	租船订舱,支付运费	办理保险,支付保险费
	CIF	租船订舱,支付运费 办理保险,支付保险费	无

（二）FCA、CPT 和 CIP 术语的比较

FCA、CPT 和 CIP 3 种术语适用于任何运输方式，买卖双方的义务基本相似，但又有区别，见表 1-8。

表 1-8　FCA、CPT 和 CIP 术语下买卖双方承担的义务比较

相同点		都适用于任何运输方式，包括多式联运
		风险划分均以货交承运人或多式联运的第一承运人为界
		都是象征性交货，属于装运合同性质，凭单交货、凭单付款
不同点	FCA	买方办理运输和保险，价格中不包含国外运费和保险费
	CPT	卖方办理运输并支付运费，买方办理保险并支付保险费
	CIP	卖方办理运输及保险，并支付运费和保险费，价格中包含运费及保险费

（三）FCA、CPT 和 CIP 与 FOB、CFR 和 CIF 术语的区别

FCA、CPT 和 CIP 3 种术语都是第一类贸易术语，分别是在 FOB、CFR 和 CIF 3 种传统术语的基础上发展起来的，买卖双方责任划分的基本原则是相同的，都是象征性交货，都属于装运合同性质；均由卖方办理出口清关手续，买方负责进口报关；买卖双方所承担运输和保险责任相互对应。但两类贸易术语又有区别，如表 1-9 所示。

表 1-9　FCA、CPT 和 CIP 与 FOB、CFR 和 CIF 术语的区别

不同点 ＼ 术语	FOB、CFR、CIF 术语	FCA、CPT、CIP 术语
运输方式	海运和内河运输	任何运输方式
承运人	船公司	船公司、铁路局、航空公司、多式联运经营人
交货地点	装运港船上	卖方处所承运人提供的运输工具上；铁路、公路、航空、内河、海洋运输承运人或多式联运承运人的运输站或其他收货点卖方的送货运输工具上
风险转移界限	货物在装运港装上船	货交承运人处置时
装卸费用负担（程租船）	使用贸易术语变形来明确装卸费用由何方负担	装卸费包含在运费中，由支付运费的一方承担
运输单据	已装船清洁海运提单	海运提单、铁路运单、航空运单、多式联运单据
运费负担	从装运港到目的港的海运运费	从出口国指定地点到进口国指定地点的各种运输方式的运费
投保险别	买方或卖方为货物投保海运险别	买方或卖方根据具体运输方式投保相应的海运、陆运、空运等险别

FCA、CPT 和 CIP 术语比 FOB、CFR 和 CIF 术语具有明显的优越性，尤其在出口业务中，以集装箱船、滚装船或多式联运方式运输货物的情形下：① 缩小了卖方承担的风险范围；② 提前获得运输单据，提前办理结汇，有利于卖方资金周转。因此，随着集装箱运输和

国际多式联运的广泛运用和发展,FCA、CPT 和 CIP 3 种贸易术语将会替代 FOB、CFR 和 CIF 3 种传统的贸易术语。

第三节　其他五种贸易术语

除上述 6 种主要贸易术语外,《2010 通则》还对其他 5 种贸易术语作了解释和说明。尽管这些术语在实际业务中较少使用,但在某些情况下,它们还是能满足买卖双方的特定要求的,因此,买卖双方可根据具体业务的需要灵活选用。

一、EXW 术语

ex works … named place——工厂交货(……指定地),是指卖方在其所在地(如工场、工厂或仓库等)将货物置于买方处置时,即完成交货义务。卖方不负责将货物装上买方备妥的车辆,也不负责出口清关。买方负担自卖方所在地受领货物至目的地所需的一切费用和风险。

此术语属于第一类,适用于任何运输方式。

1. 卖方的主要义务

(1) 风险转移。在卖方营业场所内将货物交买方处置为止。

(2) 费用负担。承担货物在卖方营业场所交买方处置前的一切成本及费用。

(3) 单据提供。负责提供商业发票,协助买方取得货物出、进口及过境他国等相关的文件。

(4) 货物交付。只需于约定期限内将货物备妥置于自己的营业场所、工厂或仓库内,不负责将货物装上买方的运输工具,亦不负责办理出口清关手续。

2. 买方的主要义务

待卖方将货物交与买方后,买方即须自行负担一切风险及费用将货物装上其所备之收货交通工具,同时办理货物出口清关及装运事宜。

EXW 术语下,卖方承担责任最小,买方承担责任最大。如买方不便在出口国办理相关事宜,则不宜采用此贸易术语。如买方要求卖方在发货时负责将货物装上收货车辆,并负担一切装货费用和风险,则应在合同中用明确的词句对此加以规定。

二、FAS 术语

Free Alongside Ship(… named port of shipment)——船边交货(……指定装运港),是指卖方在装运港将货物放置码头船边或驳船上靠船边,即完成了交货。买方须承担自该时刻起的一切费用和货物灭失或损坏的风险。FAS 术语是象征性交货,属于装运合同。FAS 术语属于第二类贸易术语,只适用于海运或内河运输。

1. 卖方的主要义务

(1) 风险转移。承担货物送至装运港买方指定船只旁边之前的一切风险。

(2) 费用负担。承担货物交指定船边之前的一切成本费用及出口清关费。

(3) 单据提供。提供商业发票、交货证明及出口许可证或其他官方许可文件。

（4）货物交付。须办妥货物出口清关事宜并负责一切风险及费用直到货物送至装运港买方指定的船边。

2．买方的主要义务

待货物运至买方指定船边后，一切风险费用及装运事宜便由买方负责。若买方怠于告知指定船边地点或指定船无法适时抵达而产生的费用及损失均由买方承担。

三、DAT 术语

delivered at terminal(... named terminal at port or place of destination)——目的地或目的港的集散站交货(……指定目的地)，是指卖方在指定目的地或目的港的集散站卸货后将货物交给买方处置即完成交货。DAT 术语是实际性交货，属于到达合同。该术语中的目的地也包括港口。本术语是《2010 通则》新增加的，取代了《2000 通则》的 DEQ 术语，并扩展至适用于任何运输方式。

1．卖方的主要义务

（1）风险转移。承担将货物交至指定的目的地或目的港的集散站之前的一切风险。

（2）费用负担。承担货物运抵目的地或目的港的集散站交买方处置前的一切成本及费用。

（3）单据提供。提供商业发票、官方及其他正式出口文件、小提单及（或）一般运送单据，协助买方取得输入货物而须由发货国签发的文件。

（4）货物交付。应于规定的期限内负担所有风险及费用直至货物运抵指定目的地或目的港的集散站交买方处置。

2．买方的主要义务

货物交买方处置后其一切风险和费用全归买方自行负责。

四、DAP 术语

delivered at place(... named place of destination)——目的地交货(……指定目的地)，是指卖方在指定目的地交货，只需做好卸货准备无须卸货即完成交货。DAP 术语是实际性交货，属于到达合同。术语所指的到达车辆也包括船舶，目的地也包括港口。卖方应承担将货物运至指定目的地的一切风险和费用(除进口费用外)。本术语是《2010 通则》新增加的，取代了《2000 通则》的 DAF、DES 和 DDU 3 种术语，且扩展至适用于任何运输方式及多式联运。

1．卖方的主要义务

（1）风险转移。承担货物交至指定目的地之前的一切风险。

（2）费用负担。承担货物运抵指定目的地交由买方处置之前的一切成本及费用。

（3）单据提供。提供商业发票、官方及其他正式出口文件、小提单及（或）一般运送单据，协助买方取得输入货物而须由发货国签发的文件。

（4）货物交付。应于规定的期限内负担所有风险及费用直至货物运抵指定目的地交买方处置。

2．买方的主要义务

货物交买方处置后的一切风险和费用全由买方自行负责。

五、DDP 术语

delivered duty paid(... named place of destination)——完税后交货(……指定目的地),是指卖方将货物运至进口国指定地,办理完进口清关手续,将在运输工具上尚未卸下的货物交与买方,即完成交货。DDP 术语是实际性交货,属于到达合同。卖方须负担货物运至该处所的风险和费用,包括关税、税捐和其他费用,并办妥货物进口清关手续。与 EXW 相反,DDP 是卖方承担责任最大的术语,是《2010 通则》保留《2000 通则》中唯一的 D 组术语,适用于任何运输方式。

1. 卖方的主要义务

(1) 风险转移。承担货物在目的地送达之运输工具上交买方处置前的一切风险。

(2) 费用负担。承担货物运抵指定目的地送达之运输工具上,税讫交买方处置前的一切成本及费用。

(3) 单据提供。负责提供商业发票、官方及其他正式出、进口或过境他国文件、小提单及(或)一般运送单据。

(4) 货物交付。应于规定的期限内负担所有风险及费用直至货物运抵指定目的地的送达运输工具上,并办妥货物进口清关手续及缴清各种进口税费后,交买方或其指定人处置。

2. 买方的主要义务

仅需负责将货物从送达运输工具上卸下。

第四节　贸易术语的选用

《2010 通则》对各种贸易术语条件下买卖双方承担的基本义务都做出了明确的规定。但是,在实际业务中,选择何种贸易术语,则要根据具体的交易情况而定。既要有利于买卖双方交易的达成,又要避免承担过大的风险。

一、《2010 通则》不是自动适用的

虽然《2010 通则》于 2011 年 1 月 1 日正式生效,但其实施之后并非《2000 通则》或更早版本的通则就自动作废。因此,买卖双方在签订合同时,要注明所用术语及通则的版本。例如:"FOB ... INCOTERMS 2010"。

如果买卖双方在合同中明确表示采用某种惯例时,则被采用的惯例对买卖双方均有约束力;如果合同中明确采用某种惯例,但又在合同中规定与所采用的惯例相抵触的条款,只要这些条款与本国法律不矛盾,就将受到有关国家法律的承认和保护,即以合同条款为准。国际贸易惯例并非法律,可采用也可不采用,如果合同中既未对某一问题做出明确规定,也未订明采用某一惯例,当争议发生付诸诉讼或提交仲裁时,法庭和仲裁机构可引用惯例作为判决或裁决的依据。

二、《2010 通则》中 11 种贸易术语的比较

根据运输方式的不同,《2010 通则》将 11 种贸易术语分为两类:第一类包含 7 种贸易术语,适用于任何运输方式;第二类包含 4 种贸易术语,适用于水上运输。

表 1-10 《2010 通则》11 种贸易术语的比较

贸易术语		交货地点	风险转移界限	运输	保险	出口报关	进口报关
第一类	EXW	出口国商品产地	货交买方处置	买方	买方	买方	买方
	FCA	出口国内	货交承运人	买方	买方	卖方	买方
	CPT	出口国内	货交承运人	卖方	买方	卖方	买方
	CIP	出口国内	货交承运人	卖方	卖方	卖方	买方
	DAT	进口国内	目的地卸货港码头或转运基地	卖方	卖方	卖方	买方
	DAP	进口国内	买方指定收货点	卖方	卖方	卖方	买方
	DDP	进口国内	买方指定收货点	卖方	卖方	卖方	卖方
第二类	FAS	装运港口	货交船边后	买方	买方	卖方	买方
	FOB	装运港口	装运港上船后	买方	买方	卖方	买方
	CFR	装运港口	装运港上船后	卖方	买方	卖方	买方
	CIF	装运港口	装运港上船后	卖方	卖方	卖方	买方

其中,除 DAT、DAP 和 DDP 3 种术语在进口国交货外,其余术语都是在出口国交货。EXW 术语为产地交货,而 DAT、DAP 和 DDP 3 种术语为目的地交货,签订的合同属于到达合同。卖方必须将货物运至进口国目的地,所承担的费用和风险在到达交货地点时才转移给买方。以"F"或"C"开头的术语为象征性交货,签订的合同均为装运合同。以"F"开头的术语,卖方承担的风险和费用均在交货地点同时转移给买方;以"C"开头的术语,风险在交货时转移,而费用则在目的港(地)转移。

三、合同条款与贸易术语的关系

贸易术语是一种国际惯例,它本身不是法律,对贸易双方不具有强制性,买卖双方有权在合同中做出与某项惯例不符的规定。国际贸易惯例可以明示或默示地约定合同当事人,而合同条款又可以明示地排除国际贸易惯例的适用。也就是说,当合同规定与贸易惯例发生冲突时,本着法律优先于惯例的原则,以合同条款为准。例如,买卖双方约定以 CIF 成交,但在合同中又规定了卖方必须将货物按时完好无损地运达目的港,买方才接受货物,支付货款。这就意味着,卖方要承担运输途中货物损坏、灭失和延误的风险,这一规定显然与国际贸易惯例对 CIF 的解释不符。

四、选用适当的贸易术语

在国际贸易中,贸易术语是确定合同性质、决定交货条件的重要因素。所选术语要适合

于标的货物和运输方式。因此,在选择贸易术语时应充分考虑以下因素。

(一) 运输条件

买卖双方采用何种贸易术语成交,首先应考虑采用何种运输方式运送,考虑该运输方式的运输能力、运输速度、运价高低以及运输安排的难易程度等。《2010 通则》中第二类术语适用于水运。尽管水运速度较慢,风险相对较大,但其最大的特点是运费低廉,特别是运送大宗货物时,可以有效降低单位商品的运费。第一类 7 种贸易术语适用于任何运输方式。随着运输技术的进步,新型运输方式被普遍地应用于国际货物运输,因此,这些贸易术语被越来越广泛地使用。

在本身有足够能力安排运输,又经济合算的情况下,争取采用由自身安排运输的术语成交(如按 FOB 或 FCA 进口,按 CIP、CIF、CPT 或 CFR 出口);否则,应酌情争取按由对方安排运输的条件成交(如按 FCA、FOB 或 FAS 出口,按 CIP、CIF、CFR 或 CPT 进口)。

(二) 货源情况

国际贸易中的货物品种很多,不同类别的货物具有不同的特点,对运输方面各有不同要求,故安排运输的难易不同,运费负担也有差异。这是选用贸易术语应考虑的因素。而成交量的大小也直接涉及安排运输是否有困难和经济上是否合算的问题。货物量大,对于租船订舱一般容易与船方洽商价格,买方更倾向于由卖方报 FOB 价,即由买方自己租船订舱。货物量小,不容易与船方或货运代理人洽商价格,一般以 CIF 或 CFR 贸易术语成交居多。另外,对于时效性较强的货物,如瓜果蔬菜类商品,一般由卖方租船订舱较为合适,即以 CIP、CIF、CPT 或 CFR 术语成交。这是因为卖方较为容易控制装运时间,不必等待买方指派运输工具而有可能造成衔接上的脱节。

(三) 运费

运费是货价构成要素之一,在选用贸易术语时,应考虑运输航线的运费收取情况和运价变动趋势。当运价看涨时,为避免承担运费上涨的风险,可选用由对方安排运输的贸易术语成交,如只能采用由自身安排运输的术语成交,则应将运价上涨的风险考虑到价格中去。

(四) 运输途中的风险

在国际贸易中,商品一般需要通过长途运输,货物在运输过程中可能会遇到各种自然灾害、意外事故等风险,特别是遇到战争或正常的国际贸易遇到人为障碍与破坏的时期或地区,则运输途中的风险更大。因此,买卖双方洽谈交易时,应根据不同时期、不同地区、不同运输路线和运输方式的风险情况,并结合购销意图来选用适当的贸易术语。

(五) 互利原则

在实际业务中,出口方为了多创外汇往往首选 CIP 术语,进口方则为了减少外汇支出而选用 FOB 术语。但贸易术语作为贸易条件,必须买卖双方取得一致。有些国家(如伊拉克、伊朗、阿根廷、巴西、巴基斯坦、孟加拉、索马里等中东、南美、南亚和非洲的一些国家)规定进口贸易必须在本国投保,有些买方为了谋求保险费的优惠,与保险公司订有预保合同,对此,卖方可同意按 CFR 和 CPT 方式出口。在大宗商品出口时,国外买方为谋求以较低运价租船,也可选用 FOB 或 FCA 方式成交。

(六)节省外汇和赚取外汇

从节省外汇和赚取外汇的角度看,交易中承担责任、费用较大的一方处于比较有利的地位。如按 CIF 或 CIP 术语出口,我方承担运输和保险责任,同时安排我国的运输公司进行运输,利用我国的保险公司进行投保,有利于我方获得较多的外汇。如按 FOB 术语进口,我方安排运输保险,运保费可用人民币来支付,不用花费外汇,起到了节省外汇的效果。

在具体交易中,选择贸易术语都会有所侧重,会有灵活的变化,绝不会有固定的模式。因此,要根据实际情况,权衡利弊,选择最适合的术语。

本章知识结构图

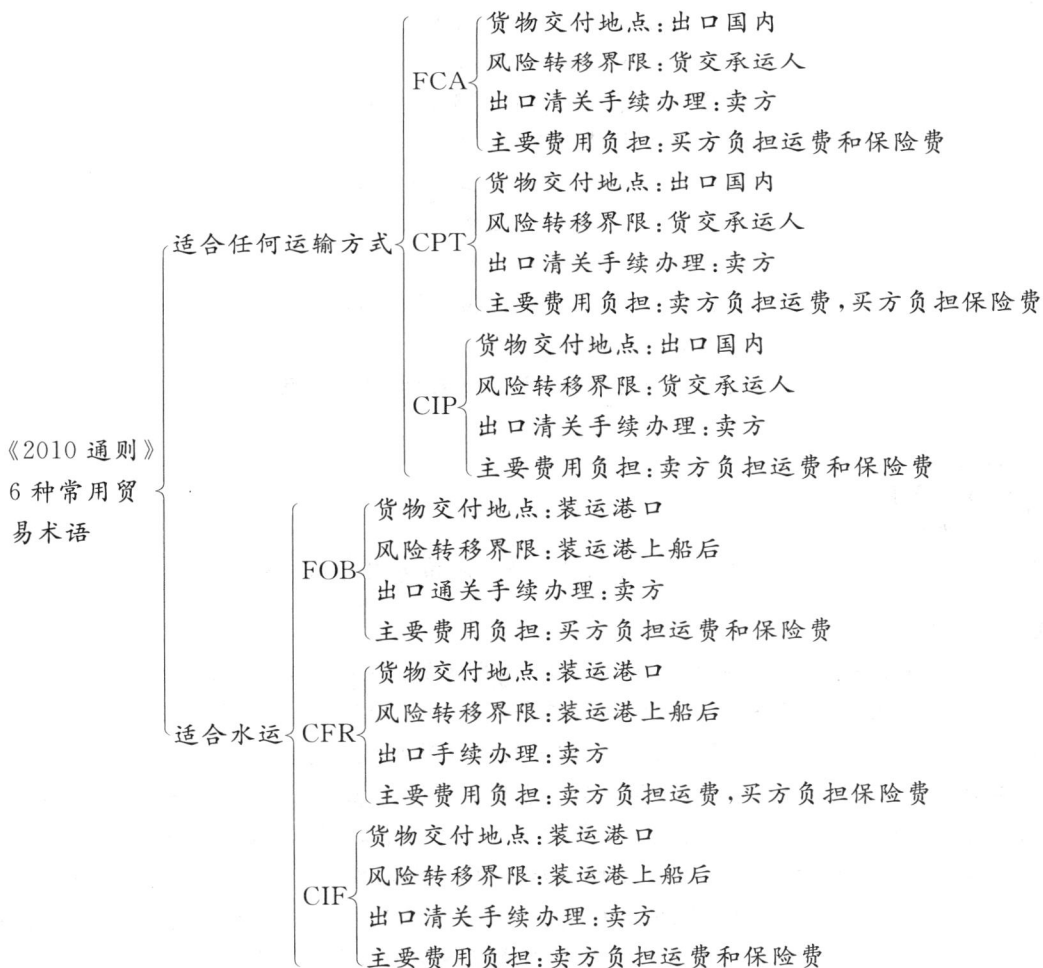

《2010 通则》6 种常用贸易术语

适合任何运输方式

FCA
- 货物交付地点:出口国内
- 风险转移界限:货交承运人
- 出口清关手续办理:卖方
- 主要费用负担:买方负担运费和保险费

CPT
- 货物交付地点:出口国内
- 风险转移界限:货交承运人
- 出口清关手续办理:卖方
- 主要费用负担:卖方负担运费,买方负担保险费

CIP
- 货物交付地点:出口国内
- 风险转移界限:货交承运人
- 出口清关手续办理:卖方
- 主要费用负担:卖方负担运费和保险费

适合水运

FOB
- 货物交付地点:装运港口
- 风险转移界限:装运港上船后
- 出口通关手续办理:卖方
- 主要费用负担:买方负担运费和保险费

CFR
- 货物交付地点:装运港口
- 风险转移界限:装运港上船后
- 出口手续办理:卖方
- 主要费用负担:卖方负担运费,买方负担保险费

CIF
- 货物交付地点:装运港口
- 风险转移界限:装运港上船后
- 出口清关手续办理:卖方
- 主要费用负担:卖方负担运费和保险费

《2010 通则》其他 5 种贸易术语

EXW
- 货物交付地点：出口国商品产地
- 风险转移界限：货交买方处置
- 出口清关手续办理：买方
- 主要费用负担：买方负担运费和保险费
- 适用运输方式：各种运输方式

FAS
- 货物交付地点：装运港口
- 风险转移界限：货交船边后
- 出口清关手续办理：卖方
- 主要费用负担：买方负担运费、保险费
- 适用运输方式：海运及内河运输

DAT
- 货物交付地点：进口国内
- 风险转移界限：目的地卸货港码头或转运基地（需卸货）
- 出口清关手续办理：卖方
- 主要费用负担：卖方负担运费和保险费
- 适用运输方式：任何运输方式

DAP
- 货物交付地点：进口国内
- 风险转移界限：目的地（无需卸货）
- 出口清关手续办理：卖方
- 主要费用负担：卖方负担运费和保险费
- 适用运输方式：任何运输方式

DDP
- 货物交付地点：进口国内
- 风险转移界限：进口国指定收货地点
- 进口通关手续办理：卖方
- 主要费用负担：卖方负担运费、保险费及进口国的进口关税

经典案例

CIF VS CIP？——贸易术语的选择

【案情介绍】

2000 年 5 月，美国某贸易公司（以下简称进口方）与我国江西某进出口公司（以下简称出口方）签订合同购买一批日用瓷具，价格条件为 CIF LOS-ANGELES，支付条件为不可撤销的跟单信用证，信用证中规定出口方需要提供已装船提单等有效单证。出口方随后与宁波某运输公司（以下简称承运人）签订运输合同。8 月初，出口方将货物备妥，装上承运人派来的货车。途中由于驾驶员的过失发生了车祸，耽误了时间，错过了信用证规定的装船日期。得到发生车祸的通知后，出口方即刻与进口方洽商，要求将信用证的有效期和装船期延展半个月，并本着诚信原则，告知进口方 2 箱瓷具可能受损。进口方回电称同意延期，但要求货价应降 5％。出口方回电据理力争。同意受震荡的 2 箱瓷具降价 1％，但认为其余货物并未损坏，不能降价。但进口方坚持要求全部降价。最终出口方还是做出让步，受震荡的 2

箱降价 2.5%，其余降价 1.5%，为此受到货价、利息等有关损失共计达到 15 万美元。

事后，出口方作为托运人又向承运人就有关损失提出索赔。对此，承运人同意承担有关仓储费用和 2 箱震荡货物的损失；利息损失只赔 50%，但对于货价损失不予理赔，认为这是由于出口方单方面与进口方的协定所致，与己无关。出口方却认为货物降价及利息损失的根本原因都在于承运人的过失，坚持要求其全部赔偿。经多方协商，承运人最终赔偿各方面损失共计 5.5 万美元。出口方实际损失 9.5 万美元。

【案情分析】

本案中，出口方耗费了时间和精力，损失也未能全部得到赔偿，这充分表明了 CIF 术语自身的缺陷使之在应用于内陆地区出口业务时不能充分保障出口方的权益。

1. 两种合同项下交货义务的分离，使风险转移滞后于货物实际控制权的转移。

在采用 CIF 术语订立贸易合同时，出口方同时以托运人的身份与运输公司即承运人签订运输合同。在出口方向承运人交付货物，完成运输合同项下的交货义务后，并不意味着他已经完成了贸易合同项下的交货义务。出口方仍要承担货物越过船舷前的一切风险和损失。而在货物交由承运人掌管后，托运人（出口方）已经丧失了对货物的实际控制权。承运人对货物的保管、配载、装运等都由其自行操作，托运人只是对此进行监督。出口方在其已经丧失了对货物的实际控制权的情况下继续承担责任和风险，这就存在损害出口方权益的隐患，尤其是从内陆地区经陆路运输到装运港口越过船舷，中间要经过一段较长的时间，无法预料会发生什么意外。也许有人认为，在此期间如果发生货损，出口方向进口方承担责任后，可依据运输合同再向承运人索赔，转移其经济损失。但是对于涉及有关诉讼的费用、损失责任承担很可能无法达成协议，再加上时间耗费，出口方很可能得不偿失。本案中，货物在承运人掌管之下发生了车祸，承运人就应该对所导致的货物损失、延迟装船、仓储费用等负责，但由此导致的货价损失、利息损失的承担双方却无法达成协议，使得出口方受到重大损失。

2. 运输单据规定有限制，致使内陆出口方无法在当地交单。

根据《2000 通则》的规定，CIF 条件下出口方应准备可转让提单、不可转让海运单或内河运输单据以备交单付款，这与其仅适用于水上运输方式相对应。在沿海地区这种要求易于得到满足，不会耽误结汇。货物在内陆地区交付承运人后，如果走的是河道航运，也没有太大问题，但如果是走陆路，这时承运人会签发陆运单或陆海联运提单而不是 CIF 条件要求的运输单据。这样，只有当货物运至装运港装船后出口方才能拿到提单或得到在联运提单上"已装船"的批注，然后再结汇。可见，这种对单据的限制会直接影响到出口方向银行交单结汇的时间，从而影响出口方的资金周转，增加了利息负担。本案中信用证要求出口方提交的就是提单，而货物走的是陆路，因此出口方只能到港口换单结汇。如果可凭承运人内地接货后签发的单据当地交单结汇的话，出口方虽然需要就货损对进口方负责，但可以避免货价损失和利息损失。

3. 内陆地区使用 CIF 术语还有一笔额外的运输成本。

在 CIF 价格中包括的运费应该从装运港到目的港这一段的运费。但从内陆地区到装运港装船之前还有一部分运输成本，如从甘肃、青海、新疆等偏远的内陆地区到我国东部装运港装船之前的费用一般要占出口货价的一定比例，有一些会达到 20% 左右。这部分的运费不能计算在货物价格内，而是由卖方负担，无疑提高了卖方的成本，削弱了出口企业的竞争力。

　　从以上分析可以看出,在内陆地区出口中使用 CIF 术语并不恰当。事实上,对于更多采用陆海联运或陆路出口的内陆地区来说,CIP 比 CIF 更合适。

【背景知识】

　　CIP 术语是 Carriage and Insurance Paid to … named place of destination 的缩写,它与 CIF 有相似之处,主要表现在:价格构成因素中都包括了通常的运费、保险费,即运输合同、保险合同都由卖方负责订立;交货地点均在出口国的约定地点;出、进口清关责任划分都是出口方负责出口通关、进口方负责进口通关;风险在交货地点交货完成而转移给买方,而运费、保险费却延展到目的地(港)。但两者也有明显的不同,正是两者的不同使 CIP 术语比 CIF 术语更适合内陆出口业务。

　　1. 从适用的运输方式看,CIP 比 CIF 更灵活,更适合内陆地区出口。CIF 只适用于水上运输方式(海运、内河航运),CIP 却适合任何运输方式。而对于内陆地区而言,出口时运输方式也是多种的,比如出口到美国、东南亚地区,一般是陆海联运;出口到欧洲大陆,一般是陆运。

　　2. 从出口方责任看,使用 CIP 术语时,出口方风险与货物的实际控制权同步转移,责任可以及时转移。CIF 术语下,出口方在装运港交货,买卖双方是以船舷为界划分风险,在货物越过船舷之前,不管货物处于何方的实际控制之下,卖方都要承担货损的责任。CIP 术语下则比较灵活,由双方在合同中约定,可以是港口,也可以是在内陆地区某地,但无论在哪里,出口方的责任到货交第一承运人处置时止,出口方将货物安全移交承运人即完成己方的销售合同和运输合同项下的交货任务,此后货物发生的一切损失均与出口方无关。

　　3. 从使用的运输单据看,使用 CIP 术语有利于内陆出口业务在当地交单结汇。CIP 涉及的通常运输单据种类要多于 CIF 术语涉及的,因具体运输方式不同,可以使用上面提到的 CIF 使用的单据,还可以是陆运运单、空运单、多式联运单据。承运人签发后,出口方即可据以结汇,缩短了结汇和退税时间,提高了出口方的资金周转速度。

　　此外,迅速发展的集装箱运输方式也为内陆地区出口使用 CIP 术语提供了便利条件。目前我国许多沿海港口如青岛、连云港都在争取“把口岸搬到内地”,发展内陆地区对沿海陆运口岸的集装箱直通式运输,这将会减少货物装卸、倒运、仓储的时间,降低运输损耗和贸易成本,缩短报关、结汇的时间,有利于 CIP 术语在内陆地区出口中的推广。

　　可以预见,随着西部大开发的顺利进行,内陆地区的产品出口业务会越来越多,而选择适当的贸易术语对于出口合同的履行,对于我国出口方利益的保护都会起到重要的作用。在这种情况下,内陆出口企业的外销员一定要从本地区、本行业和所经营产品的实际出发,适当选择贸易术语,千万不要僵化于“进口用 FOB,出口用 CIF”的定式。

思考与练习

一、思考题

　　1. 象征性交货有哪些特点?为什么说 CIF 术语属于典型的象征性交货?

　　2. FOB、CFR、CIF 术语与 FCA、CPT、CIP 术语有何区别?

3. 为什么说按 FOB、FCA、CFR、CIF、CPT、CIP 6 种术语订立的合同属装运合同,按 DAT、DAP、DDP 术语订立的合同属到达合同?

4. 为什么在 CFR、CPT 条件下卖方向买方发出装船通知显得尤为重要?

5. 采用 EXW 术语和 DDP 术语应注意什么问题?

6. 假如你是一个外贸业务员,在出口时,你首先会考虑采用何种贸易术语? 而进口时,你首先会考虑采用何种贸易术语? 为什么?

二、案例分析

1. 我出口企业按 CIF 条件向日本出口一批服装。合同中规定由我方向中国人民保险公司投保一切险,并采用信用证方式支付。我出口企业在规定的期限、指定的港口装船完毕,船公司签发了提单,然后在中国银行议付了款项。第二天,出口企业接到客户来电称:装货的海轮在海上失火,服装全部烧毁,客户要求我出口企业出面向中国人民保险公司索赔,否则要求我出口企业退回全部货款。试问:日本进口商的索赔要求合理吗?

2. 我某公司按照 FCA 条件进口一批急需的生产原料,合同中规定由国外出口商代办运输事项。结果在装运期满时,国外出口商来函通知无法租到船,不能按期交货。因此,该进口公司向国内用户支付了 10 万元延期违约金。请问对该公司的 10 万元损失,可否向国外出口商索赔?

第二章
国际贸易合同的标的

教学目标

    通过本章的教学使学生较好地掌握国际贸易合同的标的；了解商品的名称、品质以及商品品质的表示方法；了解商品的数量以及各种度量衡制度，掌握各种计量单位及其换算，正确运用溢短装条款；了解商品内外包装的要求；规范表述商品的质量条款、数量条款及包装条款。

关键词

标的（Subject Matter）	商品名称（Name of Commodity）
商品品质（Quality of Commodity）	数量（Quantity）
净重（Net Weight，N. T.）	毛重（Grows Weight，G. W.）
品质公差（Quality Tolerance）	以毛作净（Gross for Net）
对等样品（Counter Sample）	公量（Conditional Weight）
溢短装条款（More or Less Clause）	运输标志（Shipping Mark）
中性包装（Neutral Packing）	
定牌生产（Original Equipment Manufacture，OEM）	

第一节　商品的名称

一、商品名称及列明名称的意义

1. 商品名称的含义

    商品名称（Name of Commodity），亦称品名，是指能使某种商品区别于其他商品的一种称呼或概念。商品名称在一定程度上体现了商品的自然属性、用途及主要的性能特征。加工程度低的商品，其名称一般较多地反映该商品所具有的自然属性；加工程度高的商品，其名称一般较多地体现该商品的性能特征。

    一种好的商品名称，不仅能高度概括出商品的特性，而且还能促成消费者的消费心理，诱发消费者的购买欲望。为了使生产或销售同类商品的厂商或销售商区别开来，商品名称又常常与品牌名称相融合，如"茅台酒"、"长白山人参"、"七匹狼衬衣"等，构成描述、说明货物的重要部分。

2．列明商品名称的意义

在国际贸易中,买卖双方商订合同时,必须列明商品名称,品名条款是买卖合同中不可缺少的一项重要交易条件,是买卖双方交接货物的一项基本依据,它关系到买卖双方的权利和义务。若卖方交付的货物不符合约定的品名或说明,买方有权提出损害赔偿要求,直至拒收货物或撤销合同。由此可见,列明成交商品的具体名称,具有重要的法律和实践意义。

二、商品命名的方法

商品命名的方法有很多,概括起来,主要有以下几种。

1．以其主要用途命名

这种方法在于突出商品的用途,便于消费者按其需要购买。如织布机、旅游鞋、杀虫剂、自行车等。

2．以其所使用的主要原材料命名

这种方法能通过突出所使用的主要原材料反映出商品的质量。如棉布、涤纶纱、羊毛衫、铝锅、玻璃杯、冰糖燕窝等。

3．以其主要成分命名

以商品所含的主要成分命名,可使消费者了解商品的有效内涵,有利于提高商品的身价。一般适用于以大众所熟知的名贵原材料制造的商品。如西洋参蜂皇浆、人参珍珠霜等。

4．以其外观造型命名

以商品的外观造型命名,有利于消费者从字义上了解该商品的特征。如绿豆、喇叭裤、宝塔纱、纸管等。

5．以其褒义词命名

这种命名方法能突出商品的使用效能和特性,有利于促进消费者的购买欲望。如青春宝、太阳神口服液、长寿椅等。

6．以人物名字命名

是以著名的历史人物或传说中的人物命名。其目的在于引起消费者的注意和兴趣。如孔府家酒等。

7．以制作工艺命名

这种命名方法目的在于提高商品的威望,增强消费者对该商品的信任。如二锅头烧酒、精制油等。

在国际货物买卖合同中,商品名称的规定应明确、具体,适合商品的特点。此外,在采用外文名称时,应做到译名准确,与原名意思保持一致,避免含糊不清或过于空洞。

三、合同中的品名条款

国际货物买卖合同中的品名条款由交易双方商订。品名条款的内容一般比较简单,通常在"商品名称"或"品名"标题下列明成交商品的名称。规定品名条款时应注意以下问题。

1. 商品的名称应该明确具体

选用商品名称时,必须能确切地反映交易商品的特点,避免空泛、笼统的概括和形容,避免产生误解。有时只简单列明买卖商品的名称,不够具体明确,还须增加商品的品种、型号、产地和等级,也就是增加部分品质条款的内容。

2. 尽量使用国际上通用的名称

有些商品的名称,各地叫法不一,为了避免误解,应尽可能使用国际上通行的称呼。目前,国际上关于商品分类的标准较为通行的是《商品名称及编码协商制度》(The Harmonized Commodity Description and Coding System,简称 H. S. 编码制度)。大多数国家的海关统计、普惠制待遇等都按 H. S. 进行。我国于 1992 年 1 月 1 日起采用该制度。

3. 选择对我方有利的名称

商品名称的不同会带来缴纳关税税额的不同和运费不同,有时还会出现受到的配额约束不同等情况。因此,如果一种商品有不同的名称,在确定名称时,应注意相关国家的海关关税和进出口限制等有关规定,同时,还需注意品名与运费、仓储费的关系。为节省开支、减少关税负担和避免非关税壁垒的限制,应选择恰当的、对我方有利的名称。

第二节　商品品质

一、商品的品质及品质的重要性

1. 商品品质的含义

商品品质(Quality of Commodity),或称商品质量,是指商品的内在素质和外观形态的综合。商品的内在品质是指商品的物理性能、化学成分、生物特征等自然属性,一般需要借助各种仪器通过分析测试才能确认。商品的外观形态是指商品的外形、色泽、款式及透明度等,可以通过人们的感觉器官直接获得。

2. 商品品质的重要性

商品的品质具有十分重要的意义,品质的优劣是决定商品的使用效能和市场价格的重要因素。在当今国际市场竞争日趋激烈的情况下,许多国家都把以质取胜作为非价格竞争的一个重要手段。

在出口贸易中,要不断改进和提高出口商品的质量,强化出口商品生产厂家或销售商的质量观念;重视对不同目标市场、不同时期消费者需求的研究,发展适销对路的出口商品;建立和完善行之有效的企业质量管理体系(QMS)和环境管理体系(EMS);实行出口商品质量许可证制度,对不符合出口标准的企业严禁其产品出口;充分了解各国对出口商品的质量规定,使出口商品质量符合进口国的有关法令规定和要求。

在进口贸易中,必须严把质量关,进口商品的质量应顺应国内经济建设、科学研究、国防建设、人民生活、安全卫生以及环境保护等方面的要求;全面分析进口商品与我国同类商品的质量差异,不进口质量低劣的商品;选购进口商品时,还应充分考虑我国的国情,特别是国内现实的消费水平,不应盲目追求高规格、高档次、高品位的消费品而造成不必要的浪费。

二、商品品质的表示方法

在国际货物买卖中,商品种类繁多,特点各异,对于不同种类的商品,表示商品品质的方法各不相同。归纳起来,可以分为两大类:一类是用文字说明来表示;另一类是用实物样品来表示。

1. 用文字说明表示商品品质

以文字说明表示商品品质是指用文字、图片、照相等方式来说明商品的品质。这是国际货物买卖中,大多数商品表示品质的方法,具体又分为下列几种。

(1)凭规格买卖(Sale by Specification)。商品的规格是指用以反映商品品质的一些主要指标,如成分、含量、纯度、大小、粗细、长短、重量等。商品不同,用来说明商品品质的规格也不同,如芝麻等农产品用含量来表示;圆钢用粗细来表示;猪鬃按长短来表示等。用规格来确定商品品质的方法称为凭规格买卖。一般来说,凭规格买卖明确具体,方便易行,还可以根据商品的不同用途予以调整,所以这种方法在国际货物买卖中应用最广。

(2)凭等级买卖(Sale by Grade)。商品的等级是指同一类商品,根据生产及长期贸易实践,按其规格上的差异,用大、中、小、重、中、轻、甲、乙、丙、一、二、三等文字或数码所做的分类。例如,我国出口的钨砂,根据其三氧化钨和锡含量的不同,可分为特级、一级和二级。这种表示品质的方法,对简化手续、促进成交和体现按质论价等方面都有一定的作用。

一般商品的每一等级都有相对固定的规格,凭等级买卖时,只需列明商品的等级,无需列明各级品质的具体规格。但由于各国各等级的规格不尽相同,在这种情况下,须在合同中列明每一等级的具体规格。

案例评析 2 - 1

案例:中方某公司与国外成交红枣一批,合同与信用证均写的是三级品。但发货时发现三级红枣库存告罄,于是改以二级红枣交货,并在发票上加注:"二级红枣,仍按三级红枣计价。"试问:这种以好顶次、原价不变的做法妥当吗?

评析:《UCP600》第37条规定:"商业发票中货物的描述必须与信用证所载相符。"可见本案所述情况与上述的规定相悖,买方完全可以借口与信用证规定不符相要挟。一旦当地市场红枣价格疲软或下跌,尽管卖方给的是好货,买方也会借以拒收或提出索赔。所以在工作中千万要防止出现这种赔了夫人又折兵的做法。本案的卖方在这种情况下,实际发运的是二级红枣,但在发票上仍应照填"三级红枣",以确保安全收汇。

(3)凭标准买卖(Sale by Standard)。商品的标准是指政府机关或商业团体统一制定和公布的标准化了的品质指标。根据制定者的不同,分为企业标准、商业团体标准、国家标准、区域标准、国际标准。在国际贸易中,有些商品习惯于凭标准买卖,人们往往使用某种标准作为说明和评定商品品质的依据。国际贸易中采用的各种标准,有的是强制性的,即不符合标准品质不许进口或出口;有的没有强制性,由买卖双方决定采用与否。

(4)凭说明书和图样买卖(Sale by Descriptions and Illustrations)。在国际贸易中,有些商品如机器、电器和仪表等,因其结构和性能复杂,难以用几个简单的指标来说明其品质全貌,通常是以说明书、图样、照片、图纸等来说明商品的构造、规格、性能、使用方法及包装条件等。按此方式进行的交易,称为凭说明书和图样买卖。

(5)凭商标或牌号买卖(Sale by Trade Mark or Brand Name)。商标是指一个企业为了使自己所生产或销售的商品同其他企业所生产或销售的商品相区别而在其商品或包装上制作的一种标志。牌号是指企业给其制造或销售的商品所冠的名称,以便与其他企业的同类产品区别开来。商标或牌号的作用就在于帮助购买者识别产品,以便树立产品的声誉。凭商标或牌号买卖,就是以商标或牌号来确定商品的品质。在买方熟知卖方所提供的商品品质的情况下,常常要求在卖方的商品或包装上使用买方指定的商标或牌号,即定牌生产。使用定牌生产方式,卖方可以利用买方的产品声誉以及经营能力,提高商品售价并扩大销量。

(6)凭产地名称买卖(Sale by Name of Origin)。在国际货物买卖中,有些商品,特别是传统的农副产品,因产地的自然条件、传统加工工艺等因素的影响,在品质方面具有其他地区产品所不具有的独特风格或特色,在国际市场上有一定声誉,对这些产品,可用产地名称来表示商品的品质。如我国的"西湖龙井"、"涪陵榨菜"、"金华火腿"和"北京烤鸭"等。

2. 用实物样品表示商品品质

在国际货物买卖中,有些商品的品质,如部分工艺品、珠宝金银饰品、服装、鞋帽等,很难用文字说明来表示。因此,买卖这类商品时,需要用实物来表示商品的品质。具体做法有以下两种。

(1)看货买卖(Sale by Actual Quality)。看货买卖是指根据现有货物的实际品质进行买卖,即买方或其代理对卖方所备的现货进行查看,并按质论价,交易达成后,卖方即应按照查验过的商品质量交付货物。只要卖方交付的是已经查验的商品,买方就不得对交货品质提出异议。采用看货买卖的方式有很多限制因素,首先是卖方要有现货在手,其次是买方或其代理需亲临现场查验货物,最后还要有存货及交易的场所。因此,看货买卖的方式有一定的局限性。这种方式一般多用于拍卖、寄售和展卖等业务中。

(2)凭样品买卖(Sale by Sample)。样品通常是指从一批商品中抽取出来的或由生产、使用部门设计、加工出来的,足以反映和代表整批商品品质的少量实物。这种以样品表示商品品质并以此作为交货依据的,称为凭样品买卖。

在国际货物买卖中,按样品提供者的不同,凭样品买卖又可分为以下3种。

① 凭卖方样品买卖(Sale by Seller's Sample)。是指以卖方样品作为成交和交货品质的依据。采用此种方法时,卖方首先应注意所提供的样品不能侵犯第三方的工业产权或其他知识产权;其次,样品必须要有代表性,即样品的品质既不能订得过高,以免造成自身生产和履约的困难,也不宜订得过低,以免影响售价;最后,在向买方寄送样品之前,卖方应向检验或公证部门申请签封样品一式三份,其中两份在列明样品编号或寄送日期后,分别送交买方和检验或公证部门,另一份卖方自留并封存起来,以备交验货物和解决品质争议之用。

② 凭买方样品买卖(Sale by Buyer's Sample)。是指以买方提供的样品作为成交和交货品质的论据。在我国又称"来样成交"。凭买方样品买卖的好处是可以提高卖方产品在国际市场的适销性,有助于扩大出口。但采用这种方法,不仅要考虑原材料供应、工艺水平等生产条件和技术水平是否可行,还应注意防范买方是否侵犯第三方的工业产权和知识产权。为了避免纠纷,最好在品质条款中对此做出明确声明。

③ 凭对等样品买卖(Sale by Counter Sample)。在国际货物买卖中,卖方在收到买方的

样品后,如果认为按买方样品供货没有十足的把握,则可按买方来样加工复制出一个类似的样品,并交买方确认。这种经买方确认的样品称作对等样品,又称确认样或回样。

凭样品买卖时,由于卖方须承担交货品质与样品完全一致的义务,因此,如果卖方对所交货物的品质无绝对把握时,应在合同的品质条款中订明"品质与样品大致相同",以避免日后发生争议。

三、合同中的品质条款

1. 基本内容

在国际货物买卖合同中,品质条款是一项重要条款。它既是构成商品说明的重要组成部分,又是买卖双方交接货物时对货物品质进行评定的主要依据。合同中品质条款的内容因表示商品品质的方法不同而不同。凭文字说明买卖时,应针对不同交易的具体情况在买卖合同中明确规定商品的品名、规格、等级、标准、牌名、商标或产地名称等内容;以说明书和图样表示商品质量时,还应在合同中列明说明书、图样的名称、份数等内容;凭样品买卖时,合同中除了要列明商品的品名外,还应订明凭以达成交易的样品编号或寄送样品的日期。

2. 品质机动幅度和品质公差条款

有些工业制成品和初级产品,由于其本身的特性以及自然条件和生产条件的限制,产品的质量容易产生误差或不够稳定,为了避免因交货品质与合同稍有不符而引起争议,可在品质条款中规定品质机动幅度和品质公差。

(1)品质机动幅度。是指对特定品质指标在一定幅度内可以机动,只要卖方交货品质未越过规定的幅度,买方就不得拒收货物。品质机动幅度主要适用于初级产品的交易。它的规定方法主要有以下3种。

① 规定范围。是指对交易商品的品质规定一定的浮动范围。例如,漂布,幅阔35/36英寸,即卖方交付的漂布,幅阔只要在35英寸到36英寸的范围内,均为合格货物。

② 规定极限。是指对交易商品的品质规定上下极限。例如,芝麻,含油量(最低)48%,水分(最高)9%,杂质(最高)1%。

③ 规定上下差异。是指在规定某一具体品质指标的同时,规定必要的上下变化幅度。例如,灰鸭毛,含绒量90%,上下1%。

在品质机动幅度范围内的货物,一般不另行计算增减价,即按照合同价格计收价款。为了体现按质论价、公平交易的原则,在使用品质机动幅度时,也可在合同中规定按交货的实际品质情况加价或减价,即规定"品质增减条款"。例如,中国芝麻,含油量(最低)48%,水分(最高)9%,杂质(最高)1%,如实际装运货物的含油量高于或低于1%,价格相应增减1%;水分高于或低于1%,价格相应增减1.5%,不足整数部分,按比例计算。

(2)品质公差。是指国际上公认的产品品质的误差。品质公差主要适用于制成品交易。这种误差的存在是绝对的,其大小是由科技发展程度所决定的,这种公认的误差,即使合同没有规定,只要卖方交货品质在公差范围内,买方便无权拒收货物或要求调整价格。但为了明确起见,最好应是在合同品质条款中订明一定幅度的公差。例如,手表,允许每24小时有1秒的误差;布匹,每匹有0.1米的误差。

3. 规定品质条款时应注意的问题

为了便于合同的履行和维护自身的利益,在规定品质条款时应注意其科学性和合理性。

(1) 要从实际出发,防止品质条款条件偏高或偏低

在确定出口商品的品质条件时,既要考虑国外市场的实际需要,又要考虑国内生产部门供货的可能性。凡是外商对品质要求过高,而我们又实际做不到的条件,诸如皮鞋要求彻底消灭皱纹,豆类要求消灭死虫和活虫等等,不应接受。对于品质条件符合国外市场需要的商品,合同中的品质规格不应低于实际商品,以免影响成交价格和出口商品信誉。但也不应为了追求高价,而盲目提高品质,以致浪费材料,给生产部门带来困难,甚至影响交货,对外造成不良影响。

在确定出口商品的品质条件时,应从我国的实际需要出发,质量过高,影响价格,也未必符合需要;质量偏低,或漏订一些主要质量指标,将影响使用,招致不应有的损失。总之,要根据需要防止出现偏高或偏低的现象。

(2) 合理规定影响品质的各项重要指标

在品质条款中,应有选择地规定各项质量指标。凡影响品质的重要指标,不能出现遗漏,应将其订好。对于次要指标,可以少订。对于一些与品质无关紧要的条件,不宜订入,以免条款过于繁琐。

(3) 注意各项质量指标之间的内在联系和相互关系

各项质量指标是从各个不同的角度来说明品质的,各项指标之间有内在的联系。在确定品质条款时,要通盘考虑,注意它们之间的一致性,以免由于其中某一项质量指标规定不科学和不合理而影响其他质量指标,造成不应有的经济损失。例如,在荞麦品质条件中规定:"水分不超过 17%,不完善粒不超过 6%,杂质不超过 3%,矿物质不超过 0.15%。"显然,此规定不合理,因为对矿物质的要求过高,与其他指标不相称。

(4) 品质条款应明确具体

为了检验和明确责任,规定品质条款时,应力求明确、具体,不宜采用诸如"大约、左右、合理误差"之类的笼统的字眼,以免在交货品质的问题上引起争议。但是,也不宜把品质条款定得过死,给履行合同带来困难。一般来说,对一些矿产品、农副产品和轻工产品的品质条款规定,要有一定的灵活性,以利于合同履行。

案例评析 2-2

案例:我国某公司向德国出口一批大豆,合同规定其所含水分最高为 15%,杂质不得超过 2%。但在成交前,我方曾向买主寄过样品,订约后我方又电告对方成交货物与样品相似。当货物运到德国买方验货后提出货物质量与样品不符,并出示相应的检验证书证明货物质量比样品低 5%,并据此提出损失索赔 6 000 英镑。试问:我方能否以该项交易并非凭样品买卖而予予理赔?

评析:我方不能以该项交易并非凭样品买卖为由而拒绝买方提出的索赔。理由:合同规定水分最高为 15%,杂质不超过 2%,以此合同内容看,该项交易属于凭规格买卖,只要我方所交货物符合合同规定的规格,即为履约。但是,成交前我方向对方寄送样品时未注明是"参考样品",签约后又电告对方成交货物与样品相似,这样对方就有理由认为该笔交

易既凭规格又凭样品。在国际贸易中,凡属既凭样品买卖,又凭规定买卖,卖方所交货物必须既符合规定要求,又要和样品完全一致,否则买方有权拒收或提出索赔。因此,我方提交的货物经查证与样品不符,对方有权提出索赔。

第三节　商品的数量

一、商品数量及约定商品数量的意义

1. 商品数量的含义

在国际货物买卖合同中,商品的数量不仅是合同中的主要交易条件之一,而且是构成有效合同的必备条件。所谓商品的数量,是指以一定的度量衡表示商品的重量、个数、长度、面积、体积及容积的量。数量不仅是计算单位总金额的重要依据,而且是买卖双方交接货物的依据。不明确卖方应交多少货物,不仅无法确定买方应该支付多少金额的货款,而且不同的数量有时还会影响到价格以及其他的交易条件。

2. 约定商品数量的意义

影响买卖双方成交数量的因素很多。商品的生产、供应能力、目标市场上的实际需要和销售情况,市场供求以及商品价格可能变动的趋势,客户或买方的资信及其经营实力,生产厂商或销售商的生产供货能力和营销意图,商品的包装、运输条件等等,都是卖方在确定具体销售量时要考虑的因素。买方在商订进口数量时,则要考虑适应当地市场的需求及需求的变化,并符合其实际的支付能力等等。此外,成交数量的多寡,还常常受到各国政府进出口商品管理政策、产业政策等宏观经济因素的影响。有时还要受到买卖双方所在国政府的某些限制,如配额制度的约束。因此,正确把握成交数量,对于买卖双方顺利达成交易、合同的履行以及今后贸易的进一步发展,都具有十分重要的意义。

二、度量衡制度与计量单位

(一) 度量衡制度

国际贸易中常用的度量衡制度有公制(the Metric System)、英制(the British System)、美制(the U. S. System)和国际单位制(the International System of Units)4 种。不同的度量衡制度导致同一计量单位所表示的数量有较大不同。以表示重量的吨为例,实行公制的国家一般采用公吨,每公吨为 1 000 千克;实行英制的国家一般采用长吨,每长吨为 1 016 千克;实行美制的国家一般采用短吨,每短吨为 907 千克。此外,有些国家对某些商品还规定有自己习惯使用的或法定的计量单位。如美国以蒲式耳(Bushel)作为谷物等的计量单位,但蒲式耳所代表的重量因货物不同而有差异,如每蒲式耳的亚麻籽为 56 磅,燕麦为 32 磅,大豆和小麦为 60 磅等。还有原油的单位为"桶"(Barrel),但各国将公吨换算成桶的规定也是不同的,如美国、印尼,每公吨原油约为 7.4 桶;在委内瑞拉为 6.84 桶;在沙特、伊朗为

7.49 桶;而在日本为 6.99 桶。

为了解决由于各种度量衡不一致带来的麻烦,国际标准计量组织在全球推广实施国际单位制,这标志着计量方法日趋国际化和标准化,目前已有越来越多的国家采用了国际单位制。

(二)计量单位

商品的计量单位是表示商品数量的方法。由于商品种类和性质不同,表示商品的计量单位也各不相同。在国际贸易中,通常使用的计量单位主要有以下 6 类。

1. 按重量(Weight)计量

按重量计量是当今国际贸易中广为使用的一种,许多农副产品、矿产品和初级产品,都按重量计量。如:矿砂、钢铁、化肥、水泥、羊毛、油类、农产品等。贵重商品如黄金、白银、金刚钻等也采用重量单位计量。

2. 按数量(Number)计量

大多数工业制成品,如服装、文具、纸张、玩具、五金工具、机器、仪器、零件、汽车等,习惯于以数量单位计量。

3. 按长度(Length)计量

在金属绳索、丝绸、布匹、钢管等商品的交易中,通常采用长度单位计量。

4. 按面积(Area)计量

在玻璃、木板、地毯、皮革等商品的交易中,一般习惯于按面积单位计量。

5. 按体积(Volume)计量

按体积成交的商品多为木材、天然气和化学气体等。

6. 按容积(Capacity)计量

各类谷物和液体商品,往往按容积单位计量。

此外,在一些专业性很强的行业,还有其他专业计算单位,如按千瓦等计算功率,按安培计算电流,按转/分计算转速等。

常用的计量单位名称见表 2-1。

表 2-1   常用的计量单位

计量单位种类	计量单位
按重量计量	公吨(metric ton, M/T)、长吨(long ton, L/T)、短吨(short ton, S/T)、千克(kilogram, KG)、磅(pound, LB)、盎司(ounce, OZ)、克(gram)、克拉(carat)
按数量计量	件(piece, PC)、双(pair)、套(set)、打(dozen, DOZ)、卷(roll)、令(ream)、罗(gross)、袋(bag)、包(bale)、部(unit)、箱(case)、张(plate)
按长度计量	米(meter)、英尺(foot, FT)、码(yard, YD)、英寸(inch)
按面积计量	平方米(square meter)、平方尺(square foot)、平方码(square yard)
按体积计量	立方米(cubic meter, CBM)、立方尺(cubic foot)、立方码(cubic yard)
按容积计量	蒲式耳(bushel)、公升(liter)、加仑(gallon)

案例评析 2－3

案例：上海某公司向国外出口一批货物，双方洽谈时约定出口数量 100 公吨，每公吨 320 美元，但在签合同时只规定为"100 吨，每吨 320 美元"。货到目的港后，外商以短吨为计量单位，认为我方多供 9.3 吨，而拒绝收货。问：本案例为什么会产生纠纷？

评析：这是一起外商利用合同对计量单位的规定不严格而拒收货物的纠纷事件。处理这一纠纷可经双方协商将"吨"改为"公吨"，价格维持不变；或将"吨"改为"短吨"，同时价格相应地按比例调整。若双方不能达成协议可提交仲裁机构解决。

三、计算重量的方法

在国际贸易中，按重量计量的商品很多。根据一般商业习惯，计算重量的方法有下列几种。

1. 按毛重（Gross Weight，G. W. ）计算

毛重是指商品本身的重量加包装物的重量。这种计算办法一般适用于粮食、饲料等低值商品。

2. 按净重（Net Weight，N. W. ）计算

净重是指商品本身的重量，即毛重减去包装物后的商品实际重量。在国际贸易中，以重量计算的商品，大部分都是按照净重计算的。不过，有些价值较低的商品有时也采用"以毛作净"（Gross for Net）的办法计重。所谓"以毛作净"，实际上就是以毛重当作净重计价。如"蚕豆 100 公吨，单层麻袋包装，以毛作净"。

包装物的重量又称皮重（Tare Weight）。国际贸易中惯用下列计算皮重的方法。

（1）按实际皮重（Actual/Real Tare）计算。实际皮重即指包装的实际重量，它是对商品的包装逐件衡量后所得的总和。

（2）按平均皮重（Average Tare）计算。如果商品所使用的包装比较整齐划一，重量相差不大，就可以从整批货物中抽出一定的件数，称出其皮重，然后求出其平均重量，再乘以总件数即可求得整批货物的皮重。近年来，随着技术的发展和包装材料及规格的标准化，采用平均皮重的情况已较为普遍，故平均皮重被称为标准皮重（Standard Tare）。

（3）按习惯皮重（Customary Tare）计算。有些材料和规格比较定型的商品包装，其重量已为市场所公认，在计算其皮重时，就无须对包装逐件过秤，而按公认的皮重乘以总件数即可。这种公认的皮重称为习惯皮重。如装运粮食的机制麻袋公认重量为 2.5 磅。

（4）按约定皮重（Computed Tare）计算。即以买卖双方事先约定的包装重量作为计算的基础。

在采用净重计重时，究竟采用哪一种方法来求得皮重，应根据商品的性质、所使用包装的特点、合同数量的多寡以及交易习惯，由双方当事人在合同中订明，以免事后引起争议。

3. 按公量（Conditional Weight）计算

公量是指用科学的方法抽去商品中的水分，再加上标准水分所求得的重量。有些商品如棉花、羊毛、生丝等有较强的吸湿性，其所含的水分受客观环境的影响较大，故其重量很不

稳定。为了准确计算这类商品的重量,国际上通常采用按公量计算的办法。其计算公式是:

公量＝干量＋标准含水量＝干量×(1＋标准回潮率)

＝实际重量×(1＋标准回潮率)/(1＋实际回潮率)

其中:实际回潮率＝实际含水量/干量

案例评析 2－4

案例:某公司从澳大利亚进口羊毛100公吨,合同数量订明:100公吨。但澳方所交的羊毛实际回潮率竟高达33.3％,使我方吃亏不少。问:本案例中,导致我方吃亏的原因是什么?

评析:本案例中,导致我方吃亏的原因是买卖双方未在合同中明确规定计量方法,没有约定标准回潮率。对于吸湿力强的商品应按公量计算商品的重量。

4. 按理论重量(Theoretical Weight)计算

对于一些按固定规格生产和买卖的商品,如马口铁、钢板、玻璃等,只要其规格一致,每件商品的重量大体是相同的,因此可以从其件数推算出总重量。这种根据理论数据推算出的重量,称作理论重量,适用于有固定规格的商品的重量计算。在实际业务中,理论重量常作为计算实际重量的参考。

5. 按法定重量(Legal Weight)计算

按照一些国家海关法的规定,在征收从量税时,商品的重量是以法定重量计算的。所谓法定重量是指商品的净重加上直接接触商品的包装材料,如销售包装等的重量。除去这部分重量所表示出来的纯商品的重量,被称为实物净重。

有些按重量交易的商品,由于受气候变化或运输条件影响,常会出现装运重量和运抵重量不一致的情况。因此,有些合同还要注明交易重量是否以装运(离岸)或运抵(到岸)重量为准。

一般来说,离岸重量和到岸重量是商品贸易合同中对商品检验的时间、地点及买卖双方权利义务进行规定时引用的概念。如按离岸重量为准,即货物在装运前须由装运港所在地的商检机构出具重量检验证书,作为交货重量的最后依据,买方一般不得对其提出异议。如按到岸重量为准,即货物到达目的港卸货后,由该地商检机构对货物重量进行检验后出具检验证书,作为交货重量的最后依据。

四、合同中的数量条款

(一) 数量条款的内容及其重要性

买卖合同中的数量条款主要包括成交商品的数量及计量单位。按重量成交的商品,还需订明计算重量的方法。大宗商品还要规定机动幅度,即数量增减条款。品种、规格比较单一的商品,只需规定数量及计量单位就可以了。但如果在一项交易中,涉及多种商品,或规格、等级不同,则需在数量条款中一一加以列明。

根据《联合国国际货物销售合同公约》(以下简称《公约》)规定,按照合同规定的数量交付货物是卖方的基本义务。如卖方交货数量大于约定的数量,买方可以拒收多交的部分,也可收取多交部分的一部分或全部,但应按合同价格付款;如卖方交货数量少于合同约定的数量,卖方应在规定的交货期届满前补交,同时不得使买方遭受不合理的不便或承担不合理的开支,即便如此,买方也有保留要求损害赔偿的权利。由此可见,买卖双方一旦在合同中订立了数量条款,该条款就成为买卖双方交接货物的依据。

> **想一想**
>
> 有一份 CIF 合同,出售 100 公吨大米,单价为每公吨 500 美元,总值为 50 000 美元。事后卖方交货 115 公吨。在这种情况下,买方可主张何种权利?为什么?如果卖方交货 90 公吨,买方又可主张何种权利?为什么?

(二)数量机动幅度条款

在国际货物买卖中,有些大宗商品,如谷物、油类、大豆、水果、矿砂、化肥等,由于受货物本身特性、生产、运输、包装以及计量工具的限制,在交货时不易精确计算。如果要求卖方非常准确地按约定数量交货,会给卖方带来很大的困难。因此,在实际的业务中,买卖双方通常在合同中规定合理的数量机动幅度,只要卖方交货数量在约定的增减幅度范围内,就视同按合同规定数量交货,买方不得以交货数量与合同不符为由拒收货物或提出索赔。

数量机动幅度也叫作溢短装条款(More or Less Clause),其具体含义是指在规定交货数量的同时,还要规定允许多交或少交货物的数量或百分比的条款。例如,"数量 5 000 公吨,卖方交货时可溢装或短装 5%"(5 000 metric ton,5% more or less at seller's option)。根据这一条款,卖方交货的重量可以为 4 750~5 250 公吨。按照溢短装条款交货,多装或少装的货物,一般按照合同价格计价。然而,由于数量是计算货款的基础,数量机动幅度的运用在一定程度上关系着买卖双方的商业利益。

溢短装条款仅适用于散装货,对于按包装单位或个数计量的货物,不适用溢短装条款。

> **想一想**
>
> 某公司出口水产品 10 公吨。合同规定为箱装,每箱净重为 50 磅,总量可以有 5% 的机动幅度。问:在信用证金额也有 5% 增减的情况下,该批货物最多能装多少箱?最少应装多少箱?(求最多时尾数应去掉,求最少时尾数应进位)

(三)规定数量条款应注意的问题

1. 成交数量必须与市场供求相适应

市场供求状况是决定成交数量的至关重要的因素,尤其对于数量较大的商品买卖,更要充分进行市场调研,以免交易数量因违背市场供求规律而引起市场价格波动,给当事人造成损失,进而影响合同的顺利履行。

2. 成交数量必须与客户资信状况相适应

客户的资信状况是影响成交数量的不可忽视的因素,对那些资金状况、经营能力、经营作风均一般的小客户,应避免与其成交大数量的买卖,以免承担风险;对资信状况颇佳的大客户,也不宜与之商洽小数量的交易,以免吸引不了对方而徒劳无益。

3. 数量条款的内容必须明确、具体、完整

合同中对成交数量和计量单位的规定必须具体,如在使用"吨"为计量单位时,必须标明是"公吨"、"长吨"还是"短吨",以免因采用的度量衡制度不同而引起交货数量方面的纠纷。此外,还应订明计重方法,对于那些交货数量难以严格限定的商品,如粮食、矿砂等散装货物,还要正确规定溢短装条款。

第四节　商品的包装

一、商品包装及包装的作用

（一）商品包装的含义

在国际货物买卖中,除散装货(Bulk Cargo)和裸装货(Nude Cargo)以外,其他绝大多数货物都是包装货物(Packed Cargo)。商品包装(Packing of Goods)是指为了有效地保护商品品质的完好和数量的完整,采用一定的方法将商品置于合适容器中的一种措施。凡需要包装的商品,只有通过包装,才能进入流通领域和消费领域,才能实现商品的使用价值和价值。

（二）商品包装的作用

1. 保护性作用

保护作用是商品包装最基本的作用,以防商品变质、损坏、玷污、掺杂、散失或挥发。产品从生产出来到被使用之前,必须要加以认真保护,从包装材料的选择到包装结构的设计,都要做到使商品具有耐压性、耐摩擦性、耐腐蚀性、防潮、防锈、防虫、防霉、防水、防受热或受冷等要求。

包装也是构成商品品质的一个部分。有些商品甚至根本离不开包装,如果没有包装,商品质量就没有保障,如香水、碳酸饲料、胶卷等;有些商品如果包装材料或包装方式选择不当,就会影响商品质量。

2. 便利性作用

商品的包装方便了销售、运输及消费。随着国际市场竞争的日益加剧,特别是超级市场、连锁商店和现代物流业的迅速发展,商品经过适当的包装,方便了消费者的使用和购买,也为运输、装卸、搬运、储存、保管、清点、陈列和展示提供了便利。

3. 促销性作用

在当前市场竞争十分激烈的情况下,提升商品的包装档次成为竞争的重要手段。大量的调查研究表明,包装本身的价值也能引起消费者购买的动机。美观新颖、高雅精致的包装,可以激发消费者的购买欲望,提高商品的身价,扩大销路。包装上所标示出来的各种信息,如品牌、制造厂家或零售商的名称、商品知识等还可以起到广告宣传的作用。

二、运输包装

（一）运输包装及其分类

运输包装（Transport Packing），又称大包装或外包装（Outer Packing）。运输包装的方式和造型多种多样，包装用料和质地各不相同，包装程度也各有差异。运输包装的分类见表 2－2。

表 2－2　运输包装的分类标准和种类

分类标准	种　类
按包装方式	单件运输包装、集合运输包装
按包装造型	箱、袋、包、桶、捆
按包装材料	纸制、金属、木制、塑料、麻制品、竹、柳、草制品、玻璃制品、陶包装
按包装质地	软性包装、半硬性包装、硬性包装
按包装程度	全部包装、局部包装

在国际贸易中，买卖双方究竟采用何种运输包装，应根据商品特性和形状、贸易习惯、货物运输路线的自然条件及运输方式等因素，在洽商交易时谈妥，并在合同中具体订明。

（二）单件运输包装和集合运输包装

按包装方式的不同，将运输包装分为单件运输包装和集合运输包装。

1. 单件运输包装

单件运输包装是指在运输过程中作为一个计件单位的包装。单件运输包装按包装造型和使用材料的不同，具体分为以下几种。

（1）箱（Case）。凡是价值较高，容易受损的货物，大都用箱装。按不同材料，箱子有木箱、纸箱、板条箱以及漏孔箱等，应视不同商品特点选择使用。

（2）包（Bale）。凡可紧压而品质不受损坏的货物，可以机压打包。所用材料一般为棉布或麻袋，主要用来包装羊毛、棉花、生丝、布匹等。

（3）桶（Drum）。液体、半液体以及粉状、粒状货物，可用桶装。桶有木桶、铁桶、塑料桶等。

（4）袋（Bag）。常用于粉状、颗粒状、块状的农产品和化肥等货物的包装，袋有麻袋、布袋、纸袋、塑料袋等。

此外，还有捆、篓、筐、坛和罐等。

2. 集合运输包装

集合运输包装是指将若干个单件包装组合成一件大包装，以便更有效地保护商品，提高装卸效率和节省运输费用。常见的集合运输包装有集装箱、托盘和集装包或集装袋。

（1）集装包或袋。通常是用塑料重叠丝纺织成的圆形大口袋或方型大包，其容量因使用的材料和生产工艺不同而有区别，一般为 1～4 吨，最高达 13 公吨左右。适用于装载粉粒状货物，如化肥、矿砂、面粉、食糖等散装货物。

（2）集装箱。是一种容器，是一种能反复使用的运输辅助设备。规格主要有 20 英尺和

40 英尺两种。为适应运输各类货物的需要,集装箱除通用的杂货集装箱外,还有罐式集装箱、冷冻集装箱、框架集装箱、平台集装箱、散货集装箱等。集装箱可适用于海洋运输、铁路运输、公路运输、内河运输与国际多式联运等,航空运输也有使用集装箱的。

案例评析 2-5

案例:我某进出口公司从泰国进口暹罗米,合同中规定数量为 1 000 公吨,用塑编袋装。出口方在装运过程中由于塑编袋数量不足,有 100 公吨的货物改用麻袋装。问:我方进出口公司收到该批货物后应如何处理?

评析:我方进出口公司收到该批货物后应拒绝接受货物或向对方提出索赔。理由:合同中的包装条款明确规定包装材料是塑编袋,在本案例中,出口方有一部分货物用麻袋装,而不是用塑编袋装,不符合合同规定,构成违约。

(三)运输包装的标志

运输包装的标志,是指在货物交接、运输及商检等流转过程中,为了便于识别货物,核对单证,防止错发、错运、错提货物,而在商品的运输包装上书写、压印、贴印、刷制的图形、文字和数字。根据其不同的作用,运输包装标志可分为运输标志、指示性标志、警告性标志、重量尺码标志以及产地标志。

1. 运输标志(Shipping Mark)

运输标志俗称唛头,是国际货物贸易合同、货运单据中有关货物标志事项的基本内容。它一般由字母、数字及简单的文字组成,通常印刷在运输包装的明显部位,以便货物运输途中的有关人员辨认货物,核对单证。按国际标准化组织(ISO)的建议,运输标志应包括以下 4 项内容。

(1) 收货人名称的英文缩写或简称。

(2) 参考号,如运单号、订单号、发票号、合同号、信用证号。

(3) 目的地。

(4) 件号。本批每件货物的顺序号和该批货物总件数。

例如:ABC 　　　　　　　　收货人代号

　　　SC1234 　　　　　　　合同号码

　　　SAN FRANCISCO 　　　目的地

　　　NO. 1—20 　　　　　　件号和件数

想一想

在下列情形下,提单中的唛头应如何缮制?

(1) 若 L/C 中规定了具体的唛头:"KD-SPTSC10/SPORTAR/HAMBURG/C/No.1-UP"

实际出口货物共 5 000 箱,其中 ART. 32 的商品为 1 200 箱,ART. 45 的商品为 1 800 箱,ART. 50 的商品为 2 000 箱。提单上唛头栏应如何缮制?

(2) 若 L/C 中未规定具体的唛头,则提单上唛头栏应如何缮制?

2. 指示性标志（Indicative Mark）

指示性标志是根据商品的特性对一些容易破碎、残损、变质的商品,在搬运装卸操作和存放条件方面提出的要求和注意事项,用简单醒目的图形或文字表示的标志,见图 2-1。

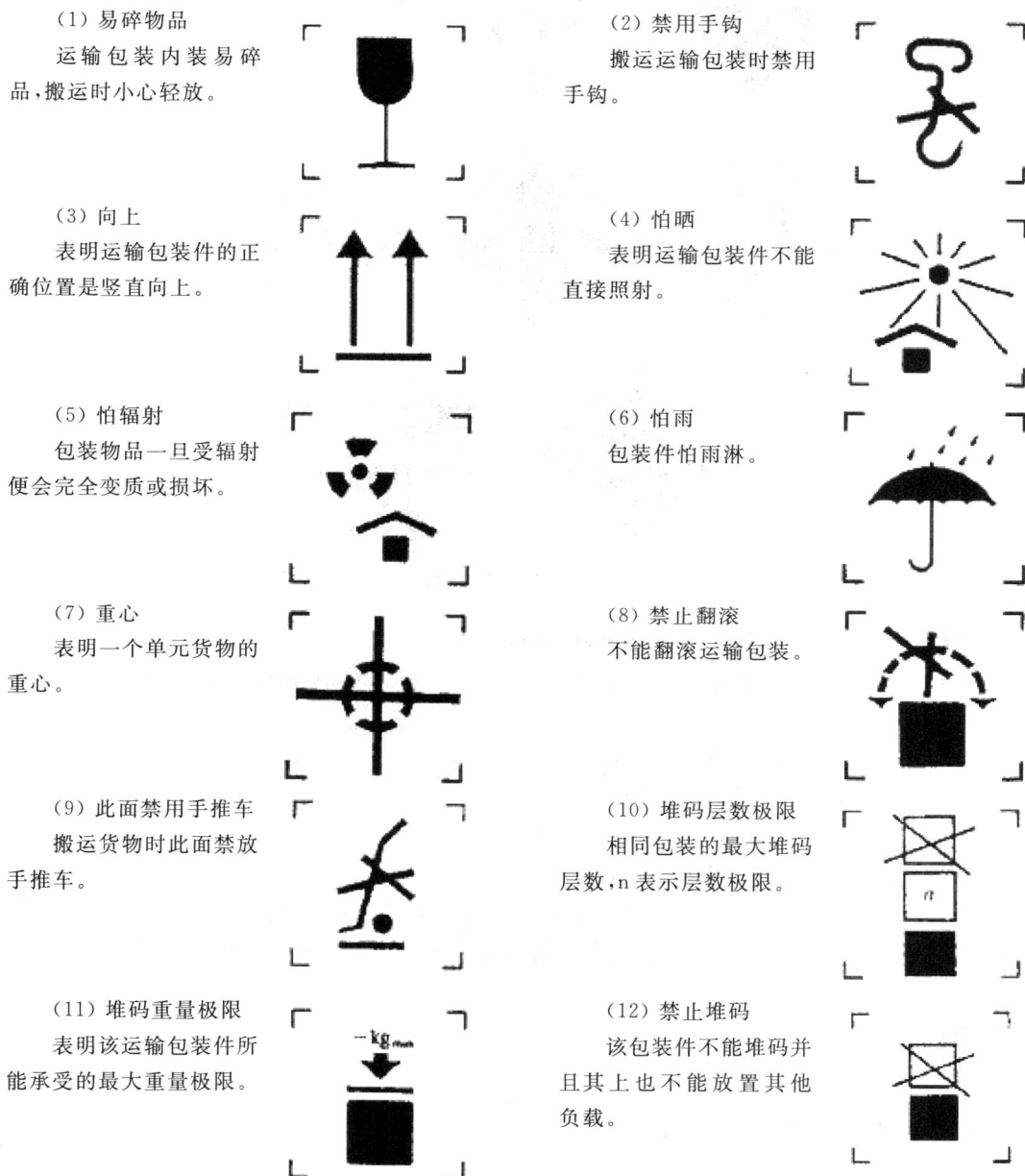

（1）易碎物品
运输包装内装易碎品,搬运时小心轻放。

（2）禁用手钩
搬运运输包装时禁用手钩。

（3）向上
表明运输包装件的正确位置是竖直向上。

（4）怕晒
表明运输包装件不能直接照射。

（5）怕辐射
包装物品一旦受辐射便会完全变质或损坏。

（6）怕雨
包装件怕雨淋。

（7）重心
表明一个单元货物的重心。

（8）禁止翻滚
不能翻滚运输包装。

（9）此面禁用手推车
搬运货物时此面禁放手推车。

（10）堆码层数极限
相同包装的最大堆码层数,n 表示层数极限。

（11）堆码重量极限
表明该运输包装件所能承受的最大重量极限。

（12）禁止堆码
该包装件不能堆码并且其上也不能放置其他负载。

图 2-1　指示性标志

3. 警告性标志（Warning Mark）

警告性标志又称危险品标志。凡在运输包装内装有爆炸品、易燃物品、有毒物品、腐蚀物品、氧化剂和放射性物资等危险货物时,都必须在运输包装上标打用于各种危险品的标志,以示警告,保护物资和人身的安全。常见的警告性标志,见图 2-2。

图 2－2　警告性标志

4. 重量尺码标志（Weight and Measurement Mark）

重量尺码标志是指在运输包装上标明包装的体积和毛重，以便储运过程中安排装卸作业和舱位。

例如：Gross Weight（G. W.）：55 kgs

　　　Net Weight（N. W.）：51 kgs

　　　Measurement：162 cm×40 cm×30 cm

5. 产地标志（Place of Origin Mark）

商品产地是海关统计和征税的重要依据。一般在商品的内外包装上均注明产地，作为商品说明的一个重要内容。例如，我国出口商品包装上均注明"MADE IN CHINA"。

三、销售包装

（一）销售包装的种类

销售包装（Selling Packing），又称小包装（Small Packing）、内包装（Inner Packing）或直接包装（Direct Packing），是在商品制造出来后以适合的材料或容器所进行的初次包装。销售包装除了保护商品的品质外，还能美化商品，宣传推广，便于陈列展销，吸引顾客，方便消费者识别、选购、携带和使用，从而促进销售，起到了"无声推销员"的作用。而且，有些商品如照相胶卷、液体饮料等，若没有销售包装是无法进入市场的。

根据商品的特征和形状，销售包装可采取不同的包装材料和不同的式样，常见的销售包装有以下几类。

1. 挂式包装

凡带有吊钩、吊带、挂孔等装置的包装,称为挂式包装,这类包装便于悬挂。

2. 堆叠式包装

凡堆叠稳定性强的包装(罐、盒等)称为堆叠式包装,其优点是便于摆设和陈列。

3. 携带式包装

在包装上附有提手装置者为携带式包装,这类包装携带方便,颇受顾客欢迎。

4. 易开包装

对要求封口严密的销售包装,标有特定的开启部位,易于打开封口,其优点是使用便利,如易拉罐等。

5. 喷雾包装

液体商品的销售包装本身,有的带有自动喷出液体的装置,如同喷雾器一样,使用相当便利。

6. 配套包装

对某些需要搭配成交的商品,往往采用配套包装,即将不同品种、不同规格的商品配套装入同一包装。

7. 礼品包装

对某些送礼的商品,为了包装外表美观和显示礼品的名贵,往往采用专做送礼用的包装。

8. 一次用量包装

又称单份包装、专用包装或方便包装,它是以使用一次为目的的较简单的包装。

9. 复用包装

这种包装除了用做包装出售的商品外,还可以用于存放其他商品或供人们观赏,具备多种用途。

(二) 销售包装的装潢和文字说明

销售包装的装潢通常包括图案与色彩,装潢应美观大方,富于艺术吸引力,并突出商品的特性。其图案和色彩,应适应进口国或销售地区的民族习惯和爱好,以利扩大出口。

销售包装上的文字说明通常包括商品名称、商标品牌、数量规格、成分构成、使用说明以及用途用量等。文字说明应与装潢画面紧密结合,互相衬托,彼此补充,和谐统一,以达到树立产品和企业形象,提高宣传和促销的目的。此外,在使用文字说明或制作标签时,还应注意不得违反有关国家的标签管理条例的规定。

(三) 条形码

条形码(Product Code),是一种商品代码。它是由一组粗细间隔不等的平等线条及其相应字符组成的标记,用以表达一定的商品信息。国际上通用的条形码有两种:一种是 UPC 条码(Universal Product Code),另一种是 EAN 条码(European Article Number)。目前使用 EAN 物品标识系统的国家(地区)众多,EAN 系统已成为国际公认的物品编码系统。我国于 1988 年 12 月建立了中国物品编码中心,该编码中心于 1991 年 4 月代表中国加入国际物品编码协会,成为正式会员,统一组织、协调和管理我国的条码工作。迄今,国际物品编码协会分配给我国的国别号为 690、691 和 692,凡标有这几个条码的商品,都表示是中国出产的商品。

四、中性包装与定牌生产

中性包装与定牌生产是与商品包装有关的两种特殊贸易做法,也是国际贸易中常有的习惯做法,在我国的出口贸易中,有一定的应用范围。

(一)中性包装

中性包装(Neutral Packing),是指在商品上以及商品的内外包装上,既不注明生产国别、地名和厂商名称,也不标明商品的商标或牌名的包装。中性包装有定牌中性和无牌中性之分。

1. 无牌中性包装

无牌中性包装,是指在商品的包装上既无生产国别和厂商名称,也无商标或牌名。采用这种方法的主要目的是降低费用成本,扩大销售。如有些原料或半成品,买方要求无牌。有些国家的商号对价值不大的日用消费品,为了节省广告和粘贴商标的人工和费用而要求无牌。

2. 定牌中性包装

定牌中性包装,是指在商品的包装上无生产国别和厂商名称,但有买方指定的商标。它主要用于国外长期的、大量的、稳定的订货,目的是为了利用买方的经营能力以及商业信誉或名牌声誉,扩大销售数量和提高商品售价。

(二)定牌生产

定牌生产(Original Equipment Manufacture,OEM)是与定牌中性包装相关的一种生产方式,它是指卖方按买方要求在其制造的商品上标明买方指定的商标或牌名,同时,也要标明生产制造国或厂商名称。当前随着生产全球化以及外包加工生产方式的发展,世界上许多名牌产品公司以及一些大型超级市场、百货公司等,在其经营销售的商品或包装上,标有自己的商标或品牌,以降低成本并实施有效的营销战略,因此,定牌生产方式发展很快。在我国出口贸易中,如果外商订货量较大,且需求比较稳定,为了适应买方销售的需要并有利于扩大我国商品的出口,我国出口商可以接受定牌生产的方式。

需要特别注意的是,定牌中性包装和定牌生产中的商标或品牌是由买方提供的,卖方只是按买方的要求在商品生产时将商标印制在商品上或包装上,因此,要防止买方指定的商标或牌名存在商标侵权的现象。为了避免在定牌业务中处于被动,应由买方事先提供"授权生产"等证明,并在合同中明确规定,如发生被第三者控告有侵权行为,由买方承担一切责任,由此给卖方造成的损失也应由买方负责赔偿。

案例评析 2 - 6

> **案例**:某外商欲购一批"美特斯邦威"品牌女装,但要求改用外商提供的商标,且规定在包装上不得注明"Made in China"字样。试问:我方是否可以接受?应注意什么问题?
>
> **评析**:外商这一要求实质上是定牌中性包装,一般来说可以接受,不过在接受指定牌名或指定商标时应注意其牌名或商标是否在国内外已有第三者进行注册。在无法判断的情况下,为安全起见应在合同中列明"如发生工业产权争议应由买方负责"的条款,以防不测。

五、规定包装条款应注意的问题

(一) 包装条款的基本内容

包装条款是合同的重要组成部分,也是合同顺利履行的重要保障。包装条款一般包括包装材料、包装方式、包装规格、包装标志以及包装费用的负担等内容,对此,买卖双方在制订包装条款时应认真、仔细、合理、详尽的加以订明。根据我国商检法的规定,须经法定检验的商品以及列有包装条款的商品,在签订合同时应按法定检验规定办事。不属于法定检验范围的商品,其包装条款由双方商定。

(二) 订立包装条款应注意的问题

1. 考虑商品的特点和不同运输方式的要求

每种商品都有自己的性状,例如水泥怕潮湿,玻璃制品易破碎,流体货物易渗漏、流失等,这就要求运输包装具有防潮、防震、防漏和防毒等良好的性能。同时,不同的运输方式对包装的要求也不同,如:海运包装要求牢固,并具有防止挤压和碰撞的功能;铁路运输包装要求具有不怕震动的功能;而航空运输包装则要求轻便且不宜过大。

2. 包装内容要明确具体

在合同中要列明包装材料、包装方式,还要根据需要加注尺寸、每件商品的重量、数量等,而不宜采用诸如"海运包装"、"习惯包装"之类的术语。因为这类术语含义模糊,没有统一的解释,很容易引起争议。

3. 符合进口国对包装的有关法令及相关规定

国际上有不少国家对于销售包装都有自己独特的规定,凡包装不符合其规定的均不准进口,即便进口了也不准投放市场销售。如美国和新西兰禁止用干草、稻草、谷糠等作为包装或填充材料,在特殊情况下,这类包装材料只有在提供了消毒证明后才允许被使用。另外,大多数国家对食品、药品、服装等进口商品都制定有标签管理条例,如美国、日本规定,凡是销往该国的药品都应在标签上说明药物成分、功能和服用方法等。

4. 要明确规定运输标志

按贸易惯例,运输标志一般由卖方设计确定和刷制,习惯上称作卖方唛头;如果是由买方指定运输标志并提交给卖方刷制,习惯上称为买方唛头。在采用买方唛头时,须在合同中明确规定运输标志的内容和示样,同时应规定买方提出唛头式样的最后时限。并且还应明确规定如买方提供唛头的时间超过了最后时限,卖方可自行设计和刷制唛头,由此带来的费用以及给卖方造成的损失由买方承担。

本章知识 结构图

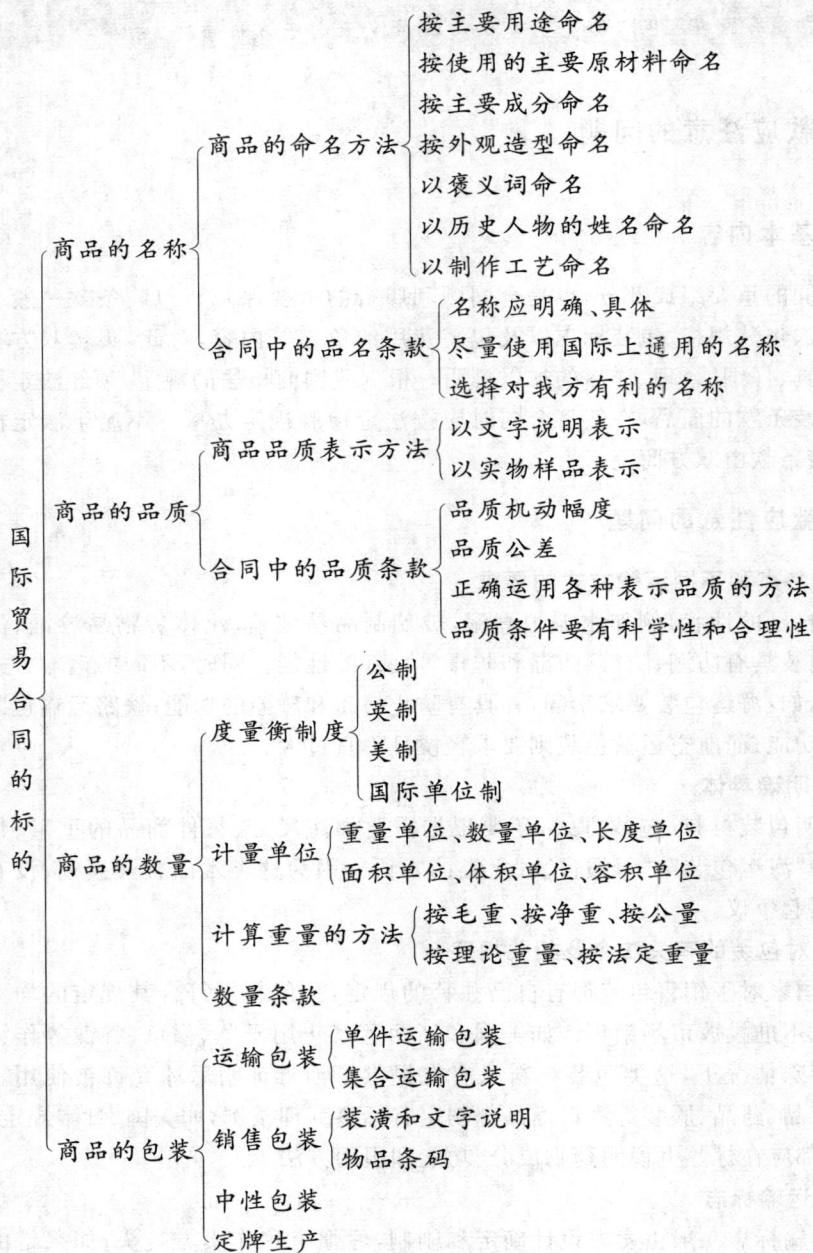

```
国际贸易合同的标的
├─ 商品的名称
│   ├─ 商品的命名方法
│   │   ├─ 按主要用途命名
│   │   ├─ 按使用的主要原材料命名
│   │   ├─ 按主要成分命名
│   │   ├─ 按外观造型命名
│   │   ├─ 以褒义词命名
│   │   ├─ 以历史人物的姓名命名
│   │   └─ 以制作工艺命名
│   └─ 合同中的品名条款
│       ├─ 名称应明确、具体
│       ├─ 尽量使用国际上通用的名称
│       └─ 选择对我方有利的名称
├─ 商品的品质
│   ├─ 商品品质表示方法
│   │   ├─ 以文字说明表示
│   │   └─ 以实物样品表示
│   └─ 合同中的品质条款
│       ├─ 品质机动幅度
│       ├─ 品质公差
│       ├─ 正确运用各种表示品质的方法
│       └─ 品质条件要有科学性和合理性
├─ 商品的数量
│   ├─ 度量衡制度
│   │   ├─ 公制
│   │   ├─ 英制
│   │   ├─ 美制
│   │   └─ 国际单位制
│   ├─ 计量单位
│   │   ├─ 重量单位、数量单位、长度单位
│   │   └─ 面积单位、体积单位、容积单位
│   ├─ 计算重量的方法
│   │   ├─ 按毛重、按净重、按公量
│   │   └─ 按理论重量、按法定重量
│   └─ 数量条款
└─ 商品的包装
    ├─ 运输包装
    │   ├─ 单件运输包装
    │   └─ 集合运输包装
    ├─ 销售包装
    │   ├─ 装潢和文字说明
    │   └─ 物品条码
    ├─ 中性包装
    └─ 定牌生产
```

经典案例

品质条款的风险与规避

【案情介绍】

1999 年,我某出口公司向巴西出口一批非食用玉米。合同规定:品质为适销品质,以 98％的纯度为标准,杂质小于 2％,运输方式为海运,支付方式采用远期汇票承兑交单,以给予对方一定的资金融通。合同生效后 2 个月货到买方,买方以当地的检验证书证明货物质量比原合同规定低,黄曲霉菌累计超标为由,拒收实物。经查实,原货物品质不妨碍其销售,对方违约主要是由于当时市场价格下跌。后经多次洽谈,我方以降价 30％完成合同。

【案情分析】

从以上案例中不难看出,出口公司明知风险条款的存在,但对风险估计不足,也存有侥幸心理,为促成交易成功,轻易跳进对方设下的陷阱。可见,只有把握住"风险条款"才能把握住商机,在商战中立于不败之地。

此案中,支付方式、品质条款,对于出口方来讲均存在很大的风险性。品质方面,虽考虑到了农产品的品质在备货时很难准确把握,用"适销品质"来补充,但没有采用品质增减价条款具体地说明在品质出现不同程度的不符时的处理方式。另外,玉米本身具有易滋生黄曲霉菌的特点,长时间的运输使其更加快速生长。对于这种可以预料但难以避免的状况,在品质条款中没有任何说明,给对方拒收货物提供了机会。在支付方式上,远期汇票承兑交单,货到付款,虽是我国对南美贸易中普遍采用的方式,但这种方式过于注重促成合同的成立,风险性极大,特别容易被对方恶意利用。在市场形势对其不利的情况下,买方往往以其他合同条款不符为由或拒收货物,或大幅度压价。该案便属典型的恶意利用"软条款"的例子。

【背景知识】

如何规避风险

国际贸易合同商谈中,条款的订立会直接影响到买卖双方的利益,在具体贸易中,应尽量避免易产生纠纷的"风险条款"。合理把握条款,最大限度地避免风险,是签订合同成败的关键。具体应注意以下几点。

1. 选择诚实守信的贸易伙伴。贸易伙伴诚实可靠是交易成功的基础,进行资信调查是确定交易伙伴的重要方法,在调查中要重点了解对方的企业性质、商业道德、贸易经验等,特别是贸易伙伴的资金及负债情况、经营作风及履约信用等。

2. 严格审查合同,明确条款内容。实事求是地订立合同,做不到的条款坚决不订。

3. 严格履行合同,防止任何与条款不符的风险发生,不给对方以可乘之机。

4. 在薄弱环节转嫁风险。对于自己不擅长的条款内容,利用合同将其潜在的风险转移出去。例如,可把有关运输的问题交给运输公司办理,这样可以有效地避免风险。

5. 充分利用完善的国际贸易保险体系,将可预测的风险用较低的代价转移走。

思考与练习

一、思考题

1. 买卖合同中规定货物质量的方法有几种？分别说明其含义和在使用中应注意的问题。

2. 凭卖方样品成交时,卖方应注意哪些问题?

3. 什么是数量机动幅度?为何在某些商品的买卖合同中要规定溢短装条款?

4. 采用中性包装和定牌生产各有何特点?

二、计算题

1. 合同数量条款规定,"About 500M/T 或 500M/T 5% more or less at seller's option"。

试问:(1) 以上两种规定方法对买卖双方有无区别? 为什么?

(2) 在后一种规定情况下,卖方最多可交多少公吨货物? 最少可交多少公吨? 如何计价?

2. 我国某企业出口报价为每件商品 20 美元 CIFC2%纽约,对方要求改为 CIFC5%,若报价不变,每件商品我方将减少多少收入? 若在我方收入不变的情况下,应报 CIFC5%价多少?

三、案例分析题

1. 我某企业与外商按 CIF 条件每公吨 500 美元的价格成交某商品 998 公吨。合同规定数量可增减 5%(即可溢短装 5%),由卖方决定。我方按合同规定多装 5%,装船时该产品的国际市场价格上涨 10%。我方向客户要求对多装部分按装船时的市场价格结算,试分析对方可否拒绝。

2. 某外商欲购我某企业生产的电动工具,该企业已有自主品牌"荷花",且该品牌有一定的知名度。外商在洽谈中提出使用买方拥有的"BOM"牌商标,并且不得在包装上注明"Made in China"字样。试分析我方是否可以接受,应注意哪些问题。

四、业务操作题

训练资料

(1) 卖方:CHANGZHOU DAHUA IMP & EXP (GROUP) CORP

地址:NO 1 CHANGXIN ROAD,CHANGZHOU,CHINA

(2) 买方:FUJIYAMA TRADING CORPERATION

地址:121 KAWARA MACH OSAKA JAPAN

(3) 品名:100% SILK GARMENTS

(4) 数量:4 000DOZ(XL:1 000DOZ;L:1 000DOZ;M:1 000DOZ;S:1 000DOZ)

(5) 单价:每打 50 美元,CIF OSAKA

(6) 总值:200 000.00 美元

(7) 包装:每箱装 20 打,混码均装;包装种类及数量:纸箱 200 件

(8) 唛头:FUJIYAMA//OSAKA/NO1—200

(9) 毛重:每箱 60 千克,净重:每箱 58 千克;体积:每箱 0.045 立方米

训练要求:请以出口公司业务员的身份,根据上述资料填制商业发票和装箱单。

第三章

进出口商品的价格

教学目标

　　通过本章的教学使学生了解进出口商品的作价原则、作价方法和报价方法;学会选择计价货币与支付货币;了解商品的价格构成,重点掌握商品的成本核算;灵活运用佣金和折扣;学会订立进出口商品条款。

关键词

单价(Unit Price)　　　　　　　总值(Total Amount/Value)

净价(Net Price)　　　　　　　　含佣价(Price including Commission)

计价货币(Currency of Account)　支付货币(Money of Payment)

佣金(Commission)　　　　　　　折扣(Discount,Allowance)

第一节　进出口商品的作价原则和支付货币

一、进出口商品作价的基本原则

在国际贸易中,商品的作价应掌握好以下基本原则。

1.参照国际市场价格水平

国际市场价格是以商品的国际价值为基础并在国际市场竞争中形成的,它是交易双方都能接受的价格,因而是确定进出口商品价格的客观依据。

2.贯彻国际市场经营战略

企业开展国际贸易应有长期的经营发展规划,每一笔具体的进出口贸易应贯彻既定的经营战略,价格制定要注意符合经营战略的各个方面的需要。在出口贸易中,当需要击败和挤走竞争对手时,可制定低价;当需要与竞争对手和平共处,避免两败俱伤时,则不要制定低价等。

3.考虑影响商品价格的各种因素

(1)考虑商品的质量和档次。在国际市场上,商品一般都是按质论价的,质好价高,质次价廉。品质的优劣、档次的高低、包装的好坏、式样的新旧、商标品牌的知名度等都影响商品的价格。

（2）考虑运输距离、交货地点和交货条件。距离的远近直接影响运输费和保险费，从而影响商品的价格。距离近，价格就低；距离远，价格自然就高。同时，交货地点和交货条件不同，买卖双方承担的责任、费用及风险有很大的不同。例如，同一运输距离内成交的同一商品，按 CIP 条件成交与按 FOB 条件成交的价格有相当程度的差别。

（3）考虑季节性需求变化。在国际市场上，有些商品因为生产、消费有明显的季节性或受节假日的影响，价格高低差别很大。赶在季节前到货、抢先上市能卖出好价，而过了节令的商品，往往销售价格很低，甚至以低于成本的"跳楼价"出售。因此，一定要抓销售季节，安排好装运。

（4）考虑成交数量。成交量的大小影响价格，成交量大时，在价格上应给予适当的减价优惠；反之，如果成交量过小，则可适当提高售价。买卖双方可以利用数量作为价格谈判的筹码。

（5）考虑支付条件和汇率变动的风险。支付条件是否有利和汇率变动风险的大小都影响商品的价格。例如，同一商品在其他条件相同的情况下，采取预付货款和 45 天承兑交单付款方式下，它们的价格自然是不同的。同时，应争取选择有利货币成交，否则，在汇率变动时，容易受到损失。

二、进出口商品的作价方法

在国际货物买卖中，作价的方法多种多样，可根据不同的情况，分别采取以下作价方法。

1. 固定作价

固定作价（Fixed Price）又称死价，即在签约时规定了价格后，不再因市场行情的变化而调整价格。除非双方同意，价格在合同有效期内不能随意改变。单方面改动价格视作违反合同。我国进出口合同绝大部分都采用固定作价，这也是国际上的常规做法。该方法既明确、具体和肯定，也便于核算和执行。

但是，由于国际商品市场行情的多变性，价格涨落不定，剧涨暴跌的现象时有发生。采用这种作价方法，买卖双方要承担从订约到结算期间价格变动的风险。因此，首先必须对影响商品供需的各种因素进行仔细的研究，并在此基础上，对价格的前景做出判断，以此作为决定合同价格的依据；其次，对客户的资信进行了解和研究，慎重选择订约的对象。

2. 非固定作价

非固定作价（Unfixed Price）又称活价，其具体做法有如下几种。

（1）暂不规定价格。对于价格变化难以预测的商品，交易双方可在订立合同时先对其他交易条件，如品名、数量、交货地点和支付条件等加以规定，而暂不确定价格。这种规定常有以下两种具体做法：一是在价格条款中明确定价时间和定价方法，如"以装船时的国际市场价为准"。二是只规定作价时间，如"由双方在×年×月×日协商价格"。这两种做法，尤其是第二种，由于在签订合同时没有对价格这一重要条款达成协议，双方事后确定价格时可能会各持己见，难以达成一致，导致合同无法履行。所以，暂不规定价格这种方式只适用于双方互相信任，又有长期贸易关系的老客户之间。根据《公约》的规定，合同中未规定价格或确定价格的方法时，若双方事后发生争议，则以签订合同时此种货物的市场通常价格为准。

（2）暂定价。对于某些价格变化较大，交货期又较长的合同，买卖双方可在订立合同时暂时规定一个价格。但这不是正式价格,只是参考价格。在合同中订立暂定价格,主要是作为开立信用证,初步结算货款的依据。待日后正式价格确定后,双方再进行一次最后的清算,多退少补。正式价格可在交货前双方认为适当的时候确定,也可参照装船时的市场价格来调整。

(3) 部分固定价格,部分不固定价格。在订立合同时对于近期交货的部分可固定价格,远期交货的部分暂不作价。这种做法常见于大宗分批交货的交易中。

(4) 滑动价格。在进出口成套机械设备时,从订立合同到结汇所需时间较长,为了避免因原材料价格、工资的变化等带来的风险,买卖双方在订立合同时规定一个基础价格(Basic Price),到交货前的一定时间或交货时再根据物价、工资等变动情况进行调整,称为滑动价格。在滑动价格合同中,价格的调整通过"价格调整条款"(Price Adjustment Clause)进行。买卖双方可根据需要,选择不同的参数,制定不同的价格调整条款。

三、进出口商品的计价货币和支付货币

(一) 计价货币和支付货币的含义

计价货币(Currency of Account)是指合同中规定用来计算价格的货币。支付货币(Currency of Payment)是指合同中规定用来支付货款的货币。计价货币通常与支付货币为同一种货币,但也可以计价货币是一种货币,而支付货币为另一种,甚至另几种货币。可以是出口国货币,也可以是进口国或双方同意的第三国货币,还可以是某一种记账单位。如合同中的价格是用一种双方当事人约定的货币(如美元)来表示的,没有规定用其他货币支付,则合同中规定的货币,既是计价货币,又是支付货币。如在计价货币之外,还规定了其他货币(如英镑)支付,则英镑就是支付货币。在一般的国际货物贸易合同中,价格都表现为一定量的特定货币(如每公吨 200 美元),通常不再规定支付货币。

(二) 计价货币和支付货币的选择

1. 使用可自由兑换的货币

在进出口业务中,选择使用何种货币计价或支付时,首先要考虑该货币是不是可自由兑换的货币。使用可自由兑换的货币,有利于调拨和兑换,同时也有助于在必要时可以转移货币汇价风险。

2. 把握"进软出硬"的原则

在出口贸易中应选择"硬币"或具有上浮趋势的货币作为计价货币;在进口贸易中则应选择"软币"或具有下浮趋势的货币作为计价货币,以减缓外汇收支可能带来的汇价波动损失。在实际业务中,以什么货币作为计价货币,还应视双方的交易习惯、经营意图以及商品价格而定。

3. 多种货币组合

多种货币组合亦称一揽子货币计价,是指在进出口合同中,使用两种或两种以上的货币来计价,以降低汇率波动的风险。如当企业进口或出口货物时,假如其中一种货币出现升值或贬值,而其他货币的价值不变,则该货币价值的改变不会给企业带来太大的外汇风险,或者说风险因分散开来而相对减少;若计价货币中有几种货币升值,几种货币贬值,则升值货币所带来的收益可以抵消或部分抵消贬值货币所带来的损失,从而降低或消除外汇风险。

4. 订立外汇保值条款

在出口贸易中,还可以利用外汇保值条款(Exchange Clause)来降低汇率风险。规定外汇保值条款的方法主要有3种。

(1)计价货币和支付货币均为同一软币。确定订约时这一货币与另一"硬币"的汇率,支付时按当日汇率折算成原货币支付。例如,本合同项下的欧元金额,按合同成立当日中国银行公布的欧元和瑞士法郎(假设据预测两者汇价浮动趋势相反)买进牌价之间的比例折算,相等于××瑞士法郎。在付款之日(汇付或托收方式下)或议付之日(信用证),按中国银行当天公布的欧元和瑞士法郎买进牌价之间的比例,将应付之全部或部分瑞士法郎金额折算成欧元支付。

(2)"软币"计价,"硬币"支付。"软币"计价,"硬币"支付是指将商品单价或总值按照计价货币与支付货币订约时的汇率,折合成另一种"硬币",按另一种"硬币"支付。例如,本合同项下每一欧元相当于××英镑,发票和汇票均需以英镑开立。

(3)"软币"计价,"软币"支付。确定这一货币与另几种货币的算术平均汇率,或用其他计算方式的汇率,按支付当日与另几种货币算术平均汇率或其他汇率的变化作相应的调整,折算成原货币支付。这种保值可称为一揽子汇率保值。几种货币的综合汇率可有不同的计算方法,如采用简单的算术平均法、加权平均法等,这需要买卖双方协商确定。

案例评析 3 - 1

案例:我某公司拟从英国进口一批商品。经双方商定,我公司采用D/P 3个月远期付款,且支付货币可在美元和英镑之间进行选择。谈判时,英国政府公布的资料表明,英国的通货膨胀率比前一季度大幅度上升,国际收支逆差也比上年同期增长了20%,造成了外汇市场恐慌。而同时美国的通货膨胀和国际收支状况没有什么变化。问:我公司应选择何种货币作为计价货币? 说明理由。

评析:我公司应选择英镑作为计价货币。因为根据英国政府公布的资料,英国通货膨胀高于美国,国际收支逆差,英镑有下浮趋势。根据进口采用"软币"计价的原则,应选择英镑作为计价货币。

四、计价货币和支付货币的表示方式

在国际贸易中,每种货币都有一个唯一的3个英文字母组成的国际标准代码,如表3-1所示。

表 3 - 1　世界主要货币名称及其代码一览表

货币名称	英文全称	英文缩写	货币符号
美元	United States Dollar	USD	US $
英镑	Pound Sterling	GBP	£
欧元	Euro	EUR	€
日元	Japanese Yen	JPY	J ¥
港元	Hong Kong Dollar	HKD	HK $
瑞士法郎	Swiss Franc	CHF	SRr
加拿大元	Canadian Dollar	CAD	Can $
澳大利亚元	Australian Dollar	AUD	$ A
新加坡元	Singapore Dollar	SGD	S $
人民币	Chinese Renminbi Yuan	CNY	RMB ¥

第二节　进出口商品的价格构成与成本核算

一、主要贸易术语的价格构成

《2010 通则》中 FOB(FCA)、CFR(CPT)和 CIF(CIP)6 种主要贸易术语的价格构成通常包括出口成本、费用和利润三个方面。其中,费用又包括国内费用和国外费用,如表 3 - 2 所示。

表 3 - 2　进出口商品价格构成一览表

价格构成					具体说明
CIF/CIP	CFR/CPT	FOB/FCA	出口成本	商品本身成本	包括三种类型:生产成本;加工成本;采购成本(进货成本)
				国内费用	包装费
					仓储费、港区杂费等
					国内运输费(仓至码头、车站、机场、集装箱运输站/堆场)
					拼箱费(如货物不够装一个整箱)
					证件费(领事签证费、产地证费、许可证费、保管费等)
					商检费
					银行费用(贴现利息、手续费等)
					贷款利息
					业务费/经营管理费(工资、交通费、交际费、广告费等)
					邮电费(电报、电话、电传、传真、电子邮件、邮政等)
					报关费
			预期利润		
		国外运费			自装运港(地)至目的港(地)的运输费用
	国外保险费				货物运输保险费

FOB(FCA)＝进货成本价＋国内费用＋净利润

CFR(CPT)＝进货成本价＋国内费用＋国外运费＋净利润

CIF(CIP)＝进货成本价＋国内费用＋国外运费＋国外保险费＋净利润

二、主要贸易术语的价格换算

FOB(FCA)价换算为其他价

CFR(CPT)价＝FOB(FCA)价＋国外运费

CIF(CIP)价＝FOB(FCA)价＋国外运费÷(1－投保加成×保险费率)

CFR(CPT)价换算为其他价

FOB(FCA)价＝CFR(CPT)价－运费

CIF(CIP)价＝CFR(CPT)价÷(1－投保加成×保险费率)

CIF(CIP)价换算为其他价

FOB(FCA)价＝CIF(CIP)价×(1－投保加成×保险费率)－国外运费

CFR(CPT)价＝CIF(CIP)价×(1－投保加成×保险费率)

需要说明的是,这里所说的投保加成按国际货物运输实务保险的惯例为10％。

【例题3-1】 我某公司对外报价每公吨1 000美元CIF悉尼,外商来电要求改报FOB价中国口岸。已知保险费率为0.85％,按发票金额的110％投保,运费每公吨75美元。在保持出口净收入不变的情况下,我方应如何报价?

解:FOB价＝CIF价－保险费－运费＝1 000－1 000×110％×0.85％－75＝915.65(美元)

我方应报价每公吨915.65美元。

三、进出口商品成本核算

(一)出口商品成本核算

出口商品成本核算是决定成交价格的基础,直接影响贸易的经济效益。在出口业务中,成交前有必要对出口总成本、出口销售外汇净收入、出口销售人民币净收入等进行分析核算。

1. 出口总成本

出口总成本是指出口商品的进货成本(采购成本)加上出口前的所有费用和税金。由于目前我国大部分企业享有出口退税待遇,所以出口总成本中应减去出口退税收入。

2. 出口销售外汇净收入

出口销售外汇净收入是指出口商品按FOB价出售所得的外汇净收入。

3. 出口销售人民币净收入

出口销售人民币净收入是指出口商品的FOB价按结汇时的外汇牌价(买入价)折成人民币的数额。

4. 出口商品盈亏率

出口商品盈亏率是指出口商品盈亏额与出口商品总成本的比率。出口商品盈亏额是指出口销售人民币净收入与出口总成本的差额。用公式表示如下：

$$出口商品盈亏额＝出口销售人民币净收入－出口总成本$$

$$出口商品盈亏率＝\frac{出口商品盈亏额}{出口总成本}\times100\%$$

当出口商品盈亏率为正,表示盈利;为负,意味着亏本。

5. 出口商品换汇成本

出口商品换汇成本是指通过商品出口,用多少本币可以换回1个单位外币的比率。例如,出口商品收入1美元需要多少元人民币的总成本,也就是多少元人民币换回1美元。这项指标较为直观,在实际业务中常被采用。用公式表示如下：

$$出口商品换汇成本＝\frac{出口总成本（本币）}{出口商品的外汇净收入（FOB价）}$$

如果换汇成本大于外汇买入价,表示亏损;反之,表示盈利。

【例题 3－2】 我某外贸公司出售一批货物至日本,出口总价为 15 万美元 CIFC5％横滨,其中从中国口岸至横滨的运费和保险费占 12％,佣金占 5％。这批货物的国内进价为人民币 702 000 元(含增值税 17％),该外贸公司的费用定额率为 5％,出口退税率为 11％。试计算这笔出口交易的换汇成本及盈亏额(设 1 美元＝6.208 人民币元)。

解:出口总成本(税后)＝含税采购成本＋定额费用－出口退税收入

$$＝702\,000＋702\,000\times5\%－702\,000\div(1＋17\%)\times11\%$$

$$＝702\,000＋35\,100－66\,000＝671\,100(人民币元)$$

出口外汇净收入(FOB价)＝CIF价－保险费－国外运费－佣金

$$＝150\,000\times[1－(12\%＋5\%)]＝124\,500(美元)$$

出口换汇成本＝出口总成本(人民币)÷FOB价出口外汇净收入(外币)

$$＝671\,100\div124\,500＝5.39(人民币元/美元)$$

盈亏额＝出口销售人民币净收入－出口总成本＝124\,500\times6.208－671\,100

$$＝101\,796(人民币元)$$

6. 出口创汇率

出口创汇率又称外汇增值率,是指成品出口后的外汇净收入与原料进口外汇成本之间的比率,用以考核进料加工的经济效益。即以成品出口所得的外汇净收入减去进口原料所支出的外汇,算出成品出口外汇增值的数额(创汇额),再将其与原料外汇成本相比,计算出百分率。用公式表示如下：

$$出口创汇率＝\frac{成品出口外汇净收入－原料外汇成本}{原料外汇成本}\times100\%$$

在核算出口创汇率时,应注意以下几个问题。

(1) 进口原料不论按何种价格成交,一律应折合成 CIF 价格计算。

(2) 成品出口时,不论按何种价格成交,一律应按 FOB 价作为成品出口外汇净收入。

(3) 如果出口成品中采用国产原料、辅助材料或部分辅助材料采用国产的,其外汇成本应比照出口该原料的 FOB 价格计算。

【例题 3-3】 某进出口公司按 CIF 价格进口原棉一批共计外汇 55 000 美元,经加工为印花布出口,外汇净收入为 67 000 美元。求该笔出口业务的创汇率。

解:出口创汇率=(成品出口外汇净收入-原料外汇成本)÷原料外汇成本×100%

$$=(67\,000-55\,000)\div55\,000\times100\%=21.82\%$$

(二)进口商品成本核算

1. 进口商品成本计算

进口商品成本的计算公式如下:

FOB(FCA)进口商品成本=FOB(FCA)进口合同价+运费+进口国内费用+进口税费

CFR(CPT)进口商品成本=CFR(CPT)进口合同价+保险费+进口国内总费用+进口税费

CIF(CIP)进口商品成本=CIF(CIP)进口合同价+进口国内总费用+进口税费

2. 进口货物国内总费用

进口货物国内总费用包括:卸货费、驳船费、码头建设费、码头仓租费等费用;进口商品的检验检疫费和其他公证费;银行费用(开证费、改证费及其他手续费);提货报关费;国内运费、仓租费;利息支出;其他费用。FOB 条件下运输费和保险费由进口方承担,CFR 条件下运输费由出口方承担,保险费由进口方承担。

3. 进口货物的税费计算

(1)完税价格确定

进口货物以 CIF(CIP)价作为完税价格。

进口货物以 FOB 价格成交,应加上运费和保险费后作为关税的完税价格。其计算公式如下:

完税价格=(FOB 或 FCA 价+运费)/(1-保险费率)

进口货物以 CFR 价格成交,应加上保险费后作为关税完税价格。其计算公式如下:

完税价格=CFR(CFR)价/(1-保险费率)

(2)进口税费计算

进口货物需缴纳的税费包括进口关税、进口增值税以及消费税等。计算公式如下:

进口关税税额=完税价格×关税税率

从价消费税额=关税完税价格/(1-消费税税率)×消费税税率

进口增值税额=(关税完税价格+关税税额+消费税额)×增值税税率

从量消费税额=应税消费品数量×消费税单位税额

4. 进口总成本的计算

进口总成本的计算公式如下:

进口总成本=FOB(FCA)价+运费+保险费+进口货物国内总费用+关税+消费税+增值税

=CFR(CPT)价+保险费+进口货物国内总费用+关税+消费税+增值税

=CIF(CIP)价+进口货物国内总费用+关税+消费税+增值税

第三节　佣金和折扣

一、佣金

（一）佣金及其表示方法

佣金（Commission）是卖方或买方付给中间商为其对货物的销售或购买提供中介服务的酬金。凡在合同中明示佣金的，称作明佣；不在合同中表示佣金，而由当事人双方另行约定的，称为暗佣。按照一定的含佣价给予中间商佣金的百分比称作佣金率。

佣金的表示方法主要有：

（1）用文字表示。如每箱 100 美元 CIF 纽约含 3% 佣金（USD 100 per Case CIF New York including 3% Commission）。

（2）用字母表示。在贸易术语后加佣金的英文缩写字母"C"，并同时注明佣金率的百分比。如每箱 100 美元 CIFC3% 纽约（USD 100 per Case CIFC3% New York 或 USD 100 per Case CIFC3 New York）。

（3）用绝对数表示。如每箱支付佣金 3 美元（Commission：USD3.00 per Case）。

（二）佣金的计算方法

按国际贸易习惯，佣金一般是按成交金额为基础计算的。究竟按 CIF 交易额为基础计算佣金，还是按 FOB 价计算佣金，则由交易双方协商决定。如按 CIFC 成交，而以 FOB 总值为基数计算佣金时，则应从 CIF 价中减去运费和保险费，然后再算出佣金额。

佣金的计算公式为：佣金额＝含佣价×佣金率

净价的计算公式为：净价＝含佣价×（1－佣金率）

含佣价的计算公式为：含佣价＝净价/（1－佣金率）

> **【例题 3－4】**　设 CFR 价为 900 美元，加 10% 投保一切险和战争险，保险费率为 1.2%。求 CIFC3 的价格。
>
> 解：CIF ＝CFR÷（1－投保加成×保险费率）
>
> 　　　＝900÷（1－110%×1.2%）＝912.04（美元）
>
> CIFC3＝净价÷（1－佣金率）＝912.04÷（1－3%）＝940.25（美元）

（三）佣金的支付方法

佣金的支付通常有 3 种方法。

（1）由中间代理商直接从货价中扣除佣金。

（2）在委托人收妥货款之后，按事先约定的期限和佣金率，另行付给中间代理商。

（3）在信用证中规定佣金在议付时直接从信用证款项中扣除，称为议扣。

二、折扣

（一）折扣及其表示方法

1. 折扣

折扣（Discount）是卖方按原价给予买方一定百分比的减让，即在价格上给予适当的优惠。国际贸易中使用的折扣名目繁多，除一般折扣外，还有为扩大销售而采用的数量折扣，为实现某种特殊目的而给予的特别折扣，以及年终回扣等。凡在价格条款中明确规定折扣率的，叫作明扣；不在价格条款中明示折扣率的，叫作暗扣。折扣直接关系到商品的价格，货款中是否包含折扣和折扣率的高低，都影响商品的价格。折扣率越高，则价格越低。

2. 折扣的表示方法

（1）用文字表示。如果价格中允许给予折扣，一般应用文字表示。如 CIF 每公吨 200 美元 CIF 伦敦减折扣 3％（USD 200 per M/T CIF London less 3％ Discount）。

（2）用绝对数来表示。如每公吨折扣 6 美元。

（二）折扣的计算方法

折扣通常以成交额或实际发票金额乘以约定的折扣百分率。用公式表示：

$$折扣额＝原价（或含折扣价）×折扣率$$
$$净价＝原价－折扣额$$

（三）折扣的支付方法

折扣一般是在买方支付货款时预先予以扣除。也有的折扣金额不直接从货款中扣除，而是按暗中达成的协议另行支付给买方，这种做法通常在暗扣或回扣时采用。

第四节　合同中的价格条款

货物的价格是国际贸易中的核心交易条件，价格条款是买卖合同中必不可少的条款。价格条款的确定不仅关系到货物交易能否成功进行，而且还直接关系到买卖双方的利益。

一、价格条款的主要内容

国际货物进出口合同中的价格条款，一般包括商品的单价和总值两项基本内容。此外，还包括作价方法、计价货币和支付货币的选择以及佣金和折扣的运用等。

1. 单价

单价（Unit Price）是指商品的每一计量单位的价格金额，即单位商品的价格。国际贸易中，单价包括 4 项不可缺少的内容，即计价货币名称、单位价格金额、计量单位及贸易术语。

例如：USD 350 per Dozen CIF San Francisco（每打 350 美元 CIF 旧金山）。

2. 总值

总值(Total Value/Amount)也称总价,是指单价与成交商品数量的乘积,即成交总金额。总值除用阿拉伯数字表示外,一般还用文字表示。

例如:Total Amount:USD1 234 567 893.15(Say US Dollars One Billion Two Hundred Thirty Four Million Five Hundred Sixty Seven Thousand Eight Hundred Ninety Three and Cents Fifteen Only.)

二、订立价格条款时应注意的问题

(1) 运用标准的计价货币。用3个英文字母的标准国际代码表示。

(2) 选用适当的价格术语,正确使用贸易术语。FOB 或 FCA 术语后面应注明装运港、启运地或发货地名称,CFR、CIF、CPT、CIP 术语后面应写明目的港或目的地名称,如有重名则应加注国名或地区名。

(3) 参照国际贸易的习惯做法,注意佣金和折扣的运用。

规范使用计量单位。规范使用不同度量衡制度下的计量单位。例如,公吨(M/T)、千克(KG)、磅(LB)、件(PC)、码(YD)、打(DOZ)等。

(4) 灵活运用不同的作价方法,以防价格变动带来的风险。争取选用有利的计价货币,必要时可加订保值条款。

本章知识结构图

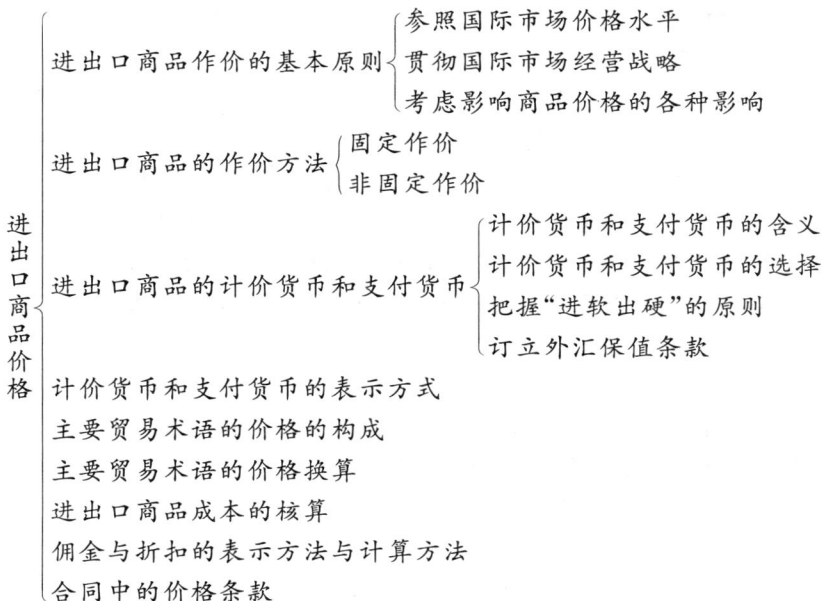

经典案例

对外汇风险估计不足受损案

【案情简介】

某年,江苏D公司与香港H公司签订了1份补偿贸易性质的合纤绸来料加工合同。合同规定:H公司向D公司提供合纤绸加工设备120台喷水织机,价值84 800万日元,由D公司的开户银行出具以H公司为受益人的不可撤销保函。合同期内每年H公司向D公司提供合纤绸原料,加工成印花绸,全部由H公司返销国外。年工缴费收入348万美元,分5年10次用来抵偿喷水织机的货款及其利息(年利息6.5%)。根据预测,当时合纤绸在国内外市场都畅销,加上税收减免优惠,该项目还清设备货款本息尚余134.47万美元,合同期内可盈利3 000万元。将美元对日元贬值因素考虑在内,即使日元升值10%,仍可结余70余万美元。

然而,在这段时间内,日元对美元开始急剧升值,签约当年6月15日升值最高达1美元:104.78日元,第二年4月19日,创下1美元:79.75日元的战后最高纪录。上述项目若按当时的汇率1美元:130日元重新计算,设备的日元债务折合839.80万美元,用工缴费等各项还款来源合计1 012万美元归还上述欠款后尚余172.20万美元,如按1美元:110日元计算,汇兑损失达151.20万美元,尚余21万美元;但当汇率按1美元:100日元计算时,汇兑损失达252.3万美元,无法抵补。当时由于日元对美元出现罕见波动,该项目最终以亏损告终。

【案情分析】

本案例项目之所以亏损,主要原因是签约时对外汇风险估计不足。一般来说,汇率变动除了会直接影响投资项目的现金流量外,还可能通过通货膨胀、物价变动、市场规模、竞争压力等经济因素起间接作用。那么在商洽投资项目时一定要对外汇风险的传递过程进行分析,以做到合理预算、有效控制,对有关的汇率敏感因素及早关注,做到"未雨绸缪"。本案中,补偿贸易项目洽商时同时使用了两种货币计价:喷水织机用日元计价,而产品印花绸却以美元计价。由外商H提供的机器设备是一笔日元外币债务,若按一般性贸易处理,D公司将支付机器货款,由此将产生一笔日元现金流出。相反,D公司外销的产品是一笔外币应收账款,表现为美元的现金流入。这样,当日元相对美元升值时,D公司的现金流出相对现金流入增加,D公司将蒙受外汇风险损失;相反,若日元相对美元贬值时,D公司现金流出相对现金流入减少,公司将从汇率变动中获益,而H公司将受损。

如果将上述贸易中的外汇风险进行简单定量的话,我们可以确定,D公司的外汇风险敞口有两项:①设备上的日元应付货款,风险金额为本金84 800万日元和各期利息,年息6.5%,风险时间为5年;②产品出口上的美元应收账款,金额为年348万美元,受险时间5年。

【本案启示】

在一项涉及多次、多种货币、甚至外汇兑换方向亦不同的经营活动中,尽管其风险有时看起来可以相互抵消,如同时存在外币应付账款与外币应收账款,但最好将它们一一甄别,因为它们可能在币种上、时间上或金额上有所不同,总体外汇风险留有较大的敞口。

(选载袁永友主编《新编国际贸易实务案例评析》,中国商务出版社,第247页)

思考与练习

一、将下列错误或不完整的进出口报价予以更正或补充（用英语进行规范表述）

1. USD 1 500 FOB Hamburg.
2. Per case 42.65 CIF New York.
3. CIFC London EUR 25.00.
4. 200 per Doz DDP.
5. USD 18 per pc CIP USA.
6. Per M/T EUR 495.00 Shanghai.
7. 每千克 10 美元上海装运出口 FOB Singapore。
8. 每公吨 1 000 美元 CIF 伦敦装运进口。
9. 每打 100 欧元 FOB 净价减 1％折扣。
10. 每套 80 港币香港交货。

二、计算题

1. 某外贸公司出售一批货物至伦敦，出口总价为 5 万美元 CIFC5％伦敦，从中国某地口岸到伦敦的运费和保险费占 10％。这批货物的国内购进价为人民币 351 000 元（含增值税 17％），该外贸公司的费用定额率为 5％，退税率为 9％，结汇时银行外汇买入价为 1 美元折合人民币 6.30 元。试计算该出口交易的换汇成本和盈亏率。

2. 某外贸企业对某商品对外报价为 CIF 价 950 美元，外商要求改报含佣价 CIFC4％。问该外贸企业的报价应为多少？

3. 某外贸企业对某商品向外商的报价为每吨 780 美元 CFR 香港，含 3％的折扣，该批交易商品的数量为 500 吨。试求该外贸企业扣除折扣后的总收入是多少？

三、案例分析题

1. 某外贸公司就某商品对外报价为每公吨 1 000 美元 CIF 马来西亚，而外商还盘为 902 美元 FOB 中国口岸。经查核货物由中国港口运至马来西亚每公吨运费为 88 美元，保险费率合计为 0.95％。试问，如果单纯从价格角度上讲，该外贸公司接受外商的还盘价是有利还是不利？

2. 我某外贸公司欲扩大在南美的业务量，正好南美洲某国中间商主动来函与该公司联系，表示愿意为推销产品提供服务，并要求按每笔交易的成交额给予 5％的佣金。不久，经该中间商联系，该外贸公司与当地进口商达成 CIFC5％总金额 50 000 美元的交易，装运期为订约的 2 个月后从中国港口装运，并签订了销售合同。合同签订后，该中间商即来电要求该外贸公司立即支付佣金 2 500 美元。该外贸公司复电称：佣金需待货物装运并收到全部货款后才能支付。于是，双方发生了争议。试问，这起争议发生的原因是什么？我们从中应接受什么教训？

四、业务操作题

训练资料

CHANGZHOU DAHUA IMP & EXP (GROUP) CORP[常州大华进出口（集团）公

司]出口 4 500 打服装到美国纽约,成交价格为 CIFC2‰ NEW YORK 每打 180 美元。

训练要求:根据上述资料填写一份商业发票(发票总值栏应列出佣金额)。

Quantity(数量)	Unit Price(单价)	Amount(总值)

第四章
进出口货物运输

教学目标

通过本章的教学使学生了解海洋运输、铁路运输、航空运输、集装箱运输、多式联运等运输方式的特点和经营方式，了解各类运输单据的性质，能正确缮制运输单据，掌握装运条款的相关内容。

关键词

装运期（Time of Shipment）	交货期（Time of Delivery）
分批（Partial Shipments）	转运（Transhipment）
班轮运输（Liner Transport）	租船运输（Charter Transport）
集装箱运输（Container Transport）	多式联运（Multi-modal Transport）
提单（Bill of Lading，B/L）	铁路运单（Rail Waybill，RWB）
航空运单（Air Waybill，AWB）	承运货物收据（Cargo Receipt）

第一节　海洋运输

海洋运输（Ocean Transport）是国际货物运输中最主要的运输方式，它具有运量大、运费低、不受道路和轨道限制的优点。目前，国际贸易总运量的 2/3 以上，我国绝大多数进出口货物都是利用海上运输。但海洋运输易受气候和自然条件的影响，风险较大，运输速度较慢。

按照船舶营运方式的不同，海洋运输可分为班轮运输和租船运输两种方式。

一、班轮运输

班轮运输（Liner Transport）又称定期船运输，是指在固定的航线与港口之间，按照事先公布的船期表航行，并按事先公布的费率收取运费的船舶运输方式。班轮运输比较适合运输小批量的货物。

（一）班轮运输的特点

"四固定"：即固定船期、固定航线、固定港口、相对固定的运费率。

"一负责":承运人负责配载和装卸,即班轮运费中已包括装卸费。

承运人与托运人双方的权利义务和责任豁免以班轮公司签发的提单条款为依据,不计滞期费和速遣费。

(二)班轮运费

1. 班轮运价表

班轮运价表(Liner's Freight Tariff)是班轮公司承运货物向托运人据以收取费用的费率表的汇总。目前,在国际航运业务中,班轮公司运价表的种类很多,我国则按照使用不同的班轮,采用不同的运价表,如国轮和期租船作班轮承运外贸进出口货物,采用中国远洋货运运价表第6号本,对美国进出口货物的货运价格,则采用香港华夏公司3号和4号运价表。运价表从形式上可分为单项费率运价表和等级运价表。单项费率运价表是指每项商品列有不同的基本费率,班轮公司根据商品的种类与相应的基本运费率收取运费。等级运价表则是将全部商品分为若干等级,每一等级有一个基本运费率,国际航运业务中,一般将货物划分为20个等级,其中,第一级的运费率最低,第20级的运费率最高。

2. 班轮运费

班轮运费是班轮公司为运输货物而向货主收取的费用。包括基本运费(Basic Rate)和附加费(Freight Surcharge)两部分。

基本运费是指货物从装运港到目的港所应收取的费用,包括装卸费。

班轮运费等于运价与运输货量之积,可表示为:

$$F = f \times Q$$

其中,F 为运费,f 为运价,Q 为运输货量。

附加费是指针对某些特殊情况或需要作特殊处理的货物而在基本运费之外加收的费用。附加费名目繁多,主要有:超长附加费(Long Length Additional)、超重附加费(Heavy Lift Additional)、直航附加费(Direct Additional)、转船附加费(Transhipment Surcharge)、选港附加费(Optional Port Additional)、港口拥挤附加费(Port Congestion Surcharge)、港口附加费(Port Surcharge)、燃油附加费(Bunker Adjustment Factor)、变更卸货港附加费(Additional for Alternation of Destination)、绕航附加费(Deviation Surcharge)等。

附加费通常以基本运费的一定百分比计收,或以每运费吨若干金额计收。

在包含附加费的情况下,班轮运费=基本运费+$\sum$附加运费,计算公式为:

$$F = F_b + \sum S$$

其中,F 为运费总额;F_b 为基本运费;$\sum S$ 为各种附加费之和。

3. 班轮运费的计收方法

根据标准的不同、货物的不同,班轮基本运费的计收标准有以下几种。

(1)按毛重计收。"重量吨"(Weight Ton),"W"。以公吨为单位计算运费,适合重金属、建材、矿产品等货物。

(2)按体积或容积计收。"尺码吨","M"。一般以1立方米为计算单位,也有按40立方英尺为1尺码吨计算的,适合纺织品、日用百货等。

(3)按毛重或体积计收。"W/M",以较高者计收运费。

（4）按商品的 FOB 总值计收。"从价运费"，"A. V."。在承运贵重商品或高价商品时采用，如黄金、白银、精密仪器、手工艺品等。

（5）按货物重量、体积或价值三者中最高的一种计收运费。"W/M or A. V."。

（6）按货物重量或体积选择其高者，再加上从价运费。"W/M plus A. V."。

（7）按每件货物作为一个计费单位收费。如汽车、火车按辆（per unit）计收运费；活牲畜如牛、羊等论头（per head）计收运费。

（8）临时议定运价。适用于运量较大、货价较低、装卸容易、装卸速度快的农副产品和矿产品，如粮食、豆类、矿石、煤炭等。临时议定运价的运费率一般均较低。

如不同商品混装在同一包装内，则全部运费按其中较高者计收。同一票商品如包装不同，其计算标准及等级也不同。因此，托运人应按不同包装分列毛重及体积，才能分别计算运费，否则全部货物均按较高者收取运费。

同一提单内如有两种或两种以上不同货名，托运人应分别列出不同货名的毛重或体积，否则全部货物均按较高者收取运费。

附加费通常以基本运费的一定百分比计收，或以每运费吨若干金额计收。

4. 班轮运费的计算步骤

（1）查货物分级表。先根据货物的英文名称在货物分级表中查出该货物的计费等级和计费标准。

（2）查航线费率表。根据货物等级和计费标准，在航线费率表中查出该货物的基本运费费率。

（3）查附加费率（额）表。

班轮运费的计算公式如下：

$$单位运费＝基本运费＋附加费$$
$$总运费＝单位运费×总运费吨$$

【例题 4-1】　我甲公司拟向伦敦某公司出口午餐罐头 1 500 箱，每箱毛重 25 千克，每箱体积为 20 cm×30 cm×40 cm。该批货物的运费是多少？

解：先确认水果汁的英文为 Fruit Juice；从运价表的货物分级表中查找相应的货名，再从运价表中查到货运价格等级为 8 级，计算标准为 W/M，该货物每箱体积为 $0.2×0.3×0.4＝0.24\ m^3$，毛重为 0.025 MT，毛重大于体积，该商品按毛重计算运费；再从中国—伦敦航线等级费率表中查得 8 级货物相对应的基本费率为每公吨 127.00（美元）；最后查附加费率表，查得燃油附加费费率为基本运费的 33%，港口附加费为 10%，贬值附加费为 23%。

每箱运费＝127×（1＋33%＋10%＋23%）×0.025＝5.27（美元）
总运费＝1 500×5.27＝7 905（美元）

二、租船运输

租船运输（Charter Transport）又称不定期船运输，是指根据租船合同，船东将船舶出租给租船人使用，租船人按合同规定的租金支付运费。在国际货物运输中，这一运输方式适用于批量大、货种单一、交货期集中的大宗货物运输，有利于租船方减少运费支出，降低经营成本。租船运输包括定期租船、定程租船以及航次期租。

(一) 定期租船

定期租船(Time Charter)简称期租船,即由船东将船舶租给租船人使用一定期限,在期限内由租船人自行调度和经营管理。定期租船还有一种方式为光船租船(Bare Boat Charter),即船东不提供船员,仅将船交给租方使用,由租方配备船员,并负责经营管理。光船租船方式由于租船人不熟悉船员雇佣和船舶管理工作,在实施时存在一定困难,因此,这种方式很少使用。

定期租船具有以下特点:

(1) 船租双方的权利和义务,以期租船合同为依据。

(2) 在租赁期内,船舶的经营和管理由租船人负责。

(3) 不规定装卸费率和滞期费、速遣费。

(4) 除特别规定外,可以装运各种合法货物。

(5) 租金按租期每月(或 30 天)每载重吨若干金额计算。

(二) 定程租船

定程租船(Voyage Charter)又称程租船或航次租船,是指船舶出租人提供船舶或船舶的部分舱位,在指定港口之间进行一个航次或数个航次,承运指定货物的租船方式。由于这种租船方式简单易行,因此在国际上普遍运用。定程租船又分为单程航次租船(Single Voyage Charter)、来回程航次租船(Round Voyage Charter)、连续航次程租船(Consecutive Voyage Charter)等。

定程租船具有以下特点:

(1) 船租双方的权利和义务,以程租船合同为依据。

(2) 在租赁期内,船舶的经营和管理由船方负责。

(3) 程租船合同需规定装卸率、滞期费与速遣费条款。

(4) 以运输货值较低、批量较大的粮食、煤炭、木材、矿石等大宗货物为主。

相对于定期租船来说,出口商更多使用定程租船。程租船费用主要包括程租船运费和装卸费,另外还有速遣费、滞期费等。

1. 程租船运费

程租船运费即货物从装运港至目的港的海上基本运费。程租船运费的计算方式和支付时间,需由租船人与船东在所签订的租船合同中明确规定。其计算方式主要有两种:一种是按运费率(Rate of Freight)计算,即规定每单位重量或单位体积的运费额;另一种是整船包价(Lump-sum Freight),即规定一笔整船运费,不管租方实际装货多少,一律照整船包价支付。

2. 程租船的装卸费

程租船运输情况下,有关货物的装卸费用由租船人和船东协商确定后在程租船合同中作出具体规定。装卸费用由何方负担,具体如表 4－1 所示。

表 4-1　程租船合同中船货双方关于装卸费用负担一览表

全　称	简　称	含　义
Liner Terms(Gross Terms)	Liner Terms	船方管装管卸,程租船运费内包括货物的装卸费
Free In and Out	F. I. O.	船方不管装卸,程租船运费内不包括货物的装卸费
Free Out	F. O.	船方管装不管卸,程租船运费内只包括货物的装货费,不包括卸货费
Free In	F. I.	船方管卸不管装,程租船运费内只包括货物的卸货费,不包括装货费
Free In and Out, Stowed and Trimmed	F. I. O. S. T	船方既不管装管卸,也不负责理仓和平仓

3. 装卸时间

装卸时间(Lay Time)或称装卸期限,是指租船人承诺在一定期限内完成装卸作业。因装卸时间的长短影响到船舶的使用周期和在港费用,直接关系到船东的利益,为保证船期,船东通常要求在租船合同中规定租方必须在若干时间内完成装卸作业。

装卸时间是指装货和卸货的期限。装卸时间的规定方法主要有以下几种,见表 4-2。

表 4-2　装卸天数的规定

装卸天数的规定	操作规范
日或连续日或时 running or consecutive days/hours	时间连续满24小时算一日或连续日。从午夜零时到次日零时,不管气候如何,有一天算一天,没有任何扣除。对船方有利,通常在装卸石油、矿石的租约中使用
工作日 working days	按港口习惯,属于正常工作的日子,星期日和节假日除外。至于工作多少小时算一个工作日,各国港口规定不同
晴天工作日 weather working days	既是晴天又是工作日,如遇刮风下雨,使装卸工作不能正常进行,虽属工作日也不能计算装卸时间
连续24小时晴天工作日 weather working days of 24 consecutive hours	在昼夜作业的港口,须连续工作24小时才算一天,如中间有坏天气或设备发生故障或工人不足而不能作业时,就要扣除所耽误的时间

工作日通常要订明星期日、节假日除外。为明确起见,对星期日、节假日进行作业,算不算装卸时间,是用了算、不用不算(Sundays and Holidays excepted unless used),还是不用不算、用了也不算(Sundays and Holidays excepted even if used),以及装货和卸货时间是分别计算,还是合并计算,都需明确规定。

上述装卸时间的起算与止算,应当在程租船合同中订明。关于装卸时间的起算,一般规定在受到船长递交的装卸准备就绪书后,经过一定的规定时间后开始起算;关于装卸时间的终止,通常是指货物实际装卸完毕的时间。

4. 速遣费和滞期费

在程租船合同中,除需规定装卸时间外,还需规定一种奖励处罚措施,以督促租船人实现快装快卸。

滞期费(Demurrage)。在规定的装卸时间内,如果租船人未能按约定时间完成装卸作业,自许可装卸时间截止日到实际装卸完毕日这段时间视作滞期。承租人应向船方支付一定金额的罚款,以弥补船方由此而造成的船舶延迟开航的损失,这种罚款称为滞期费或延滞费。

速遣费(Dispatch Money)。在规定的装卸期限内,如果租船人提前完成了装卸作业,给船方节约了船期,加快了船舶使用周期,降低了船方的营运成本,船方应就所节省的时间向租船人支付一定的奖金。这种奖金称为速遣费。速遣费一般为滞期费的1/2。

(三) 航次期租

航次期租(Time Charter on Trip Basis,TCT)是介于定程租船与定期租船之间的租船方式,即以完成一个航次运输为目的,按完成航次所花的时间,按约定的租金率计算租金。

第二节　其他运输方式

一、航空运输

航空运输(Air Transport)是一种利用飞机运送进出口货物的现代化运输方式。航空运输具有交货迅速、安全准时、节省包装、减少保险和储存费用、保证运输质量且不受地面条件限制等优点。航空运输特别适合于易腐商品、鲜活商品和强季节性等商品的运输。

(一) 国际航空运输的方式

国际航空运输有班机运输、包机运输、集中托运和航空急件传送等方式。

1. 班机运输

班机运输(Airline Transport)是指在固定航线上定期航行的航班。这种飞机有固定始发站、到达站和途经站,能安全、迅速并准时到达世界各通航地点,使收货人能掌握货物启运和到达的时间和地点,有利于货物及时投入市场。一般航空公司都使用客货混合型飞机,一些较大的航空公司在某些航线上开辟有全货机航班运输。

2. 包机运输

包机运输(Chartered Carrier Transport)可分为整架包机和部分包机两种形式。整架包机是指航空公司按照事先约定的条件和费率,将整架飞机租给租机人,从一个或几个航空站装运货物至目的站的运输方式。它适合于运输大宗货物。部分包机是指由几家航空代理公司或发货人联合包租整架飞机,或者由包机公司把整架飞机的舱位分租给几家航空代理公司。它适于一公吨以上不足整机的货物运输,运费率较班机低,但运送时间较班机要长。

3. 集中托运

航空集中托运(Consolidation Transport)是指航空货运代理公司把若干批单独发送的货物组成一整批向航空公司集中托运,填写一份总运单将货物发运到同一目的站,由航空货运代理公司在目的站的代理人负责收货、报关,并将货物分拨交给各收货人的一种运输方式。由于航空运输的运费按不同重量标准确定不同运费率,因此,运量越大,费率越低。

4. 航空快递业务

航空快递业务(Air Express Service)是目前国际航空运输中最快捷的运输方式。它不同于航空邮寄和航空货运,而是由一个专门经营此项业务的机构与航空公司密切合作,派专人用最快的速度在货主、机场和收货人之间运输和交接货物。特别适用于急需的药品、医疗器械、贵重物品、图纸资料、货样及单证等的传送。

近年来,快递业务发展迅速。目前在我国经营国际快递业务的公司很多,主要有 EMS、DHL、UPS、FEDEX、ZIP、OCS、TNT 等。

(二) 航空运输的承运人

1. 航空运输公司

航空运输公司是航空货物运输业务中的实际承运人,负责办理从启运机场至到达机场的运输,并对全程运输负责。

2. 航空货运代理公司

航空货运代理公司可以是货主的代理,负责办理航空货物运输的订舱,在始发机场和到达机场的交、接货物与进出口报关等事宜;也可以是航空公司的代理,办理接货并以航空承运人的身份签发航空运单,对运输全程负责;亦可两者兼而有之。

案例评析 4-1

> **案例:**我某出口企业按 FCA Shanghai Airport 条件向印度 A 商出口手表一批,货价5万美元,规定交货期为8月份,自上海空运至孟买;支付条件:买方由孟买××银行转交的航空公司空运到货通知即期全额电汇付款。我出口企业于8月31日将该批手表运到上海虹桥机场交由航空公司收货并出具航空运单,随即向印商用电传发出装运通知。航空公司于9月2日将该批手表运到孟买,并将到货通知连同有关发票和航运单送孟买××银行。该银行立即通知印商前来收取上述到货通知等单据并电汇付款。此时,国际市场手表价下跌,印商以我出口企业交货延期为由,拒绝付款、提货。我出口企业则坚持对方必须立即付款、提货。双方争执不下,遂提起仲裁。试问:假如你是仲裁员,你认为谁是谁非,应如何处理,并说明理由。
>
> **评析:**本案例规定贸易条件为"FCA Shanghai",该术语属于象征性交货;合同交货期为8月份,我出口企业8月31日,将该批手表运到上海虹桥机场交由航空公司(承运人)即完成交货,并取得了8月31日的航空运单。运单的签发日期视作装运日期。可见,我出口企业没有逾期交货,在规定期限内完全履行了出口方的交货义务,印商理应承担其提货、付款的责任。本案中印商以9月2日到货时间为交货期,与 FCA 术语规定相矛盾,所以印商履行付款义务。

(三) 航空运费

航空运费一般按照 W/M 方式计算,即取货物实际重量(千克)与体积重量(6 000 立方厘米折合1千克)中较高者计算。

国际航空运价主要分为以下几种。

（1）一般货物运价（General Cargo Rate，GCR）。也称普通货物运价，即为普通货物制定的运价，适用范围最广。常见的计费重量划分点为 45 千克，将货物分为 45 千克以下和 45 千克以上两种。

（2）指定商品运价（Specific Cargo Rate，SCR）。即承运人根据在一定航线上经常性运输某一类货物的托运人的请求，或为促进某地区某一货物的运输，经国际航空运输协会（IATA）同意所提供的优惠运价。指定商品运价低于一般货物运价。

（3）等级货物运价（Class Cargo Rate，CCR）。适用于规定地区或地区之间的少数货物的运输。在一般货物运价的基础上增加（如活动物、贵重物品、尸体等）或减少（如出土文物、行李、出版物等）一定百分比而构成。其起码重量规定为 5 千克。

（4）起码运价（Minimum Rate）。即航空公司所能接受的最低运价，不论货物的重量或体积多少。不同地区有不同的起码运价。

上述运价只能选择其中一种计算。如遇两种运价均适用时，首先应选用指定商品运价，其次是等级货物运价，再次才是一般货物运价。

【例题 4-2】　Routing：Beijing，China（BJS）to Nagoya，Japan（NGO）

Commodity：Fresh Orange

Gross Weight：Each 47.8kgs，Total 6 Pieces

Dimension：128cm×42cm×36cm×6

计算航空运费。

公布运价如下。

Beijing	CN		BJS
Y. RENMINBI		KGS	CNY
NAGOYA	JP	M	230
		N	37.51
		45	28.13
	0008	300	18.80
	0300	500	20.61
	1 093	100	18.43
	2 195	500	18.80

解：（1）按普通运价使用规则计算

Volume：128 cm×42 cm×36 cm×6＝1 161 216 cm³

Volume Weight：1 161 216 cm³÷6 000 cm³/kg＝193.536 kgs≈194.0 kgs

Gross Weight：47.8 kgs×6≈286.8 kgs

Chargeable Weight：287 kgs

分析：由于计费重量没有满足指定商品代码 0008 的最低重量要求 300 千克，因此只能先用普通货来计算。

Applicable Rate：GCR/Q45　CNY 28.13/kg

Weight Charge：287×28.13＝CNY 8 073.31

（2）按指定商品运价使用规则计算

Actual Gross Weight：286.80 kgs

Chargeable Weight：300.0 kgs

Applicable Weight：SCR 0008/Q300　CNY 18.80/kg

Weight Charge：300.00×18.80＝CNY 5 640.00

对比上述两种方法，取运费较低者，即 CNY 5 640.00。

二、集装箱运输

集装箱运输（Container Transport）是以集装箱为单位进行货物运输的一种现代化运输方式。集装箱运输已成为国际货物运输的主要方式，适用于海洋运输、铁路运输、公路运输、内河运输与国际多式联运等。航空运输也有使用集装箱的。

集装箱运输提高了货运速度，加快了运输工具、货物和资金的周转；减少了运输过程中的货损、货差，提高了货运质量；节省了货物包装材料，减少了货物运杂费支出；简化了货运手续，便利了货物运输。总之，集装箱运输不仅改变了传统的运输面貌，而且对传统的国际惯例以及国际条约也都产生了影响。

（一）集装箱的规格与种类

目前，各国采用的集装箱规格，大多以国际标准化组织（ISO）所规定的规格为依据。国际标准化组织在 1970 年制定的通用规格为 13 种，其中应用最广的有 4 种，即 8×8.8×40（英尺）、8×8×40（英尺）、8×8.8×20（英尺）、8×8×20（英尺）。为便于统计，国际上以 20 英尺的集装箱作为计算集装箱的标准单位（Twenty-foot Equivalent Unit），简称为"TEU"，意即"20 英尺等量单位"。TEU 也是港口计算吞吐量和船舶大小的一个重要的度量单位。在统计不同型号的集装箱时，按集装箱的长度换算成 20 英尺单位（TEU）加以计算。一个 40 英尺的集装箱等于 2 个 TEU。

案例评析 4－2

案例：某货代公司接受货主委托，安排一批茶叶海运出口。货代公司在提取了船公司提供的集装箱并装箱后，将整箱货交给船公司。同时，货主自行办理了货物运输保险，投保了一切险。收货人在目的港拆箱提货时发现集装箱内异味浓重。经查该集装箱前一航次所载货物为精萘，致使茶叶受精萘污染。请问：① 收货人可以向谁索赔？为什么？② 最终应由谁对茶叶受污染事故承担赔偿责任？

评析：① 收货人可向保险人或承运人索赔。因为货主投保的是一切险，即包含了一般附加险（串味险），在保险人承保期间和责任范围之内，保险人应承担赔付责任。根据运输合同，承运人应提供适载的 C.O.C.（承运人集装箱）。由于 C.O.C. 存在问题，承运人应承担赔偿责任。

② 承运人没有提供适载的 C.O.C.，而货代在提取空箱时也没有履行其应尽的义务，没有及时发现集装箱内的异味，并且在目的港拆箱时异味还很浓重。因此，承运人和货代应按各自过失比例承担赔偿责任，如承运人承担 60%，货代承担 40% 的责任。

（二）集装箱运输的装箱方式

集装箱运输有整箱货和拼箱货之分。

1. 整箱货（Full Container Load，FCL）

凡装货量达到每个集装箱容积 75% 的或达到每个集装箱负荷量 95% 的即为整箱货。由货主或货代自行装箱、加锁、铅封并打上印记装箱后直接运到集装箱堆场，然后由承运人运至港口装上船。货到目的港后，集装箱卸下船后运至集装箱堆场，收货人可直接从集装箱堆场把货提走，这种交接方式称为堆场到堆场（CY—CY）。

2. 拼箱货（Less Than Container Load，LCL）

凡货量达不到上述整箱标准的，须按拼箱托运。由货主或货代将货物送交集装箱货运站，再由承运人或其代理人根据货物的性质、目的地进行分类整理，而后将去同一目的地的货物拼装成整箱后再行发运。货到目的地后，承运人在目的地集装箱货运站拆箱将货物分拨，收货人就此提货，这种交接方式称为货运站到货运站（CFS—CFS）。

（三）集装箱运输的交接方式

集装箱的交接方式应在运输单据上予以说明。国际上通用的表示方法分为以下 4 类。

1. 整箱交/整箱收（FCL/FCL）

（1）门到门（Door to Door）——发货人在其工厂或仓库整箱交货，承运人负责运至收货人的工厂或仓库整箱交收货人。

（2）场到场（CY to CY）——发货人在起运地或装箱港的集装箱堆场整箱交货，承运人负责运至目的地或卸货港的集装箱堆场整箱交收货人。

（3）门到场（Door to CY）——发货人在其工厂或仓库整箱交货，承运人负责运至目的地或卸货港的集装箱堆场整箱交收货人。

（4）场到门（CY to Door）——发货人在起运地或装运港的集装箱堆场整箱交货，承运人负责运至收货人的工厂或仓库整箱交收货人。

2. 拼箱交/拼箱收（LCL/LCL）

这种交接方式下集装箱的具体交接地点只有一种情况，为 CFS to CFS，即站到站。发货人将货物运往起运地或装箱港的集装箱货运站，货运站将货物拼装后交承运人，承运人负责运至目的地或卸货港的集装箱货运站进行拆分，当地货运站按件拨交各有关收货人。

3. 整箱交/拼箱收（FCL/LCL）

（1）门到站（Door to CFS）——发货人在其工厂或仓库整箱交货，承运人负责运至目的地或卸货港的集装箱货运站，货运站拆箱按件拨交各有关收货人。

（2）场到站（CY to CFS）——发货人在起运地或装箱港的集装箱堆场整箱交货，承运人负责运至目的地或卸货港的集装箱货运站。货运站拆箱按件拨交各有关收货人。

4. 拼箱交/整箱收（LCL/FCL）

（1）站到门（CFS to Door）——发货人在起运地或装箱港的集装箱货运站按件交货，货运站进行拼箱，然后由承运人负责运至目的地收货人工厂或仓库整箱交货。

（2）站到场（CFS to CY）——发货人在起运地或装箱港的集装箱货运站按件交货，货运站进行拼箱，然后由承运人负责运至目的地或卸货港的集装箱堆场，整箱交收货人。

案例评析 4－3

案例:某货主委托承运人的货运站装载 1 000 箱小五金,货运站在收到 1 000 箱货物后出具仓库收据给货主。在装箱时,装箱单上记载 980 箱,货运抵进口国货运站,拆箱单上记载 980 箱。由于提单上记载 1 000 箱,同时提单上又加注"由货主装箱、计数",收货人便向承运人提出索赔,但承运人拒赔。请根据题意分析回答下列问题:① 提单上类似"由货主装载、计数"的批注是否适用拼装货,为什么? ② 承运人是否要赔偿收货人的损失,为什么? ③ 承运人如果承担赔偿责任,应赔多少箱?

评析:① "由货主装载、计数"不适用于拼箱货运输。因为是承运人的货运站代表承运人收货并装箱的,由货运站代表货主装箱、计数。② 承运人要赔偿收货人的损失。提单在承运人与收货人之间是绝对证据,收货人有权以承运人未按提单记载数量交货而提出赔偿要求。③ 承运人应赔偿 20 箱货物的损失。

(四)集装箱运输费用

集装箱运输的费用构成和计算方法与传统的运输方式不同。以海运为例,除了海运运费之外,还包括内陆或装运港市内运输费、拼箱服务费、堆场服务费、集装箱及其设备使用费等。计费办法有以下两种。

1. 按杂货基本费率加附加费

基本费率:参照传统件杂货运价,以运费吨(重量吨或尺码吨)为计算单位,拼箱货常用这种方法计收运费,多数航线上采用等级费率。

附加费:除传统件杂货所收的常规附加费外,还要加收一些与集装箱货物运输有关的附加费。

2. 按包箱费率

包箱费率(Box Rate)以每个集装箱为计费单位,常用于整箱交货的运费计算。不同的船公司和航线,其包箱费也不同。常见的包箱费率有以下 3 种表现形式。

(1) FAK 包箱费率(Freight for All Kinds):不分货物种类,不计货量,只规定统一的每个集装箱收取的费率。

(2) FCS 包箱费率(Freight for Class):按不同货物等级制定的包箱费率,1—20 级,同一等级的货物,重货集装箱运价高于体积货运价。运费计算可根据货物名称查得等级及费率,计算标准,乘以运费吨,即得运费。

(3) FCB 包箱费率(Freight for Class & Basis):按不同货物等级或货类以及计算标准制定的费率。

【例题 4－3】 某轮从广州港装载杂货——人造纤维,体积为 20 立方米、毛重为 17.8公吨,运往欧洲某港口,托运人要求在卸货港 Rotterdam 和 Hamburg 中任选一个,基本运费为 USD80.0/FT,3 个以内卸货港选择的附加费率为每运费吨加收 USD3.0,计费标准为 W/M。请问:

(1) 该托运人应支付多少运费(以美元计)?

(2) 若改用集装箱运输,海运费的基本费率为 USD1 100.0/TEU,货币附加费10%,

燃油附加费10%。该托运人应支付多少运费(以美元计)?

(3) 若不计杂货运输和集装箱运输两种运输方式的其他费用,托运人从节省海运费考虑,是否应改用集装箱运输?

解:(1) 20>17.8,故选择体积吨计算运费

运费=基本运费+选港附加费=(80+3)×20=1 660(美元)

(2) 选用1个20英尺集装箱装运

运费=基本运费+附加费=1 100×(1+10%+10%)=1 320(美元)

(3) 按体积计算的运费1 660美元,大于按集装箱计收的运费1 320美元,所以应选择用集装箱运输。

三、铁路运输

铁路运输(Rail Transport)是对外贸易运输中又一重要运输方式。它具有运行速度快、运载量较大、安全可靠、准确性和连续性强等优点。我国对外贸易铁路运输包括香港、澳门特别行政区铁路运输和国际铁路联运两部分。

(一) 港澳铁路运输

1. 对香港铁路运输

对港铁路运输是一种特殊形式的国内铁路运输与租车方式的两段运输。对港铁路运输由内地段铁路运输和港段铁路运输两部分组成,由中国对外贸易运输公司各地分支机构和香港中国旅行社联合组织进行,外运公司对该批货物的全程运输负责。

对港铁路两段运输单据——承运货物收据(Cargo Receipt)由各发货地外运公司以联运承运人的身份签发给发货人,它是出口企业凭以结汇和香港收货人凭以提货的凭证。

对港铁路运输的费用,按内地段和港段分别计算,内地段按人民币计算,港段按港币计算。内地段运费包括铁路运费、深圳过轨租车费和深圳外运公司劳务费。港段运费包括铁路运费、港段终点站卸货费、港段调车费及劳务费等。

2. 对澳门铁路运输

对澳门铁路运输,货物由内地按国内铁路运输方式运至广州南站,收货人是广东外运公司,货到后由广东外运安排换装轮船运往澳门,货到澳门后由南光集团运输部门接货并转交收货人。出口企业也是凭外运公司签发的承运货物收据办理结汇。

(二) 国际铁路联运

在货物需要经过两个或两个以上国家铁路的运输过程中,使用一份运输票据,发货人发货后,由承运人负责货物的全程运输任务,这种运输被称为国际铁路货物联运。利用这种运输方式,在由一国铁路向另一国铁路移交货物时,无需发货人和收货人参加。采用国际铁路货物联运,有关国家事先必须要有书面约定。目前我国参加的国际铁路货物联运指由我国同蒙古、朝鲜与前苏联东欧七国签订的《国际铁路货物联运协定》,简称"国际货协"。此外,欧洲国家也制定了《国际铁路货物运送公约》,又称《伯尔尼货运公约》,简称"国际货约"。这

些协定的签订,为亚欧大陆间铁路联运提供了极为便利的条件。

四、国际多式联运和陆桥运输

(一)国际多式联运

国际多式联运(International Multi-modal Transport)是指按照多式联运合同,以至少两种不同的运输方式,由多式联运经营人将货物从一国境内接受货物的地点运往另一国境内指定交付货物的地点的运输方式。根据《联合国国际货物多式联运公约》的解释,国际多式联运必须同时具备下列条件:

(1)必须有一份多式联运合同。

(2)使用一份包括全程的多式联运单据(Multi-modal Transport Document,MTD)。

(3)必须是至少两种不同运输方式的连贯运输,如陆/海、空/海或陆/空等。

(4)必须是国际间的货物运输。

(5)由一个多式联运经营人对全程运输总负责。

(6)必须是全程单一的运费费率。

多式联运是随着集装箱运输的产生、发展而发展起来的。它集中了各种运输方式的特点,使货运环节简化,运费成本降低,受到越来越多的进出口商的青睐。与单一运输方式相比,多式联运具有以下优点:

(1)一次托运,手续简便。不论路程远近、环节多少,托运人只需办理一次托运手续,支付一次运费,取得一份运输单据。

(2)运输迅速,安全可靠。多式联运经营人从其经济利益出发,一般都选择合理的运输路线和运输方式,以最快速度完成运输;在进口地设有代理,负责接收、拨交货物和通知货主;以集装箱为媒介,减少货损货差。

(3)全程运输,提前结汇。托运人将货物交付多式联运经营人接管时即可取得多式联运单据,凭此单据向银行办理收汇手续。

(二)陆桥运输

在国际多式联运中,陆桥运输起着非常重要的作用。所谓陆桥运输(Land-bridge Service)是指采用集装箱专用列车或卡车把横贯大陆的铁路或公路作为中间桥梁,使大陆两端的集装箱海运航线与专用列车或卡车连接起来的一种连贯运输方式。严格地说,陆桥运输是一种海陆联运形式。目前,陆桥运输主要有以下几种。

1. 大陆桥运输

大陆桥运输(Land-bridge Transport)是指以集装箱为媒介,以陆上铁路或公路运输系统为中间桥梁,把大陆两端的海洋运输连接起来,构成海—陆—海的连贯运输。它具有集装箱运输和多式联运的优点,且大陆桥运输更能体现利用成熟的海、陆运输条件,形成合理的运输路线,大大缩短营运时间,降低营运成本。

世界上第一条大陆桥——美国大陆桥已经基本上陷于停顿状态。

西伯利亚大陆桥(第一条欧亚大陆桥)发展很快,东起海参崴的纳霍德卡港,连接日本、韩国、中国香港、中国台湾等地区,西至欧洲各地和伊朗等中、近东地区,逐步演绎出铁路与铁路、铁路与公路、铁路与海洋相联合的运输方式。该线路 90%以上的货运为日本所利用。

新建成的亚欧大陆桥(第二条欧亚大陆桥),东起我国连云港,经由陇海、兰新、北疆铁路与独联体西铁路在阿拉山口和德鲁巴站相接,西至荷兰鹿特丹,全长 10 800 公里,途经 7 个国家,辐射 30 多个国家和地区,将我国和独联体国家、东欧、西欧国家的铁路连接起来,形成了一条新的国际运输大动脉。新亚欧大陆桥对方便运输、节约货运时间和费用、发展我国对外贸易、促进我国沿途省区经济发展和西部开发战略的实施,均有着积极作用。

2. 小陆桥运输

小陆桥运输(Mini-land Bridge Transport, MLB),是在美国大陆桥运输萎缩后派生出来的,它比大陆桥运输缩短一程海上运输,成为海—陆或陆—海形式的运输方式。其具体做法一般是以集装箱为媒介,从远东把货物运至美国西海岸港口,再以铁路或公路运至美国东海岸或墨西哥湾地区,卸车后再转运至目的地,不必通过巴拿马运河,可缩短运输时间。

3. 微型陆桥运输

微型陆桥运输(Micro-land Bridge Transport),又称半陆桥运输(Semi-land Bridge Transport),是在小陆桥运输的基础上派生出来的,其运输路线较小陆桥运输又有缩短。其具体路线为:把从远东各地到美国中部内陆城市的货物,先装船运至美国西海岸港口,卸船后以陆运方式直接运至美国内陆城市。它比小陆桥运输方式费用更省,运输时间更短。

4. OCP 运输

OCP 是 Overland Common Point 的缩写,意为内陆公共点。它是以美国落基山脉为界,界东的广大地区划为内陆地区(不包括界西的 9 个州)。凡海运到美国西海岸港口再以陆路运往内陆地区的货物,如提单上表明按 OCP 条款运输,则可享受比直达西海岸港口费率较低的优惠,陆运的运费率也可降低 5%左右;同样,凡从上述内陆地区装运经西海岸港口装船出运的货物,同样可按 OCP 条款办理,也可享受优惠的海运运费率。因此,OCP 一词已不仅仅是一个地理上的区域名称,也意味着货物的陆上运输。OCP 也由此成为当今国际贸易和国际运输的专用名词。OCP 运输必须满足下列条件:

(1) 货物最终目的地必须属于 OCP 地区。

(2) 货物必须经美国西海岸港口中转,即目的港应为美国西海岸港口,货物到达目的港后由进口方委托港口转运代理持提单向船公司提货,并由其办理内陆运输。

(3) 货物的提单上标明"OCP"字样,并加注内陆城市的名称。

五、公路、邮政、管道和内河运输

(一)公路运输

公路运输(Road Transport)又称汽车运输,是一种现代化的运输方式。它不仅可以直接承担跨国货物运输,而且也是车站、港口和机场集散进出口货物的重要手段。公路运输具有灵活、简便、快捷的特点,是将货物进行"门到门"服务的运输方式。因此,公路运输在短途运输中具有更大的优越性。我国与俄罗斯、朝鲜、缅甸、尼泊尔等国的部分货物运输采用了公路运输方式,此外,内地对香港和澳门的部分进出境运输也是通过公路运输完成的。

（二）邮政运输

邮政运输（Parcel Post Transport）又称邮件运输，是一种较简便的运输方式，有普通邮包、普通航空邮包、特快专递等。国际邮政运输具有国际多式联运和"门到门"运输的性质。托运人只要向邮局办理一次托运手续，一次付清邮资，取得邮包收据（Parcel Post Receipt），交货手续即告完成。邮件运抵目的地后，收件人可凭当地邮局到件通知和身份证明提取邮件。手续简便，费用不高，目前国际特快专递（EMS）业务发展十分迅速。邮政运输一般适宜运送重量轻、体积小的货物，如精密仪器、机器零件、金银首饰、贸易样品、工程图纸等。

（三）管道运输

管道运输（Pipeline Transport）是一种特殊的运输方式，是指货物在管道内借助高压气泵的压力输往目的地的一种运输方式。管道运输具有固定投资大、建成后运输成本低的特点，主要输送原油、各种石油成品、化学品、天然气等液体和气体物品。

（四）内河运输

内河运输（Inland Waterway Transport）是水上运输的一个组成部分。它是连接内陆腹地和沿海地区的纽带，也是边疆地区与邻国边境河流的连接线，在进出口货物的运输和集散中起着重要的作用。内河运输具有投资少、运量大、成本低的优点。我国有着广阔的内河运输网，长江、珠江等一些主要河流的内河港口已对外开放，我国同一些邻国有国际河流相连通，为发展我国对外贸易的内河运输提供了十分有利的条件。

第三节　运输单据

一、海洋运输单据

海上货物运输的主要单据是海运提单。此外，还有近年来逐渐推广使用的海运单。

（一）海运提单

海运提单（Ocean Bill of Lading）简称提单（B/L），是由船长或船公司或其代理人签发的，证明托运的货物已收到，或已装船，并允诺将其运往指定目的地交付收货人的书面凭证。海运提单也是收货人在目的港据以向船公司或其代理提取货物的凭证。

1. 海运提单的性质和作用

（1）货物收据（Receipt for the Goods）。提单是承运人或其代理人签发的货物收据，证明承运人已收到提单上所列货物。

（2）运输合同的证明（Evidence of the Contract Carriage）。提单是承运人与托运人之间订立运输合同的证明。提单条款明确规定了承运人与托运人或提单持有人等各方之间的权利与义务、责任与豁免，是处理其运输方面争议的依据。

（3）货物所有权的凭证（Document of Title）。提单就是货物的象征。船货抵达目的港后，提单的合法持有人可以凭提单向承运人提取货物，而承运人必须按照提单所载内容向提单的合法持有人交付货物。因此，提单具有物权凭证性质，其合法持有人可以用作抵押，也可以通过背书将物权转让给他人。

2. 海运提单的关系人

（1）承运人（Carrier）。与托运人签订运输合同的关系人，根据不同情况，可能是船舶所有人，也可能是租船人。

（2）托运人（Shipper）。与承运人签订运输合同的关系人，根据情况不同，可能是发货人，也可能是收货人。

（3）收货人（Consignee）。即提单的抬头人、受让人、持有人或记名提单载明的特定人。收货人有权在目的港凭提单向承运人提取货物。

（4）被通知方（Notify Party）。是承运人在货物到港后通知的对象，一般是收货人的代理人，负责办理清关提货手续。提单上应详细列明被通知人的名称、地址，以及电话、传真号码和具体经办人等，以便货到目的港及时通知。

（5）受让人（Transferee or Assignee）。经过背书转让，接受提单的人，即持单人（Holder）。受让人有权凭提单向承运人提货，同时也承担了托运人在运输契约上的义务。例如，采用 FOB 术语时，提单显示"FREIGHT COLLECT"，受让人应支付运费。

3. 海运提单的正面内容

国际贸易中，通常使用班轮运输提单，其内容包括正面内容及背面条款两部分。海运提单的正面内容如下：

（1）承运人（Carrier）。包括承运人的名称与主要营业所，一般在提单的上端印就。

（2）托运人（Shipper）。托运人的名称和地址。除非信用证规定第三方为托运人，一般以出口方（信用证方式下的受益人）为托运人。

（3）收货人（Consignee）。根据合同或信用证的规定填写。记名抬头，不能背书转让；来人抬头，无需背书即可转让；指示抬头，背书后才能转让。

> **想一想**
>
> 根据以下信用证有关规定，提单"Consignee"栏该如何填写？
> ① Full set of clean on board B/L consigned to A. T. Co.
> ② B/L issued to order of applicant.（Applicant：B. A. Co.）
> ③ Full set of clean on board B/L made out to order.
> ④ Full set of clean on board B/L made out to order of issuing bank.（Issuing Bank：Big B Bank）

（4）被通知方（Notify Party）。根据合同或信用证规定填制，以便船公司及时通知收货人接货。

（5）装货港（Port of Loading）。填列货物实际装船港口的名称，并与其他单据相一致。如信用证或合同仅规定装运港为 China Port，则提单上应显示实际装船港口，如 Shanghai。

（6）卸货港（Port of Discharge）。填列货物实际卸下的港口名称。如属转船，第一程提单上的卸货港填转船港,收货人填二程船公司;第二程提单装货港填上述转船港,卸货港填最后目的港。如由第一程船公司签发联运提单(Through B/L),则卸货港可填最后目的港,提单上列明第一程船名和第二程运输工具名称。如经某港转运,则应列出转运港(With transhipment at××)或显示"VIA××港"字样。在采用集装箱运输方式时,使用"联合运输提单"(Combined Transport B/L),提单上除列明装货港、卸货港外,还要列明"收货地"(Place of Receipt),"交货地"(Place of Delivery)以及第一程运输工具(Pre-Carriage by),"海运船名和航次"(Ocean Vessel,Voy No.)。填写卸货港时,还要注意同名港口问题,如属选择港提单,应在本栏中注明。

(7) 船名和航次(Vessel Name and Voyage No.)。根据实际配仓单填列。

(8) 货物名称(Description of Goods)。可以只填货物的总称(不必详细列明商品的规格、成分等),但不得与信用证及发票中的货物描述有抵触。

(9) 标志和号码(Mark and Nos)。如合同或信用证规定了唛头,则提单上应照填,不得变更。如合同或信用证规定唛头的件号累计数仅为C/No.1—up,则提单及其他单据上唛头栏内应列出实际出运的总件数,如:C/No.1—100,表示发运了100件货物。如合同或信用证未规定唛头,则提单及其他单据上可有两种表示方法:一是打上"N/M"(No Mark)即无唛头之意;二是自行设计一个唛头。但提单上的唛头必须与发票、装箱单等其他单据上的唛头相一致。

(10) 包装件数和包装种类(Number and Kind of Packages)。填写包装数量和包装方式。如果提单项下商品的包装方式不止一种时,应分别表示。包装件数应与标志和号码栏中件号的累计数相等。

(11) 毛重(Gross Weight)和尺码(Measurement)。毛重一般以"千克"(KGS)计;尺码一般以"立方米"(CBM)计,保留小数点后3位。

(12) 运费(Freight Charges)。CIF/CIP 或 CFR/CPT 贸易术语应列明"FREIGHT PREPAID"(运费预付);FOB/FCA 贸易术语则列为"FREIGHT COLLECT"(运费到付)或"FREIGHT PAYABLE AT DESTINATION"(运费在目的港付)。

(13) 合计包装件数要大写 Total Packages(in words)。如上述累计包装件数为"100 CTNS",大写则为"Total One Hundred Cartons"或"Say One Hundred Cartons only"。提单上的包装件数必须用大小写形式表示,且大小写必须一致,不能涂改。

(14) 签单地点和日期(Place and Date of Issuing)。签单地点为承运人经营业务所在地点,一般承运人多数在装运港设有代理人,所以签单地点多数是承运人接管货物或装运的地点。签单日期为货物已装上船的日期,签单日期不得迟于合同或信用证规定的最迟装期。如果一批货物分几个装运港装于同一条船上运至同一目的港,签发了几份不同日期的提单时,则较迟的日期视为装船日期或装运日期。在装运散装货物时,可按始装日期签发提单。

(15) 正本提单份数(Number of Original B/L)。提单通常签发3份正本,视为全套提单,提单正面用英语文字表示,如第一份为 ORIGINAL,第二份为 DUPLICATE,第三份为 TRIPLICATE。每份正本提单都必须正式签字,其中一份凭以提货后,其余两份自动失效。

(16) 签署人(Issuer)。由船长、承运人或其代理人在提单右下方签名盖章,并注明身份。如"××Shipping Line, As Carrier",或"××Shipping Company, As Agent for the Carrier of ××Shipping Company"。如果信用证要求手签,则不能用手签章代替。

（17）其他内容。根据合同或信用证的要求加注进口许可证号、合同号、发票号、信用证号、目的港船代名称、船舶预计抵达日期（Estimated Time of Arrival，ETA）等。

4. 海运提单的背面内容

海运提单的背面条款即提单背面印就的文字，由船公司自己拟定内容，规定承运人、托运人及持单人的责任。各船公司签发的提单，其背面条款规定不一。为了统一提单背面条款，国际上先后签署了3个国际公约：

（1）1924年8月25日在布鲁塞尔签订的《统一提单的若干法律规则的国际公约》，简称《海牙规则》。

（2）1968年2月23日在布鲁塞尔签订的《修改统一提单的若干法律规则的国际公约的议定书》，简称《维斯比规则》。

（3）1978年3月在汉堡通过的《联合国海上货物运输公约》，简称《汉堡规则》。

5. 海运提单的种类

海运提单从不同的角度，可分为4类，如表4-3所示。

表4-3　提单种类一览表

分类依据	提单名称	操作规范
货物是否已经装船	已装船提单（On Board B/L/Shipped B/L）	货物装上指定船只后，承运人向托运人签发提单。用文字表明货物已装上或已装于某具名船只。提单的签发日期视为装船日期
	备运提单（Received for Shipment B/L）	承运人收到托运货物在待运期间向托运人签发提单。发货人可在货物装上船后凭以调换已装船提单，也可经承运人或其代理人在备运提单上批货物已装上某具名船只及装船日期，并签署后作为已装船提单
提单上对货物外表状况有无不良批注	清洁提单（Clean B/L）	货物在装船时表面状况良好，承运人或其代理人未在提单上加注货损及/或包装有缺陷状况之类的不良批注。卖方有义务提交清洁提单
	不清洁提单（Unclean B/L）	承运人在其签发的提单上带有明确宣称货物受损及/或包装有缺陷的不良批注。如提单上有"被雨淋湿"、"两箱破损"、"五件沾污"等或类似批注
运输方式	直达提单（Direct B/L）	货物由装运港装上船后，中途不再经过换船而直接运达目的港
	转船提单（Transhipment B/L）	货物在装运港装船后，需要在转船港换装另一船舶运往目的港。提单上载有"在××港转船"字样
	联运提单（Through B/L）	在海/陆、海/空联运情况下，由第一程承运人（船公司）或其代理人签发包括全程，并能在目的港或目的地凭以提货的提单
收货人抬头	记名提单（Straight B/L）	在收货人栏填明特定的收货人名称。记名提单只能有该特定收货人提货，不能进行背书转让。在国际贸易中只在特定情况下使用
	不记名提单（Bearer B/L）	在收货人栏不写明具体收货人的名称，只写明"货交提单持有人"（To Bearer），或不填写任何内容。不记名提单无需背书即可转让。在国际贸易中，不记名提单使用极少
	指示提单（Order B/L）	在收货人栏填写"凭指示（To order）"或"凭某某人指示（To order of ...）"字样。指示提单必须背书才能转让。在国际贸易中使用最广

此外,提单还可分为全式提单和简式提单;运费预付提单和运费到付提单;正本提单和副本提单;租船合同下的提单;舱面提单;过期提单;倒签提单;预借提单;顺签提单等。

(二)海运单

海运单(Sea Waybill)是证明海上货物运输合同和货物由承运人接管或装船,以及承运人保证据以将货物交付给单证所载明的收货人的一种不可流通的单证,因此,又称为不可转让海运单(Non-negotiable Sea Waybill)。

海运单的收货人只能凭单向承运人提取货物。海运单不是物权凭证,不能背书转让。承运人将货物交付给海运单载明的收货人。海运单的功能与性质类似于空运单及铁路运单,但其缮制格式及其签署内容均与海运提单大致相同,但须注明其为不可转让海运单。

目前,欧洲、斯堪的那维亚半岛、北美和某些远东、中东地区的贸易界越来越倾向于使用不可转让海运单。因海运单方便进口人及时提货,简化手续,节省费用,还可在一定程度上减少以假单据进行诈骗的现象。另外,由于电子数据交换(EDI)技术在国际贸易中广泛使用,不可转让海运单更适宜于使用这种新技术。我国对外贸易运输业也已开始使用不可转让海运单。

> **想一想**
>
> 　有一批以 CIF 价出口到曼谷的货物,出口人于 2010 年 3 月 28 日将货物运至上海码头,3 月 30 日开始装船。当晚遇暴雨,不得不歇工,直至次日晚 11 时方将货物全部装运完毕。4 月 3 日轮船开航,4 月 14 日抵达曼谷,国外客户于 4 月 15 日提货。问:根据提单,我方交货日,即 DATE OF BILL OF LADING 应为哪一天?

二、铁路运输单据

铁路运输单据分为国际铁路联运运单与承运货物收据两种。

(一)国际铁路联运运单

国际铁路联运运单(Rail Waybill)正本和副本是国际铁路联运的主要运输单据,是参加联运的发送国铁路与发货人之间订立的运输合同。它具体规定了参加铁路联运的各国铁路和收发货人的权利和义务,对收发货人和铁路都具有法律约束力。当发货人向始发站提交全部货物,并付清应由发货人支付的一切费用,经始发站在运单正本和副本上加盖注明日期的印章证明货物已被接受承运,即认为运输合同已经生效。

铁路运单正本随货同行,在到达站连同货物到达通知及货物交付给收货人,作为交接货物和结算费用的依据。运单副本交给发货人,作为向发货人证明货物已经发运并凭以结算货款的依据。

铁路运单并非物权凭证,不能通过背书转让和作为抵押品向银行融通资金。

(二)对港铁路运输单据

对港铁路运输由各发货地外运公司以联运承运人的身份签发从起运地至香港的凭

证——承运货物收据(Cargo Receipt),外运公司对该批货物的全程运输负责。承运货物收据是出口企业凭以结汇和香港收货人凭以提货的凭证。

三、航空运输单据

航空运单(Air Waybill,AWB)是承运人与托运人之间缔结运输合同的书面凭证,也是承运人或其代理人签发的接收货物的收据,但它不是物权凭证,不能凭以提货,不能背书转让。因此,航空运单的收货人必须做成"记名抬头"方式,即详细填写收货人的名称和地址。货物运抵目的地后,承运人向收货人发出到货通知,收货人凭到货通知和身份证明提取货物。航空运单是证明发货人已交运货物的正式凭证,发货人可凭以向收货人结算货款。

航空运单依签发人的不同可分为主运单 MAWB(Master Air Waybill)和分运单 HAWB(House Air Waybill)。前者由航空公司签发,后者由航空货运代理公司签发,两者在内容上基本相同,法律效力也相同。

四、邮政运输单据

邮政收据(Parcel Post Receipt)是邮政运输的主要单据,是邮局收到寄件人的邮包后所签发的凭证。当邮包发生损坏或丢失时,它可以作为索赔和理赔的依据,但邮政收据不是物权凭证。

五、多式联运单据

多式联运单据(Multi-modal Transport Documents,MTD)是证明多式联运合同以及证明多式联运经营人接管货物并负责按照合同条款交付货物的单据。多式联运经营人必须对运输全过程负责,无论货物在何种运输方式下发生属于承运人责任范围内的遗失或损毁,多式联运经营人都必须对托运人负赔偿责任。根据发货人的要求,多式联运单据可以做成可转让的,凭单据提取货物,或进行转让、流通或抵押;也可做成不可转让的。

第四节 合同中的装运条款

一、装运时间

(一)"装运"与"交货"的概念

在国际贸易中,有"交货(Delivery)"、"装运(Shipment)"及"交货时间(Time of Delivery)"、"装运时间(Time of Shipment)"两种不同的提法。FOB、CFR、CIF 和 FCA、CPT、CIP 6 种术语,属于象征性交货,"交货"的含义接近于"装运"的含义。FCA、CPT、CIP

术语下,卖方办理货物出口清关,将货物交至指定的地点由买方指定的承运人照管时,即履行了其交货的义务。FOB、CFR、CIF 术语下,卖方在指定的装运港将货物装上船后,即履行了其交货的义务。在这种情况下,"装运"与"交货"是一致的。因此,在实际业务中,人们往往把它们当作同义词来使用。随着国际贸易的发展和运输方式的改变,国际惯例的最新解释是:装箱(Loading on Board Vessel)、发运(Dispatch)、收妥待运(Accepted for Carriage)、邮局收据日期(Date of Post Receipt)、收货日期(Date of Pick-up)以及在多式联运方式上承运人的接受监管(Take in Charge),均可理解为装运日期。

"E"和"D"开头的术语属于实质性交货,"交货"与"装运"则是两个完全不同的概念。例如,EXW 术语下,卖方在其所在地(即工厂或仓库等)将备妥的货物交付买方时即履行了其交货的义务,除非另有约定,卖方不承担将货物装上买方备妥的运输工具,或办理出口清关手续的责任,买方承担自卖方所在地将货物运至预期目的地的全部费用和风险。DAT、DAP、DDP 术语下,卖方装运货物并不表示交付货物,须承担全程运输的风险和费用。例如,DDP 术语下,卖方需将货物装运出口,交付至进口国指定地点,并办理进口国的清关手续,缴纳有关的税费,才算完成其交货义务。

(二) 装运时间的规定方法

以"C"或"F"开头的术语,以装运时间作为交货时间,通常有以下几种规定方法。

1. 规定具体的装运时间

(1) 规定某月内装运。例如,2014 年 8 月装运(Shipment during/in Aug, 2014)。按此规定,全部货物可在 2014 年 8 月 1 日至 31 日之间任何一天装运。

(2) 规定某月月底装运。在合同中规定一个最迟装运的期限,可以是某月月底。例如,2014 年 12 月底前装运(Shipment before the end of Dec 2014)。按此规定,货物可在 2014 年 12 月 20 日至 31 日之前的任何日期装运。

(3) 规定某日前装运。规定最迟的装运日期。例如,最迟装期为 2014 年 11 月 20 日(Latest shipment:Nov 20,2014)。按此规定,货物必须在该日期及之前装运出口。

(4) 规定跨月装运。即规定一段可供装运的期间,可从某月跨到下月,甚至更后的月份。例如,2015 年 5/6 月装运(Shipment during May/June,2015)。按此规定,卖方可分别从 5 月 1 日至 6 月 30 日这段时间内的任何日期装运。又如:7/8/9 三月每月装运一批(Shipment during July/Aug/Sept in three monthly lots),7/8/9 三月每月等装一批(Shipment during July/Aug/Sept in three equal monthly lots)。按此规定,卖方应在 7/8/9 三月每月装运一批和 7/8/9 三月每月等量装运一批。

2. 规定收到信用证或预付款(定金)后若干天内装运

例如,收到信用证后 45 天内装运(Shipment within 45 days after receipt of relevant L/C)。收到定金后 30 天内装运(Shipment within 30 days after receipt of down payment)应在合同中规定信用证的开到证日期,并规定买方如不按时开证,卖方有权提出索赔。

3. 笼统规定装运时间

在买方急需而卖方又备有现货的情况下,也有采用近期交货术语。例如,立即装运(Immediate Shipment),即期装运(Prompt Shipment),尽快装运(Shipment as soon as possible)等。在实际业务中应尽量不用这种表述方法,以避免发生贸易纠纷。

（三）规定装运时间应注意的问题

合同中的装运时间必须明确具体。为确保按时履行合同义务，一般应结合以下情况做出决定。

（1）货源的供应情况。货源是履行出口合同的基础，对卖方来说，在货源未落实的情况下，不能轻易确定装运期或交货期，对尚待生产的货源，要考虑生产安排的可能性和生产周期的长短，对于大宗交易的商品，由于交货数量大，应适当延长装运时间或交货时间。

（2）运输情况。在约定装运时间或交货时间时，负责运输的一方，必须充分考虑运输方面的各种因素，如运输能力、航线情况、港口状况等，这些因素对能否按期装运或交货，有直接的影响。

（3）与信用证开证日期和有效期的衔接。采用信用证付款方式时，装运时间或交货时间同信用证的开证日期与有效期是互相关联的。因此，在约定装运时间或交货时间的同时，应一并约定信用证开证日期与有效期，以便卖方能有必要的时间备货、安排运输，并能在信用证规定的有效期内缮制有关单据和向银行办理结汇手续。

二、装运地点

在国际贸易中，装运港或装运地一般由卖方根据货物装运出口的条件提出，并经买方同意后确定。采用"F"或"C"开头的术语，为便于安排运输，均需规定装运港或装运地和目的港或目的地。采用"E"或"D"开头的术语，则应规定实际交付货物的地点。

（一）装运港或装运地

在 FOB 条件下，当卖方按合同规定在装运港将货物装上开往目的港的船舶并提交运输单据，就算完成了交货义务，因此，应在合同中明确规定装运港（Port of Shipment）。在 FCA 条件下，卖方只需按合同规定在出口国将货物交付给承运人或第一承运人接管，就算完成了交货义务，所以，应在合同中明确规定装运地（Place of Departure）或交付地（Place of Delivery）。在出口业务中，一笔交易通常只规定一个装运港或装运地，例如，Port of Shipment：Shanghai。但在货物数量较大而货源又分散在几处的情况下，可规定两个及以上装运港或装运地，例如，Port of Shipment：Qingdao/Shanghai。或笼统规定装运港或装运地，例如，Port of Shipment：China/Chinese Port。

在出口业务中，装运港或装运地一般应选择接近货源所在地的港口或城市，同时要综合考虑产销情况、装卸条件和运输条件。

（二）目的港或目的地

为便于安排运输和买方接货与使用，凡 CIF 或 CFR 合同，均需规定目的港（Port of Destination）；而在 CIP 或 CPT 合同中，则需规定目的港或目的地（Place of Destination）。目的港或目的地通常由买方提出，经卖方同意后确定。目的港（目的地）的规定方法有以下两种：

（1）规定一个目的港或目的地。例如，Port of Destination：New York。如有重名，还应列明国别地区名称。

(2) 规定两个或两个以上的选择港。例如,CIF 伦敦/汉堡/鹿特丹(CIF London/Hamburg/Rotterdam)。规定选择港是国际贸易中的习惯做法,即允许收货人在预先提出的两个或两个以上的卸货港中,在货轮驶抵第一个备选港前,按船公司规定的时间将最后确定的卸货港通知船公司或其代理人,船方负责按通知的卸货港卸货。出口业务中,可根据国外客户的实际需要和我方运输条件,考虑接受,但核算售价须按运输费用最高的港口为基础。备选港必须在同一条班轮航线上,而且是班轮公司的船只都能停靠的港口,一般来说,选择港的港口数目不得超过 3 个,因选择港而增加的运费、附加费均由买方负担。

三、分批装运与转运

(一) 分批装运

分批装运(Partial Shipments),又称分期装运(Shipment by Installments),即一个合同项下的货物分若干期或若干批装运。在国际贸易中,如果交易数量较大,或受货源、运输条件、市场需求或资金的条件所限,有必要分期分批交货、到货者,均应在交易合同中规定分批装运条款。《UCP600》规定,除非信用证作相反规定,可准许分批装运。但是,如果信用证不准分批装运,受益人必须将货物一次全数装运。

《UCP600》31 条 b 款规定:"表明使用同一运输工具并经由同次航程运输的数套运输单据在同一次提交时,只要显示相同目的地,将不视为部分发运,即使运输单据上表明的发运日期不同或装运港、接管地或发送地点不同。如果交单由数套运输单据构成,其中最晚的一个发运日将被视为发运日。含有一套或数套运输单据的交单,如果表明在同一种运输方式下经由数件运输工具运输,即使运输工具在同一天出发运往同一目的地,仍将被视为部分发运。"

例如,信用证规定:出口货物 900 公吨,允许分批(partial shipments allowed)。受益人在规定装期内分别在上海、宁波、厦门各装了 300 公吨于同一艘船上,3 份提单也注明了不同的装运港和不同的装船时间。此种做法应视为符合信用证规定,银行不能拒付。

分批装运有以下两种规定方法:

(1) 规定允许分批装运,未规定具体如何分批。这种规定比较灵活,卖方可按经营意图和客观条件机动掌握。

(2) 具体列明分批的期限和数量。这种规定对卖方的约束性较大。《UCP600》第 32 条规定:"如信用证规定在指定的时间段内分期支款或分期装运,任何一期未按信用证规定期限支取或发运时,信用证对该期及以后各期均告失效。"

例如,L/C 规定:"Shipment during May/June/July, first shipment 100M/T, second shipment 200M/T, third shipment 300M/T"。受益人必须在 5 月份交 100 公吨,6 月份交 200 公吨,7 月份交 300 公吨。又如,L/C 规定:"Quantity:600 cases, each month 200 cases beginning from March"。即 3、4、5 三个月每月各装 200 箱。这称作定期定量分批装运条款。如其中有一期未按期装运,银行对该期及以后各期均有权拒付货款。

（二）转运

转运（Transhipment）是指货物从装运港、接管或发运地点至目的港或最终目的地的运输过程中，将货物从某一运输工具卸下，再装上另一运输工具的行为（无论其是否为不同的运输方式）。

根据《UCP600》第 19 条 c 款、20 条 c 款、21 条 c 款、23 条 c 款、24 条 e 款等规定，即使信用证禁止转运，注明将要或可能发生转运的单据仍可接受，只要其表明货物装于集装箱、拖车或子船中运输，且全程运输由同一运输单据涵盖。

总之，《UCP600》所谓的禁止转运，实际上仅是指禁止海运港至港除集装箱以外的货物（即散货）运输的转运。《UCP600》对转运作了以上淡化和从宽的规定，有利于减少转运而引发的纠纷，促进国际贸易的顺利发展。但是，以上仅适合信用证业务的处理不涉及合同条款的解释。在实际业务中，尤其是出口合同中，以明确规定允许转运条款为宜。

四、买卖合同中的装运条款

国际货物买卖合同中的装运条款一般包括装运时间、装运港或发货地、目的港或目的地，以及分批装运和转运等内容。以下是若干实例。

1. 20××年 9/10/11 月份装运，允许分批和转船。

Shipment during Sept/Oct/Nov 20××, with partial shipments and transhipment allowed.

2. 20××年 5/6 月份分两批平均装运。

Shipment during May/June 20×× in two equal lots.

3. 20××年 8/9 月份每月各装一批。

Shipment during Aug/Sept 20×× in two monthly lots.

4. 1/2/3 月份每月平均装运，允许转运。

Jan/Feb/Mar in three equal monthly lots allowing transhipment.

5. 3 月份装 600 公吨；4 月份装 800 公吨；5 月份装 900 公吨。

Shipment：600 M/T in March；800 M/T in April；900 M/T in May.

6. 5 月 20 日前装运，由上海至伦敦，允许转船，不许分批。

Shipment on or before May 20 from Shanghai to London with transhipment allowed and partial shipments prohibited.

7. 最迟装运期：7 月 10 日，从上海运往纽约，在香港转运。

Latest shipment：July 10 from Shanghai to New York with transhipment at Hong Kong.

8. 不迟于 11 月 15 日装运，不允许分批和转运。

Shipment not later than Nov 15 with partial shipments and transhipment not allowed.

9. 凭联运提单允许在任何港口转运。

Transhipment are permitted at any port against through B/L.

10. 7 月份装运，由纽约至上海，装船后 48 小时内将一份正本提单快递给买方，允许分批和装船。

Shipment during July from New York to Shanghai. 1/3 original B/L should be sent to the buyers within 48 hours by DHL after shipment. partial shipments and transhipment allowed.

本章知识——结构图

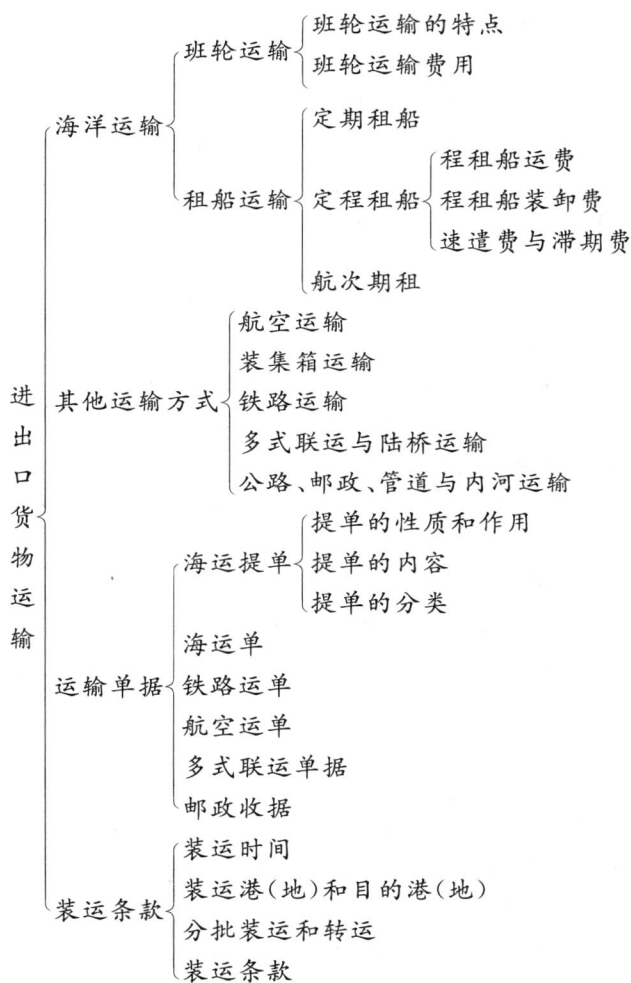

经典案例

允许分批、转船引起的损失案

【案情简介】

2000 年 7 月,陕西某进出口公司作为某工厂的代理与美国某公司就进口乳胶制品生产线项目签订了合同。合同规定:价格条件为 CIF 新港;合同金额:USD276 000.00;交货期为

2001 年 7 月 31 日以前,一批交货,不允许转船;支付为 10%货款电汇预付,80%即期信用证,10%尾款汇付。

2001 年 6 月,外方要求推迟交货 4 个月,并要求允许分批装运、允许转船。经反复洽商,该工厂接受了外方要求并指示进出口公司改证,取消了合同中的设备预验收条款(签订进口合同时写明该进出口公司为代理人,故该工厂单方面对外表示接受有效)。无奈之下,该进出口公司同意修改合同,并对信用证条款作了相应修改。

2001 年 11 月 18 日,外方完成最后一批交货,并议付了信用证款项,然而由于转船接货衔接失误等原因,最后一批货物直至 2002 年 5 月初才运抵工厂。商检结果表明,外方所交货物有严重的零件短少。2002 年 7 月始双方技术人员开始安装,又不断发现设备有多处设计制造缺陷和错误。由于安装中大量的改造、修补工作,致使原定 3 个月的安装工程历时 5 个多月,投入了大量人力、财力才勉强完成,但整个生产线仍不能正常运行。

经对外方所交货物进行进一步检查,发现其所提供的设备只有少部分系美国设计制造,而大部分则是购买新加坡、马来西亚的二手设备翻新的,整条生产线是拼凑而成,故缺陷、问题百出。

2002 年 12 月至 2003 年 6 月,我方不断与外方联系要求其予以技术上的支持,但收效甚微,于是要求其予以经济补偿,反复交涉未果。

2003 年 11 月,我方正式将此案提交中国国际经济贸易仲裁委员会申请仲裁。2004 年 10 月仲裁委在北京就此案开庭审理,并于 10 月 25 日作出裁决,限期外方自负费用派出人员并提供原料与我方人员共同完成设备的调试运行,但外方拒不执行。

2005 年 6 月 14 日仲裁庭作出裁决,裁定外方赔偿我方经济损失计 USD350 330.00 和 CNY394 559.00。

至此,我方的实际经济损失已逾人民币千万元。不仅如此,还由于项目两年多的拖延,使此项目的产品失去了市场机会,使我方失去了巨大的预期市场利润。后虽经我单方努力使设备投入生产运行,但产品质量指标仍达不到合同要求,产品已失去竞争力,而此时企业已不堪重负,濒临破产。

【案情分析】

本案导致我方损失的主要原因在于:接受外方分批装运、允许转船的要求;放弃了我方赴制造现场进行预验收的权利,结果给外方造成以次充好拼凑设备的机会,我方却无从发现,给安装工程留下隐患。转船又引起到货延迟,交接货衔接困难,不仅造成了我方的仓储、滞报费用损失,而且严重地延误了整个工程的进程。

成套设备(生产线)进口合同的主要特点是合同金额大,货物技术含量高,执行周期较长,即项目投资大,投资回收周期长。因此,按期顺利投产是收回投资取得利益的基本保障。故对谈判、签约及执行过程中的每个环节都应尽量做到心中有数,并力争强化我方对项目进程的可控制性。在成套设备(生产线)进口项目中如能做好以下几点,则可避免本案中所发生的风险损失。

1. 在谈判时力争以 FOB 价格成交。在 FOB 价格条件下,货物承运人由我方委托。一方面,通过承运人我方可随时掌握货物交运情况,利于整个工程进度的安排。另一方面,我方可选择有能力的承运人负责海陆全程运输,从而避免运输衔接失误造成的时间、费用损失。

2. 不允许分批装运，不允许转船。分批装运会给外方造成作弊的可乘之机，并可能使我方失去对设备在制造厂家进行预验收的条件，给后续工作留下难以弥补的设备质量问题。允许分批装运减少了外方的仓储费用，但却造成了我方运输、进口报关、商检、卫检等手续及仓储费用的增加。允许转船则会造成到货交接的困难，引起不必要的损失；一旦发生货损，索赔工作也会由于转船而变得更加困难。故在合同商订及执行中切不可允许分批装运、转船。

3. 认真对待设备预验收条款及执行。成套设备（生产线）进口合同中，标的多为技术含量较高的专用设备，在技术性能上大多根据我方的不同要求而专门设计制造，很多部件的设计制造都是全新的，发生设计上的缺陷、制造上的错误在所难免。这些缺陷错误，以及零部件的短少，可在设备预验收的安装、试运行中及时发现，即可在现场进行改造、修造。这样就提高了交货质量，并为到货后的安装、调试工作扫清了障碍，保证设备（生产线）项目的顺利完成。因此对设备专用性较强的进口合同，应坚持签订对设备在制造场所进行试运转的预验收条款并切实执行。当然预验收的主要任务是针对生产线上关键部分运行，对辅助装置及非关键部位的验收则可根据外方现场条件酌情处理。另外，若时间衔接安排适当，预验收工作还可起到监装的作用，避免象征性交货的风险损失。

思考与练习

一、思考题

1. 班轮运输与租船运输有何区别？
2. 集装箱运输有哪些交接方式？
3. 联运提单与联合运输单据有何区别？
4. 海运提单与海运单有何区别？
5. 装运时间的具体规定方法有哪些？

二、计算题

1. 某出口商品对外报价每打 3.40 美元 FOB 上海，每 25 打一纸箱，每纸箱毛重 38.5 千克，体积为 50 厘米×40 厘米×20 厘米。现国外客商要求改报 CFR 西非某港口价。已知，该货按 W/M 10 级计算运费，上海至西非航线的基本运费率为 119 美元，并征收有关附加费 25%。问每打 CFR 西非某港口价是多少？

2. 某公司出口箱装货物一批，报价为每箱 50 美元 CFR 利物浦，后英国商人要求改报 FOBC2% 价。已知，该批货物每箱长 45 厘米，宽 40 厘米，高 25 厘米，每箱毛重 35 千克，商品计费标准为 W/M，每运费吨基本运费率为 120 美元，并加收燃油附加费 20%，货币附加费 10%。该公司应报价多少？

3. 某公司出口一批货，共 2 640 件，总重量为 37.8 公吨，总体积为 124.486 立方米，由船公司装了一个 20 英尺和两个 40 英尺集装箱，从上海装船，在香港转船运至荷兰鹿特丹港。运费计算标准：M，等级 1～8 级，从上海至鹿特丹港口的直达费率和香港转船费率分别为 USD1850/20′，USD3515/40′ 和 USD2050/20′，USD3915/40。装箱费率是 USD120/20′，USD240/40′。（1）试计算该批货的总运费。（2）该批货原报价为每件 24 美元 FOB 上海，试求 CFR 鹿特丹价。

三、案例分析题

1. 某合同中规定:6/7 月份两批每月平均装运,我公司于 5 月 12 日收到新加坡某银行开来的信用证,规定"装运不迟于 7 月 31 日"。我公司的货物早已全部备好,信用证中并没有规定必须分期分批装运,因此我公司于 6 月 10 日一次装船并运出。试问:我公司的这种做法是否妥当? 为什么?

2. 陕西某公司向国外出口一批红枣庄,国外客户开来不可撤销信用证,证中的装运条款规定:"Shipment from Chinese port to Singapore in May, Partial shipment prohibited"。该公司因货源不足,先于 5 月 15 日在青岛港将 200 公吨红枣庄装"东风"轮,取得一套提单,后又在烟台联系到一批货源,在该公司承担相关费用的前提下,该轮船又驶往烟台港装了 300 公吨红枣庄,5 月 20 日取得有关提单。然后在信用证有效期内将两套单据交银行议付,银行以分批装运,单证不符为由拒付货款。问:银行的拒付是否合理? 为什么?

四、业务操作题

1. 训练资料

FULL SET OF CLEAN ON BOARD OCEAN BILLS OF LADING ISSUED AND SIGNED BY OOCL OR MAERSK LINE, SHOWING SHIPPER AS GENIO HOLDING LIMITED, MADE OUT TO ORDER MARKED FREIGHT COLLECT AND NOTIFY NORITEX S. A. AND SHOWING PORT OF LOADING AS SHANGHAI, CHINA AND FINAL DESTINATION AS COLON FREE ZONE.

训练要求:根据上述 L/C 对提单的规定填写一份 SHIPPING NOTE(托运单),分别列明:发货人、收货人及被通知方。

2. 训练资料

卖方:CHANGZHOU DAHUA IMP & EXP (GROUP) CORP

买方:JIM KING TRADING CORPORATION

合同号:DH10056;数量:100 000 码

货名:全棉印花布(PRINTED COTTON FABRICS)

包装方式及数量:每 500 码装一个纸箱,共计 200 箱

每箱毛重:每箱 60 千克;每箱净重:每箱 58 千克;体积:90 立方米

装运日期:2013 年 12 月 10 日

货运代理:常州外运代理公司(负责人王兴)

船名航次:"EAST WIND"V. 025

集装箱号:COSU4517911/COSU7637293　40′×2;关封号:CH118420/CH118421

提单号码:COSCO0218963;保险单号:CZ0853201

保险:按发票金额 110% 投保中国人民保险公司海洋货物运输一切险与战争险

训练要求:请以货代公司业务员的身份,根据上述资料缮制一份海运提单。

第五章
进出口货物运输保险

教学目标

　　通过本章的教学使学生了解进出口货物运输保险的保障范围,熟悉我国各种运输方式下的货运保险条款,了解伦敦协会货物保险条款,掌握保险金额与保险费的计算,掌握保险单的填制规范。

关键词

　　自然灾害(Natural Calamity)　　　　意外事故(Fortuitous Accidents)

　　外来风险(Extraneous Risks)　　　　单独海损(Particular Average,P. A.)

　　共同海损(General Average, G. A.)　推定全损(Constructive Total Loss)

　　批单(Endorsement)

　　平安险(Free from Particular Average,FPA)

　　水渍险(With Particular Average,WPA)　一切险(All Risks,AR)

　　保险费(Premium)　　　　　　　　保险单(Insurance Policy)

　　投保人(Insured)　　　　　　　　　保险人(Insurer)

　　仓至仓条款(Warehouse to Warehouse Clause)

　　协会货物保险条款(ICC)

第一节　海上货物运输保险的保障范围

一、海上货物运输保险的保障范围

　　风险是造成损失的起因,风险不同,造成的损失也不同。但保险公司并不是对所有的损失都予以承保,也不是对一切损失都予以补偿,保险人是按照投保人投保的不同险别所包括的风险造成的损失和费用承担赔偿责任。在保险业务中,风险、损失和险别之间有着十分密切的关系:风险是造成损失的起因,险别则是保险公司对风险与损失的承保责任范围。

(一)风险

　　海洋运输货物险承保的风险分为海上风险与外来风险两种。

1. 海上风险

海上风险(Perils of the Sea)。又称海难,是指船舶在海上航行过程中或随附海上运输所遇到的自然灾害与意外事故。

(1) 自然灾害(Natural Calamity)。自然灾害是指不以人们意志为转移的自然界变异而产生的具有破坏力量的现象,如恶劣气候、雷电、海啸、地震、洪水、火山爆发等。

(2) 意外事故(Fortuitous Accidents)。意外事故是指由于偶然的难以预料的原因造成的事故,如船舶搁浅、触礁、沉没、互撞、失踪、失火、爆炸等。

2. 外来风险

外来风险(Extraneous Risks)。一般是指海上风险以外的原因所造成的风险。外来风险可分为一般外来风险与特殊外来风险。

(1) 一般外来风险(General Extraneous Risks)。一般外来风险是指被保险货物在运输途中由于偷窃、雨淋、串味、破损、钩损、锈损、渗漏、沾污、受潮受热、短量、包装破裂等外来原因造成的风险。

(2) 特殊外来风险(Special Extraneous Risks)。特殊外来风险是指由于军事、政治、战争、国家政策法令和行政措施等以及其他特殊原因如战争、罢工、交货不到、被拒绝进口等造成的风险。

(二) 损失

被保险货物在运输途中,因遭受海上风险而引起的损失与灭失即为海上损失,简称海损。按照保险业务的一般习惯,海上损失还包括与海上相连的陆上运输和内河运输过程中所发生的损失。按损失程度的不同,海上损失可分为全部损失和部分损失。

1. 全部损失

全部损失(Total Loss)又称全损,是指被保险货物在运输过程中因遭遇风险而导致货物全部损失。按损失情况的不同,可分为实际全损与推定全损两种。

(1) 实际全损(Actual Total Loss)。实际全损是指被保险货物完全灭失、完全变质,或者货物实际上已不可能归还原货主等。如船舶碰撞后船货全部沉入海底;货物被海水浸透丧失使用价值;船舶失踪超过 6 个月仍无消息等。

(2) 推定全损(Constructive Total Loss)。推定全损是指被保险货物发生事故后,虽然货物并未全部灭失,但实际全损已不可避免,或者为了避免发生实际全损所需支出的费用与继续将货物运抵目的地的费用之和已经超过其保险价值。在这种情况下,被保险人可以要求保险人按投保金额予以全额赔偿。但残损的货物,必须交由保险人处理,这种做法,称为委付。

2. 部分损失

部分损失(Partial Loss)是指被保险货物遭受损失,但未达到上述全部损失的程度。按损失的性质不同,部分损失可分为共同海损与单独海损。

(1) 共同海损(General Average,G. A.)。共同海损是指船舶在运输途中遇到灾害、事故,威胁到船、货的共同安全,为了解除这种威胁,维护船货的安全或者使航程得以继续完成,由船方有意识、合理地采取措施所作出的某些特殊牺牲或支出的某些额外费用。共同海损的牺牲与救助费用通常由有利害关系的船方、货方及运费收入方各按获救财产价值或获益比例的大小来分摊。构成共同海损应具备以下条件：

① 必须确有危及船、货共同安全的危险存在，且风险是不可避免的，而不是主观臆断的。

② 共同海损的危险必须是危及船、货共同安全的，采取的措施是为了解除船、货的共同危险，而不是单独为了船的安全或货的安全。

③ 共同海损的牺牲必须是有意识采取的合理措施所致。

④ 共同海损的损失必须是共同海损措施的直接结果，而不是由风险本身造成的。

⑤ 共同海损的牺牲或费用的支出必须是额外的，且作出的牺牲和费用的支出是有效果的。

⑥ 船舶发生共同海损之后，凡属于共同海损范围内的牺牲及特殊费用，均可通过共同海损的理算，由船方、货方及运费收入方按获救财产价值或获益比例的大小来共同分摊。这种分摊称为共同海损的分摊。

（2）单独海损（Particular Average，P. A.）。单独海损是指除共同海损以外的，由于承保范围的风险所直接导致的船舶或货物的部分损失。这种损失不是由船、货各方共同分摊，而是由受损方单独负担。

（3）共同海损与单独海损的区别

① 致损原因不同。单独海损是风险直接导致的损失，而共同海损是为了解除或减轻这些风险而人为造成的损失。

② 损失的构成不同。单独海损的损失一般是被保险的货物，而共同海损的损失是除被保险的货物，还包括支出的特殊费用。

③ 损失的承担不同。单独海损往往由受损方自己承担，而共同海损由受益各方按获救财产价值的大小比例分摊。

（三）费用

费用是指被保险货物遇险时，为防止损失进一步扩大而采取抢救措施所支出的费用。海上费用包括施救费用、救助费用及特别费用几部分，这些费用一般由保险人支付。

1. 施救费用

施救费用（Sue and Labor Expenses）是指被保险货物遭遇保险责任范围内的灾害事故时，被保险人或其代理人、雇佣人员和受让人等，为防止损失扩大而采取抢救措施所支出的费用，赔偿金额以不超过该批货物的保险金额为限。

2. 救助费用

救助费用（Salvage Charges）是指保险货物遭遇保险责任范围内的灾害事故时，由保险人和被保险人以外的第三者采取救助行为并获成功而向其支付的报酬。根据国际惯例，在国际海上救助中，普遍采取的是"无效果，无报酬"原则。

3. 特别费用

特别费用（Special Charges）是指运输工具遭受海难后，在避难港卸货所引起的费用，以及由于卸货、存仓、运输货物所发生的费用。

第二节　我国海洋运输货物保险条款

中国人民保险公司(PICC)(现更名为:中国人民财产保险股份有限公司)根据我国保险业实际并参照国际保险市场的习惯做法,分别制订了各种不同运输方式下的货物运输保险条款以及适用于各种不同运输方式的附加险条款,总称《中国保险条款》(China Insurance Clause,CIC)。

一、海洋运输货物保险险别

保险险别是保险人对风险和损失的承保责任范围,它是保险人与被保险人履行权利和义务的基础,也是保险人承保责任大小和被保险人缴付保险费的依据。

(一)基本险

按照中国人民保险公司 1981 年 1 月 1 日制定的《海洋运输货物保险条款》规定,海洋运输保险的基本险别有 3 种:平安险、水渍险和一切险。

1. 平安险

平安险(Free from Particular Average,FPA)是我国保险业的习惯叫法,其英文含义是"单独海损不负责赔偿",是基本险中承保范围最小的险别。平安险的承保责任范围如下:

(1) 被保险货物在运输途中,由于恶劣气候、雷电、地震、海啸、洪水等自然灾害造成整批货物的实际全损或推定全损。

(2) 由于运输工具遭受搁浅、触礁、沉没、互撞、与流冰或其他物体碰撞以及失火、爆炸等意外事故造成货物的全部损失或部分损失。

(3) 在运输工具发生搁浅、触礁、沉没、焚毁等意外事故的情况下,货物在此前后又在海上遭遇恶劣气候、雷电、海啸等自然灾害所造成的部分损失。

(4) 在装卸或转运时由于一件或数件整件货物落海造成的全部或部分损失。

(5) 被保险人对遭受承保责任内危险的货物采取抢救、防止或减少货损的措施而支付的合理费用,但以不超过该批被救货物的保险金额为限。

(6) 运输工具遭遇海难后,在避难港由于卸货所引起的损失,以及在中途港、避难港由于卸货存仓以及运送货物所产生的特别费用。

(7) 共同海损的牺牲、分摊和救助费用。

(8) 运输契约订有"船舶互撞责任"条款,根据该条款规定应由货方偿还船方的损失。

2. 水渍险

水渍险(With Particular Average,WPA)的英文含义是"单独海损包括在内",其责任范围除包括上列平安险的各项责任外,还负责被保险货物由于恶劣气候、雷电、地震、海啸、洪水等自然灾害造成的部分损失。

水渍险虽然对单独海损负责,但对锈损、碰碎、破损以及散装货物的部分损失是不负责的。此外,需要特别指出的是,平安险和水渍险只对海水所致的各种损失负赔偿责任,而被保险货物直接由于淡水、雨淋、冰雪融化所造成的损失,不包括在这两种险别的承保责任范围之中。

3. 一切险

一切险(All Risks)的责任范围除了包括平安险和水渍险的各项责任外,还负责被保险货物在运输途中由于一般外来风险所致的全部损失和部分损失。

上述 3 种基本险别中,一切险的承保范围和责任最大,水渍险其次,平安险相对最小,被保险人可以选择其中的一种险别进行投保。

(二)附加险

附加险是对基本险的扩大和补充,不能单独投保,只能在投保基本险的基础上才可加保一种或数种附加险。《中国保险条款》中的附加险包括一般附加险与特殊附加险两大类。

1. 一般附加险

一般附加险(General Additional Risk)承保由于一般外来风险所造成的全部或部分损失,共有 11 个险别。

(1)偷窃、提货不着险(Theft,Pilferage and Non-Delivery,TPND)。承保被保险货物被偷窃以及货物运抵目的地后,货物整件未交的损失。

(2)淡水雨淋险(Fresh Water and/or Rain Damage)。承保被保险货物在运输途中由于淡水、雨水以及冰雪融化所造成的损失。

(3)短量险(Shortage)。承保被保险货物数量的短少和重量的损失,但不包括正常的损耗。

(4)混杂、沾污险(Intermixture and Contamination)。承保被保险货物在运输过程中,因混进了杂质或被污染所造成的损失。

(5)渗漏险(Leakage)。承保流质、半流质、油类等货物由于容器损坏而引起的渗漏损失,或用液体储藏的货物因液体渗漏而引起的货物变质、腐烂所致的损失。

(6)串味险(Taint of Odour)。承保被保险货物在运输过程中因受到其他带异味货物的影响而造成的串味损失。

(7)碰损、破碎险(Clash and Breakage)。承保被保险货物在运输过程中因震动、碰撞、受压造成的碰损和破碎损失。

(8)钩损险(Hook Damage)。承保被保险货物在装卸或搬运过程中因遭受钩损所造成的损失,并对包装进行修补或调换所支付的费用负责赔偿。

(9)锈损险(Rust)。承保金属或金属类货物在运输过程中因生锈造成的损失。

(10)受潮受热险(Sweat and Heating)。承保被保险货物在运输过程中由于气温突然变化或船上设备突然失灵,使船舱内的水蒸气凝结而引起的货物受潮或由于气温增高使货物发生变质的损失。

(11)包装破裂险(Breakage of Packing)。承保因为包装破裂造成的物资的短少、沾污等损失。此外,保险公司对保险货物因在运输过程中转运安全需要而产生的候补包装、调换包装所支付的费用也应负责赔偿。

2. 特殊附加险

特殊附加险(Special Additional Risk)承保由于特殊外来风险造成的全部或部分损失。

中国人民保险公司承保以下特殊附加险：

（1）战争险（War Risk）。承保战争或类似战争行为等引起的被保险货物的直接损失。保险公司对此种险别的承保责任范围包括：由于战争、类似战争行为和敌对行为、武装冲突或海盗行为以及由此而引起的捕获、拘留、禁制、扣押所造成的损失；或者由于各种常规武器（包括水雷、鱼雷、炸弹）所造成的损失；由于上述原因所引起的共同海损的牺牲、分摊和救助费用。

（2）罢工险（Strikes Risk）。承保因罢工者、被迫停工工人、参加工潮、暴动和民变的人员采取行动所引起的共同海损的牺牲、分摊和救助费用。

（3）舱面险（On Deck Risk）。承保存放在舱面的货物按保险单所载条款负责的损失外，还负责被抛弃或被风浪冲击落水的损失。

（4）进口关税险（Import Duty Risk）。承保被保险货物遭受保险责任范围以内的损失，而被保险人在目的港仍需按完好的货物价值完税，保险人对该项受损货物的进口关税损失负责赔偿。

（5）拒收险（Rejection Risk）。承保被保险货物在目的港被进口国的政府或有关当局拒绝进口或没收所造成的损失。

（6）黄曲霉素险（Aflatoxin Risk）。承保被保险货物因所含黄曲霉素超过进口国的限制标准被拒绝进口、没收或强制改变用途所造成的损失。

（7）交货不到险（Failure to Deliver Risk）。承保被保险货物不论任何原因从装上船舶开始，在 6 个月内不能运抵原定目的地交货所造成的损失。

（8）货物出口到香港、澳门存仓火险责任扩展条款（Fire Risk Extension Clause for Storage of Cargo at Destination Hong Kong, Including Kowloon, or Macao, 简称 FREC）。被保险货物运抵目的地香港（包括九龙在内）或澳门卸离运输工具后，如直接存放于保单载明的过户银行所指定的仓库，本保险对存仓火险的责任至银行收回押款解除货物的权益为止，或运输险责任终止时起满 30 天为止。

二、承保责任的起讫期限

（一）基本险的责任起讫期限

中国人民保险公司的《海洋运输货物保险条款》规定的责任起讫期限或称保险期限，采用国际保险业惯用的"仓至仓条款"（Warehouse to Warehouse，简称 W/W Clause）。即保险责任自被保险货物运离保险单所载明的起运地仓库或储存处所开始，包括正常运输过程中的海上、陆上、内河和驳船运输在内，直至该项货物运抵保险单所载明的目的地收货人的最后仓库或储存处所或被保险人用作分配、分派或非正常运输的其他储存处所为止。如未抵达上述仓库或储存处所，则以被保险货物在最后卸载港全部卸离海轮后满 60 天为止。如在上述 60 天内被保险货物需转运至非保险单所载明的目的地时，则以该项货物开始转运时终止。

但是，保险公司并不是对所有保险合同都承担"仓至仓"责任。根据各国法律，投保人应对保险标的物具有保险利益，即具有法律上承认的利益。一般来说，对保险标的物拥有所有权的人，才有保险利益。国际货运保险仅要求在保险标的发生损失时必须具有保险利益。

如以 FOB、FCA、CFR、CPT 等术语成交的合同,货物风险转移以装运港装上船或出口国发货地或起运地交承运人为界。显然,货物在装上船或货交承运人风险转移之前,仅卖方有保险利益,而买方并无保险利益。在实际业务中,保险人视买方具有预期的保险利益而应予承保。以 FOB、FCA、CFR、CPT 等条件成交的合同,由买方自行投保,保险公司的实际责任仅从货物在装运港装上海轮或在发货地承运人接管货物时开始,因此,只能实现"港至舱或船至舱",而不能实现"仓至仓"。

案例评析 5－1

案例:我出口方以 CFR 术语出口货物一批,在从出口公司仓库运往装运港的途中,货物发生灭失。问:① 该损失应由何方负责? ② 如买方已向保险公司办理了货物运输保险,保险公司对此损失是否给予赔偿? 为什么?

评析:① 该损失应由我出口方负责;② 即使买方已向保险公司办理了运输保险,保险公司也不承担赔偿责任。因为根据 CFR 术语,货物尚未被交付,风险还未转移至买方,因而买方此时还不具有保险利益。

(二)战争险、罢工险的责任起讫期限

战争险的承保责任起讫期限不采用"仓至仓条款",而是以水上危险或运输工具上的危险为限。即货物自保险单所载明的装运港装上海轮或驳船时开始,直至保险单所载明的目的港卸离海轮或驳船为止。如果货物不卸离海轮或驳船,则保险责任最长延至货物到达目的港之日午夜起 15 天止。如在中途港转船,则不论货物在当地卸载与否,保险责任以海轮到达该港或卸货地点的当日午夜起满 15 天为止,待再装上续运的海轮时,保险公司仍继续负责。

罢工险的承保责任起讫期限与其他海运货物保险险别一样,采取"仓至仓"的原则,即保险人对货物从卖方仓库到买方仓库的整个运输期间负责。

想一想

某公司出口一批货物,已投保了一切险和战争险。当船抵达目的港开始卸货时,当地忽然发生武装冲突,部分船上货物及部分已卸到岸上的货物被毁。保险公司是否应负责赔偿全部损失? 为什么?

三、除外责任

(一)基本险的除外责任

保险公司对上述 3 种基本险别有以下除外责任:
(1)被保险人的故意行为或过失所造成的损失。
(2)属于发货人责任所引起的损失。
(3)被保险货物的自然消耗、本质缺陷、特性以及市价跌落、运输延迟所引起的损失或费用。

（4）在保险责任开始前，被保险货物已存在的品质不良或数量短差所造成的损失。

（5）由于战争、工人罢工或运输延迟所造成的损失等。

（二）战争险、罢工险的除外责任

战争险对下列原因造成的损失不负责赔偿：

（1）由于敌对行为使用原子或热核武器造成被保险货物的损失和费用。

（2）由于执政者、当权者或其他武装集团的扣押、拘留引起的承保航程的丧失或挫折所致的损失。

罢工险负责的损失必须是直接损失，对间接损失不负赔偿责任。例如，由于罢工而引起的动力或燃料匮乏，使冷藏机停止工作造成冷藏货物化冻变质的损失，或由于罢工缺少劳动力搬运，致使货物堆积在码头遭受雨水淋湿的损失，或因港口工人罢工无法在原定港口卸货，改运其他港口卸货而增加的运输费用损失等，保险公司均不负赔偿责任。

第三节　其他运输方式下的货物运输保险

一、陆上运输货物保险条款与保险险别

根据中国人民保险公司 1981 年 1 月 1 日制定的《陆上运输货物保险条款》（Overland Transportation Cargo Insurance Clauses）规定，陆上运输货物保险的基本险别分为陆运险、陆运一切险和陆上运输冷藏货物险 3 种。此外，还包括陆上运输货物战争险（火车）。

（一）陆运险

陆运险（Overland Transportation Risks）的承保责任范围与水渍险相似。保险公司负责赔偿被保险货物在运输途中遭受暴风、雷电、地震、洪水等自然灾害，或由于运输工具遭受碰撞、倾覆或出轨，或在驳运过程中，驳运工具搁浅、触礁、沉没或由于遭受隧道坍塌、崖崩或火灾、爆炸等意外事故所造成的全部损失或部分损失。此外，被保险人对遭受承保责任范围内危险的货物采取抢救、防止或减少货损的措施而支付的合理费用，保险公司也负责赔偿，但以不超过该批被救货物的保险金额为限。

（二）陆运一切险

陆运一切险（Overland Transportation All Risks）的承保责任范围与一切险相似。保险公司除承担上述陆运险的赔偿责任外，还负责被保险货物在运输途中由于一般外来原因造成的短少、短量、偷窃、渗漏、碰损、破碎、雨淋、生锈、受潮、受热、发霉、串味、玷污等全部或部分损失。以上责任范围均适用于火车和汽车运输，并以此为限。

陆运险和陆运一切险的责任采用"仓至仓"条款。保险人负责从被保险货物运离保险单所载明的起运地发货人仓库或储存处所开始运输时生效，包括正常运输过程中的陆上和与其有关的水上驳运在内，直到该项货物运交保险单所载明的目的地收货人的最后仓库或储

存处所或被保险人用作分配、分派或非正常运输的其他储存处所为止。如未运抵上述仓库或储存处所，则以被保险货物运抵最后卸载的车站满 60 天为止。如在中途转车，不论货物在当地卸车与否，保险责任从火车到达中途站的当日午夜起满 10 天为止，如果被保险货物在 10 天内重新装车续运，则保险责任继续生效。

陆运险和陆运一切险的除外责任与海洋运输货物险的除外责任相同。

（三）陆上运输冷藏货物险

陆上运输冷藏货物险（Overland Transportation Insurance—Frozen Products）是陆上运输货物险中的一种专门险。其主要责任范围除负责陆运所列举的自然灾害和意外事故所造成的全部或部分损失外，还负责赔偿由于冷藏机器或隔温设备的损坏或车厢内贮存冰块的融化所造成的被保险货物解冻溶化以致腐败的损失。但对因战争、工人罢工或运输延迟而造成的被保险冷藏货物的腐败的损失，以及被保险冷藏货物在保险责任开始时未能保持良好状态，包括整理加工或包扎不妥，或冷冻不合规定等所造成的损失则不负责任。

陆上运输冷藏货物险的责任自被保险货物运离保险单所载起运地点的冷藏仓库装入运送工具开始运输时生效，包括正常的陆运和与其有关的水上驳运在内，直到货物到达保险单所载明的目的地收货人仓库为止。但是最长保险责任的有效期限以被保险货物到达目的地车站后 10 天为限。

（四）陆上运输货物战争险（火车）

陆上运输货物战争险（Overland Transportation Cargo War Risks-By Train）是陆上运输货物保险的特殊附加险，只有在投保了陆运险或陆运一切险的基础上方可加保。保险公司负责赔偿在火车运输途中由于战争、类似战争行为和敌对行为、武装冲突所致的损失，以及各种常规武器包括地雷、炸弹所致的损失。但是，由于敌对行为使用原子或热核武器所致的损失和费用，以及由于执政者、当权者或其他武装集团的扣押、拘留引起的承保运程中的丧失和挫折而造成的损失则除外。

陆上运输货物战争险（火车）的责任起讫期限与海运战争险相似，以货物置于运输工具时为限。即自被保险货物装上保险单所载起运地的火车时开始生效，到保险单所载目的地卸离火车时为止。如果被保险货物不卸离火车，则以火车到达目的地的当日午夜起满 48 小时为止；如在运输中途转车，不论货物在当地卸载与否，保险责任以火车到达该中途站的当日午夜起满 10 天为止。如货物在此期限内重新装车续运，则保险责任继续生效。

二、航空运输货物保险条款与保险险别

中国人民保险公司 1981 年 1 月 1 日修订的《航空运输货物保险条款》（Air Transportation Cargo Insurance Clauses）规定，航空运输货物保险的基本险别分为航空运输险和航空运输一切险两种。此外，还包括航空运输货物战争险。

（一）航空运输险

航空运输险（Air Transportation Risks）的承保责任范围与水渍险大体相同。保险公司

负责赔偿被保险货物在运输途中遭受雷电、火灾、爆炸或由于飞机遭受恶劣气候或其他危难事故而被抛弃,或由于飞机遭受碰撞、倾覆、坠落或失踪意外事故所造成的全部或部分损失。

(二)航空运输一切险

航空运输一切险(Air Transportation All Risks)除包括上述航空运输险的责任外,保险公司还负责赔偿被保险货物由于一般外来原因所造成的全部或部分损失。

航空运输货物险的两种基本险的保险责任也采用"仓至仓"条款,但与海洋运输险的"仓至仓"条款不同的是:如货物运达保险单所载明的目的地而未运抵保险单所载明的收货人仓库或储存处所,则以被保险货物在最后卸离飞机后满30天保险责任即告终止。如在30天内被保险货物需转送到非保险单所载明的目的地时,则以该项货物开始转运时终止。

航空运输险和航空运输一切险的除外责任与海洋运输货物险的除外责任基本相同。

(三)航空运输货物战争险

航空运输货物战争险(Air Transportation War Risks)是一种附加险,只有在投保了航空运输险和航空运输一切险的基础上方可加保。保险公司承担赔偿被保险货物在航空运输途中由于战争、类似战争行为和敌对行为、武装冲突以及各种常规武器和炸弹所造成的损失,但不包括因使用原子或热核武器所造成的损失。

航空运输战争险的责任起讫期限是自被保险货物装上保险单所载起运地的飞机时开始,直到卸离保险单所载目的地的飞机为止。如果被保险货物不卸离飞机,则以载货飞机到达目的地的当日午夜起满15天为止。如被保险货物在中途转运,保险责任以飞机到达转运地的当日午夜起满15天为止,俟装上续运飞机,保险责任继续有效。

三、邮包运输保险条款与保险险别

中国人民保险公司1981年1月1日修订的《邮包保险条款》(Parcel Post Insurance Clauses)规定,邮包保险基本险别分为邮包险和邮包一切险两种。此外,还包括邮包战争险。

(一)邮包险

邮包险(Parcel Post Risks)的承保责任范围是:负责赔偿被保险邮包在运输途中由于自然灾害、意外事故所造成的全部或部分损失;另外,还负责被保险人对遭受承保责任内危险的货物采取抢救、防止或减少货损的措施而支付的合理费用,但以不超过该批货物的保险金额为限。

(二)邮包一切险

邮包一切险(Parcel Post All Risks)的承保责任范围除包括上述邮包险的全部责任外,还负责赔偿被保险邮包在运输途中由于一般外来原因所造成的全部或部分损失。

邮包险和邮包一切险的保险责任是自被保险邮包离开保险单所载起运地寄件人的处所运往邮局时开始生效,直至被保险邮包运达保险单所载明的目的地邮局,自邮局签发到货通知书当日午夜起满 15 天为止。但在此期间,邮包一经递交至收件人的处所时,保险责任即行终止。

邮包险和邮包一切险的除外责任与前几种运输保险的除外责任基本相同。

(三) 邮包战争险

邮包战争险(Parcel Post War Risks)是一种附加险,只有在投保了邮包险或邮包一切险的基础上方可加保。保险公司负责赔偿被保险邮包在运输过程中由于战争、类似战争行为和敌对行为、武装冲突或海盗行为以及各种常规武器包括水雷、鱼雷、炸弹所造成的损失。此外,保险公司还负责赔偿在遭受以上承保责任范围内危险引起的共同海损的牺牲、分摊和救助费用。但保险公司不承担因使用原子或热核武器所造成的损失和费用的赔偿。

邮包战争险的保险责任是自被保险邮包经邮局收讫后自储存处所开始运送时生效,直至该保险邮包运达保险单所载明的目的地邮局送交收件人为止。

案例评析 5 - 2

案例:某公司以 CIF 鹿特丹出口食品 1000 箱,即期 L/C 付款。货物装运后,凭已装船清洁提单和已投保一切险及战争险的保险单向银行收妥货款。货到目的港后经进口人复验发现下列情况:① 该批货物共 10 个批号,抽查 20 箱,发现其中 2 个批号涉及 200 箱内含沙门氏细菌超过进口国标准;② 收货人只实收 998 箱,短少 2 箱;③ 有 15 箱货物外表情况良好,但箱内货物共短少 60 千克。试分析以上情况进口人应分别向谁索赔并说明理由。

评析:第 1 种情况应向卖方索赔,因原装货物有内在缺陷。第 2 种情况应向承运人索赔,因承运人签发的是清洁海运提单,在目的港应如数交足货量。第 3 情况可以向保险公司索赔,属保险责任范围以内,但如进口方能举证原装数量不足,也可向卖方索赔。

第四节　伦敦保险协会海运货物保险条款

英国伦敦保险协会制定的《协会货物条款》(Institute Cargo Clause,ICC),在国际货物运输保险业务中具有极大的影响。新修订的 2009 年版保险条款与 1983 年版保险条款相比,扩展了保险责任起讫期限,对保险公司引用免责条款作出了一些条件限制,对条款中容易产生争议的用词作出更为明确的规定,条款中的文字结构也更为简洁、严密。中国人民保险公司制定的《中国保险条款》(CIC)的责任范围与 ICC 的责任范围相似,因此,我国外贸企业也可接受外商按《协会货物条款》投保的要求。

一、协会货物条款的主要险别

2009 年 1 月 1 日起正式实施的新版条款,共有以下 6 种险别:

(1) 协会货物条款(A)[Institute Cargo Clauses A,ICC(A)]

(2) 协会货物条款(B)[Institute Cargo Clauses B,ICC(B)]

(3) 协会货物条款(C)[Institute Cargo Clauses C，ICC(C)]

(4) 协会战争险条款(货物)(Institute War Clauses—Cargo)

(5) 协会罢工险条款(货物)(Institute Strikes Clauses—Cargo)

(6) 恶意损害险条款(Malicious Damage Clauses)

以上6种险别中，ICC(A)、ICC(B)、ICC(C)是主险，协会战争险、协会罢工险、恶意损害险是附加险。除恶意损害险外，其余5种险别都可以独立投保，并且在条款的结构和内容上都非常相似，基本包括下列16项内容：承保危险、共同海损、双方过失碰撞条款、除外不保、保险效力起讫、变更航程、索赔事项、保险利益、转运费用、推定全损、增值条款、保险权益、减少损失、避免迟延、法律与惯例、附注事项。

二、协会货物条款三种主险的承保风险与除外责任

(一) 协会货物条款(A)

协会货物条款(A)的责任范围最广，不便把全部承保风险一一列出。采用列出"除外责任"的方式，即除了除外责任外，其他风险损失均予负责。它相当于一切险。协会货物条款(A)的除外责任包括4项：① 一般除外责任；② 不适航、不适货除外责任；③ 战争除外责任；④ 罢工除外责任。详见表5-3。

(二) 协会货物条款(B)

协会货物条款(B)的承保范围小于协会货物条款(A)，如表5-2所示。采用"列明风险"的方式，即将所有承保风险一一列举，凡属承保责任范围内的损失，无论是全部损失还是部分损失，保险公司按损失程度均负责赔偿。协会货物条款(B)与水渍险相比，增加了船舶搁浅和倾覆、陆上运输工具倾覆出轨、地震或火山爆发、浪击落海等条款，对不属于共同海损行为中的抛货责任和海水、湖水或河水进入船舶、驳船、运输工具的风险也可负责。

协会货物条款(B)的除外责任与协会货物条款(A)相同，见表5-3。

(三) 协会货物条款(C)

协会货物条款(C)比平安险的责任范围小，采用"列明风险"的方式，仅对重大意外事故风险负责，对非重大意外事故风险和协会货物条款(B)中的自然灾害风险均不负责。其承保责任范围和除外责任如表5-2和表5-3所示。

表 5-2 ICC(A)、ICC(B)、ICC(C)的承保责任范围对照表

1. 火灾或爆炸	✓	✓	✓
2. 船舶或驳船搁浅、触礁、沉没或倾覆	✓	✓	✓
3. 陆上运输工具倾覆或出轨	✓	✓	✓
4. 在避难港卸货	✓	✓	✓
5. 船舶、驳船或其他运输工具同除水以外的任何外界物体碰撞或接触	✓	✓	✓
6. 共同海损的牺牲	✓	✓	✓
7. 抛货	✓	✓	✕

（续表）

8. 地震、火山爆发或雷电	✓	✓	×
9. 浪击落海	✓	✓	×
10. 海水、湖水或河水进入船舶、驳船、运输工具、集装箱、大型海运箱或贮存处所	✓	✓	×
11. 货物在船舶或驳船装卸时落海或跌落，造成任何整件的全损	✓	✓	×
12. 由于被保险人以外的其他人（如船长、船员等）的故意违法行为所造成的损失或费用	✓	×	×
13. 海盗行为	✓	×	×
14. 由于一般外来原因所造成的损失	✓	×	×

注："✓"表示承保风险，"×"表示免责风险或不承保风险。

表 5-3　ICC(A)、ICC(B)、ICC(C)的除外责任对照表

1. 被保险人的故意违法行为所造成的损失和费用	×	×	×
2. 被保险标的物的正常的渗漏、失重或失量，或正常的耗损	×	×	×
3. 被保险标的物的不良或不当包装或配置引起的损害或费用	×	×	×
4. 被保险标的物的固有瑕疵或本质所引起的损害或费用	×	×	×
5. 由于船舶所有人、经纪人、租船人或经营人的破产或债务积欠所致的损害或费用	×	×	×
6. 由于迟延所致的损失或费用	×	×	×
7. 船舶不适航，船舶、装运工具、集装箱等不适运	×	×	×
8. 战争险	×	×	×
9. 罢工险	×	×	×
10. 任何使用原子反应装置或核子分裂及或融合或其他类似反应或放射性之武器等直接或间接所致或引起的损害或费用	×	×	×

注："×"表示免责风险或不承保风险。

三、协会货物条款三种主险的责任起讫期限

协会货物条款的 3 种主险，即 ICC(A)、ICC(B)及 ICC(C)，其承保责任起讫期限均采用"仓至仓"条款。保险责任自保险标的为了开始航程立即搬运至运输车辆或其他运输工具的目的，开始进入仓库或储存处所时生效，包括正常运输过程，直至运到下述地点时终止。

① 自运送车辆或其他运输工具完全卸载至本保险契约所载明目的地之最终仓库或储存处所，或；② 自运送车辆或其他运输工具完全卸载至本保险契约所载明目的地或中途之任何仓库或储存处所，而为被保险人或其员工用作通常运输过程以外之储存或分配或分送；③ 当被保险人或其员工使用任何运输车辆或其他运输工具或任何货柜作为通常运输过程以外的储存时；④ 至被保险标的物自航空器在最终卸载地卸载完毕后起届满 60 天。

上述 4 种终止情形，以其先发生者为准。

如被保险标的物自航空器在最终卸载地卸载完毕后，但在本保险失效以前，将被保险标的物运往本保险单所载明以外之目的地时，则本保险之效力，除仍受①至④规定之限制外，共他一并于该被保险标的物自始拟被运往其他目的地之时起失效。

在下列情形仍继续有效：被保险人无法控制的延迟、航空器驶离航线、被迫卸载、重新装

载或转运,及由于航空运送人行使运送契约所授予的自由运输权而引起的危险变更者。

四、协会战争险条款(货物)

协会战争险具有完整的结构体系,可以单独投保。它也采取"除外责任"之外列明承保风险的方法。

(一)承保风险

(1)因战争、内战、革命、叛乱、颠覆,或其引起之内争,或因交战国武力所致或对抗其之任何敌对行为所造成的损失。

(2)因上述原因引起的捕获、扣押、拘留、禁止或扣留,及因上述危险或任何上述威胁企图所造成的损失。

(3)遗弃的水雷、鱼雷、炸弹或其他遗弃战争武器所造成的损失。

(二)除外责任

协会战争险的除外责任与ICC(A)险的"一般除外责任"及"不适航、不适运除外责任"大致相同。

五、协会罢工险条款(货物)

协会罢工险条款具有完整的结构体系,可以单独投保。它也采取"除外责任"之外列明承保风险的方法。

(一)承保风险

(1)因参与罢工、停工、工潮、暴动或民众骚扰等人员造成的损失。

(2)因罢工、停工、工潮、暴动或民众骚扰所致损失

(3)任何代表人或有关组织因采取以武力或暴力方式,借以直接推翻或影响不论其是否合法成立之任何政府组织的任何恐怖主义行为所致损失。

(4)任何因政治、意识形态或宗教动机行为所致损失。

但对于罢工、停工、工潮、暴动或民众骚乱造成的劳动力缺乏、短少和扣押所引起的间接损失不予赔偿。

(二)除外责任

协会罢工险的除外责任与ICC(A)险的"一般除外责任"及"不适航、不适运除外责任"大致相同。

六、恶意损害险条款

恶意损害险条款的承保范围包括被保险人以外的其他人(如船长、船员等)的故意损害、

故意破坏、恶意行动所致保险标的的损失或损坏。恶意损害险条款是用于 ICC(B)条款和 ICC(C)条款的附加条款,不能单独投保。由于恶意损害险条款的承保责任已被列入 ICC(A)条款的承保责任范围,所以没有必要再加保恶意损害险。

第五节　进出口货物运输保险实务

在国际货物运输保险业务中,被保险人需要选择投保险别、确定保险金额、办理投保手续并交付保险费、领取保险单以及在货损时办理保险索赔等。

一、选择保险险别

保险公司承担的保险责任是以险别为依据的,不同的险别所承保的责任范围不同,其保险费率也不相同。例如,我国海运货物保险条款中的 3 个主险,平安险的责任范围最小,水渍险次之,一切险最大,与此相对应,平安险的费率最低,水渍险次之,一切险最高。因此,投保人在选择保险险别时,应坚持保障充分与保障合理相结合原则,一方面要根据货物运输的实际情况予以全面衡量,使货物得到充分保障,另一方面又要尽量节约保险费的支出,降低贸易成本,提高经济效益。选择何种险别,一般应考虑货物的性质特点、包装、用途与价值、运输方式、运输工具、运输路线、运输季节和港口等因素。

二、确定保险金额

保险金额(Amount Insured)是指被保险人向保险公司投保的金额,也是保险公司承担的最高赔偿金额和计算保险费的基础。在国际货运保险中,保险金额一般是以 CIF 或 CIP 的发票金额为基础加成确定的,除应包括商品的价值、运费和保险费外,还应包括被保险人在贸易过程中支付的经营费用以及预期利润等。

保险金额的计算公式为:CIF 或 CIP 条件成交,保险金额应为:

$$保险金额＝CIF(CIP)价格×(1＋投保加成率)$$

所谓投保加成率,在《2010 通则》和《UCP600》中均规定,最低保险金额应为货物的 CIF 或 CIP 价格加 10%。如以其他 4 种术语成交,则应先折算成 CIF 或 CIP 价格再加成。这部分增加的保险金额就是买方进行这笔交易所支付的费用和预期利润。如国外客户要求提高加成率,也可接受,但由此而增加的保险费原则上应由买方承担。

由于保险金额一般是以 CIF 或 CIP 价格为基础加成确定的,因此,如对外报价为 CFR 或 CPT 而对方要求改报 CIF 或 CIP,应先把 CFR 或 CPT 价格变为 CIF 或 CIP 价格,再加成计算保险金额。

$$CIF(CIP)价格＝CFR(CPT)价格÷(1－投保加成×保险费率)$$

我国进口货物的保险金额,原则上虽也按进口货物的 CIF 或 CIP 价格计算,但目前我国进口合同较多采用 FOB 或 FCA 条件。为简化手续,方便计算,一些企业与保险公司签订了预约保险合同,共同议订平均运费率(也可按实际运费计算)和平均保险费率。其计算保险金额的公式为：

　　FOB(FCA)进口合同的保险金额＝FOB(FCA)价格×(1＋平均运费率＋平均保险费率)

　　CFR(CPT)进口合同的保险金额＝CFR(CPT)价格×(1＋平均保险费率)

　　【例题 5-1】　上海某公司出口一批货物到日本，原报 CFR 日本西海岸某港口，总金额为 80 000 美元，现客商要求改报 CIF 价，目的地不变，并按 CIF 价 10% 投保海运一切险。假设运至日本大阪的该项货物海运一切险的保险费率为 0.5%。问：保险金额应为多少？

　　解：CIF 价格＝CFR 价格÷(1－投保加成×保险费率)

　　　　　　　　＝80 000÷[1－(1＋10%)×0.5%]＝80 442.43(美元)

　　保险金额＝80 442.43×(1＋10%)＝88 486.67(美元)≈88 487(美元)

三、办理投保和交付保险费

　　出口采用 CIF 或 CIP 术语成交时，保险由我出口方办理。出口方在向保险公司办理投保手续时，应根据买卖合同或信用证规定，在备妥货物并确定运输工具及装运日期后，填制投保单，具体列明被保险人名称、被保险货物名称、数量、包装及标志、保险金额、起讫地点、运输工具名称、投保险别等，送交保险公司投保，并交付保险费。

　　进口采用 FOB、FCA、CFR、CPT 术语成交时，由我方办理保险。为简化保险手续，各外贸企业与保险公司签订预约保险合同。按规定，投保人在得悉每批货物起运时，应将船名、航次、开航日期及航线、货物名称及数量、保险金额等项内容，书面定期通知保险公司，即视为已向保险公司办理了投保手续，保险公司就应对此负自动承保的责任。如果投保未按预约保险合同规定办理投保手续，则货物发生损失时，保险公司不负赔偿责任。

　　保险费(Premium)是保险公司向被保险人收取的费用，是保险人经营业务的基本收入，也是保险人所掌握的保险基金(即损失赔偿基金)的主要来源。保险费率(Premium Rate)是计算保险费的依据，一般由保险公司规定或由保险双方商定。保险费的计算公式为：

　　　　　　　　保险费＝保险金额×保险费率

　　　　　　　　保险费＝CIF(CIP)价格×(1＋投保加成率)×保险费率

四、取得保险单据

　　保险单据是保险人与被保险人之间订立的保险合同，也是保险公司出具的承保证明，是被保险人凭以向保险公司索赔和保险公司理赔的依据。在国际贸易中，运输货物保险单证可以在不经保险人同意的情况下，由被保险人背书后，随货物的转让而转让。常用的保险单据有以下几种。

(一)保险单

　　保险单(Insurance Policy)，俗称大保单，是投保人与保险公司之间订立的正式的保险合同。保险单的正面载明证明双方当事人建立保险关系的文字、被保险货物的情况、承保险别、理赔地点以及保险公司关于所保货物如遇险可凭本保险单及有关证件给付赔款的声明等内容，保险单的背面则对保险人和被保险人的权利与义务作了规定。保险单是使用最广的一种保险单据。

（二）保险凭证

保险凭证（Insurance Certificate），俗称小保单，是一种简化的保险单据。这种凭证除背面不载有保险人与被保险人双方的权利和义务等保险条款外，其余内容均与保险单相同。保险凭证与上述保险单具有同等法律效力。为实现单据规范化，不少公司已废弃此类保险凭证。

（三）预约保险单

预约保险单（Open Policy），又称预约保险合同，是被保险人（进口人）与保险人之间订立的总合同。目的是为了简化保险手续，并使货物一经装运即可取得保障。合同中规定承保货物的范围、险别、费率、责任、赔款处理等条款，凡属于保险合同约定的运输货物，在合同有效期内自动承保。预约保险单适用于我国进口货物的保险。凡属预约保险单规定范围内的进口货物，一经起运，我国保险公司即自动按预约保险单所订立的条件承保。

（四）批单

批单（Endorsement）是指保险单已经签发后，因原保险内容不符合同或信用证要求，保险公司应投保人的要求而签发批改内容的凭证，它具有变更、补充原保险单的作用。保险单批改后，保险人即按批改后的内容承担保险责任。批单原则上须粘在保险单上，并加盖骑缝章，作为保险单不可分割的一部分。

五、保险索赔

当进出口货物遭受承保责任范围内的损失时，具有保险利益的人应在分清责任的基础上确定索赔对象，备好索赔单证，并在索赔时效内（一般为 2 年）向相关保险公司提出赔偿要求。被保险人在索赔时应做好下列工作。

1. 向保险公司发出损失通知

当投保人获知被保险货物已经遭受损失时，应立即通知保险人或保险单上所载明的保险公司在当地的检验及理赔代理人。因为一经通知，表示索赔已经开始，就不再受索赔时效的限制。保险公司应当立即采取相应的措施，如检验损失，提出施救意见，确定保险责任，签发检验报告等。

2. 采取合理的施救措施

保险货物受损后，被保险人和保险人都有责任采取必要合理的施救措施，以防止损失进一步扩大。因抢救、阻止、减少货物损失而支付的合理费用，保险公司负责补偿，但以不超过该批货物的保险金额为限。

3. 索取货损和货差证明

投保人或代理人在提货时发现货物受损后，除了要向保险公司发出损失通知外，还应立即向承运人或有关方面如海关、港务局等，索取货损、货差证明，如货损、货差涉及承运人方面的，还应及时以书面形式向责任方提出索赔。

4. 备妥索赔单证

被保险人提出索赔时,除应提供检验报告外,还应提供其他单证,如保险单或保险凭证正本、运输单据、发票、装箱单或重量单、货损货差证明等。

由于货运保险一般为定值保险,如货物遭受全损,应赔偿全部保险金额。如货物遭受部分损失,则应正确计算和合理确定赔偿金额。对某些易于破碎和易于出现短量的货物,有的规定不论损失程度,一律给予赔偿,有的则规定了一定的免赔率。

案例评析 5 – 3

> **案例**:我国某外贸公司向日、英两国商人分别以 CIF 和 CFR 价格出售蘑菇罐头,有关被保险人均办理了保险,货自起运地仓库运往装运港途中均遭受损失。问:在这两笔交易中各自由谁办理保险手续? 货损各由谁承担? 由谁向保险公司办理索赔手续?
>
> **评析**:对日商的交易:保险手续由卖方办理,货损由保险人根据仓至仓条款承担,由卖方办理索赔手续。
>
> 对英商的交易:保险手续由买方办理,如果国外的保险商不承保货物在装运港装船前的风险,那么,由于在上船以前的风险由我方负责,在我方未投保的情况下,该项损失由我方承担。

六、保险实务中应注意的事项

(一)保险单据的签发日期

保险单据的签发日期不得迟于运输单据的签发日期。因此,被保险人应在货物装运前办妥投保手续。

(二)保险单据的转让

保险单据是权利的凭证,可以通过背书进行转让,一般为空白背书(Blank Endorsement)。保险单据转让是指被保险人将损害赔偿请求权及相应的诉讼权转让给受让人。

(三)代位追偿

代位追偿(Subrogation)是指当保险标的发生了保险责任范围内的由第三者造成的损失,被保险人从保险人处得到全部损失赔偿后,应将其对第三方追偿的权利转让给保险人。也就是说,保险人向被保险人履行了损失赔偿的责任后,有权获得被保险人在该项损失中向第三方要求赔偿的权利。保险人获得该项权利后,即可站在被保险人的地位上向第三方进行追偿。

七、买卖合同中的保险条款

保险条款是国际货物买卖合同的重要组成部分之一。采用不同的贸易术语,办理投保的人就不同,保险条款的内容也有所区别。

1. 由买方投保

以 FOB、FCA、CFR、CPT 术语成交的出口合同,保险条款可订为:"保险由买方负责"(Insurance:To be covered by the buyers)。

2. 由卖方投保

以 CIF 或 CIP 术语成交的出口合同,条款内容要明确规定由谁办理保险,按何种险别投保,保险金额是多少,等等。保险条款可订为:"保险由卖方按发票金额的 110％ 投保一切险和战争险,以 1981 年 1 月 1 日中国人民保险公司海洋运输货物保险条款为准"(Insurance is to be covered by the sellers for 110％ of the invoice value against All Risks and War Risk as per Ocean Marine Cargo Clauses of the People's Insurance Company of China dated Jan. 1,1981)。

如国外客户要求按英国伦敦保险协会货物条款进行投保,只要保险公司可以承保,出口企业就可以接受,但应在合同中加以明确。例如,由卖方按发票金额 110％ 投保 ICC(A)险,按 1982 年 1 月 1 日伦敦保险协会货物条款负责[Insurance to be covered by the sellers for 110％ of the invoice value against ICC(A) as per Institute Cargo Clause dated 1/1/1982]。

3. 订立保险条款应注意的事项

(1) 明确保险条款,即中国保险条款还是协会货物条款。

(2) 明确投保险别。选择水渍险、一切险还是 ICC(A)险或 ICC(B)险。

(3) 明确保险加成率。如超过 10％,由此产生的超额保险费应由买方负担。

(4) 保险货币应与合同货币一致,避免汇率风险。

第六节　保险单的缮制

保险单是证明保险合同成立的法律文件,既反映保险人与被保险人之间的权利与义务,又是保险人承保保险责任的书面证明;保险单是赔偿依据,一旦发生保险责任范围内的风险,被保险人就可以凭保险单要求获得赔偿;保险单是权利的凭证,通过背书转让,背书人可将其具有的损害赔偿请求权及相应的诉讼权转让给受让人。

保险单缮制的内容及要求如下:

(1) 被保险人(The Insured)。在 CIF 或 CIP 条件下,投保人即卖方,填合同卖方或信用证受益人名称。但发生损失时,是买方具有实际索赔的权益,所以保险单必须由被保险人背书,以表明被保险索赔的权益转让给保险单的持有人,同时受让人则负担被保险人的义务。

如果信用证规定为"To Order",则本栏可照填"To Order",受益人亦需空白背书,其效果与填写信用证受益人后加以背书一样。

如果信用证要求以特定方为被保险人,则在被保险人栏内填上该特定方的名称,则不用背书。

如果信用证规定"Endorsed to order of ABC Co., Ltd.",则在本栏填受益人名称,再在保险单背面填上"To order of ABC Co., Ltd."或"Claim if any pay to the order of ABC

Co.，Ltd.",受益人再签字盖章。

（2）唛头及号码（Marks & Nos.）。参照发票上的货物标记填写，或填写"As per invoice No.××"。

（3）包装及数量（Package & Quantity）。填包装单位名称和数量及其单位，并与提单、发票等一致。

例如：200 cartons；100 000YDS。如包装单位不止一种，应分别列出。例如：350 箱中有纸箱 190 件，木箱 160 件，则作如下表示：

<u>190 cartons</u>

<u>160 wooden cases</u>

350 packages

散装货物在其重量后面再表示散装字样，如：180M/T in bulk。

（4）保险货物项目（Description of Goods）。一般要求按合同、信用证或发票品名填写，允许填统称，但其统称不得与信用证或发票上的品名抵触。如信用证要求所有单据均需注明 L/C 号码，则在本栏空白处表示"L/C No.××"。

（5）保险金额（Amount Insured）。必须用大小写形式同时表示。一般按发票总金额再加 10%，即按发票总金额的 110% 投保。例如发票的 CIF 总金额是 USD 76 489.00，其 110% 总金额应为 USD 84 137.90，因保险金额不设辅币，采用小数点后面零以上的数字向前进位的方式，则应在保险金额栏填 USD 84 138.00（Say US Dollars Eighty Four Thousand One Hundred and Thirty Eight Only）。

（6）保险费与保险费率（Premium & Rate）。保险单上已印妥"As arranged"（按约定）字样，每笔保费及费率可以不具体表示。如信用证要求表明保费及费率时，则应填上具体的保费额及费率，划掉印就的"As arranged"，加盖校对章后打上"PAID"字样。

（7）装载运输工具（Per Conveyance）。按实际运输方式和运输工具名称填入。

如为海运（By sea，By steamer，By vessel），则在本栏填上船名及航次，如"UNI-ACCORD 0747—144S"。如中途转船，而第二程船名已明确，亦应同时表示出来。如第一程为"EASTWIND"，第二程为"VICTORY"，则表示："S. S. EASTWIND/VICTORY"。

如为陆运，则表示："By train, wagon No.××；By truck"；如为空运，则表示"By air"；邮包寄送，则表示："By parcel post"；多式联运，如陆空陆联运，即先装火车，再空运，最后以汽车转达最终目的地（即 T/A/T），则表示："By train/air/truck"。

（8）开航日期及起讫地点（Slg. On … from … to …）。开航日期即运输单据上所载明的实际装运日期。由于保险必须在货物实际装运前办理，投保人不能确定具体装运日期，为确保单单一致，可在本栏填："As per B/L"或"On or about ××月××日，××年"（提单上显示的实际装运日期为该日或该日前后 5 天之内视作是一致的）。

起运地和目的地必须与提单所记载一致，且符合合同或信用证要求。如果货物将在中途转船，则起讫地点应表示从××装××轮，在××转装××轮至××。例如，从上海装"EASTWIND"轮，在香港转装"VICTORY"轮至鹿特丹，可填为："From Shanghai to Hong Kong by EASTWIND, and thence transhipped per S. S. VICTORY to Rotterdam."。如果第二程船名在当时无法确定，可填为："From Shanghai to Rotterdam with transhipment at Hong Kong"。

（9）承保险别（Conditions）。本栏是保险单的核心内容，也是将来理赔责任范围的主要依据，必须严格与合同或信用证规定相符，尽量在信用证词句的基础上再进行必要的调整排列。

（10）货损检验与理赔代理（Surveying and Claim Setting Agent）。详细列明代理人的名称及地址，以便收货人联系查找。如当地没有保险公司代理机构，可注明由当地法定检验机构代为检验。

（11）赔付地点（Claim Payable at ...）。如信用证指定赔付地点，则按信用证要求表示；如信用证未规定赔付地点，则以目的港（地）为赔付地点。

（12）出单日期和地点（Place and Date of Issuing）。保险单签发日期是保险责任开始日期，所以不得晚于运输单据所记载的装运日期。保险单签发地点即办理投保所在地点。一般已印就。

保险单一般签发 2 份正本，都印有"ORIGINAL"字样。如果保险单表明所出具的正本单据是一份以上，则必须提交全部正本保险单。

本章知识结构图

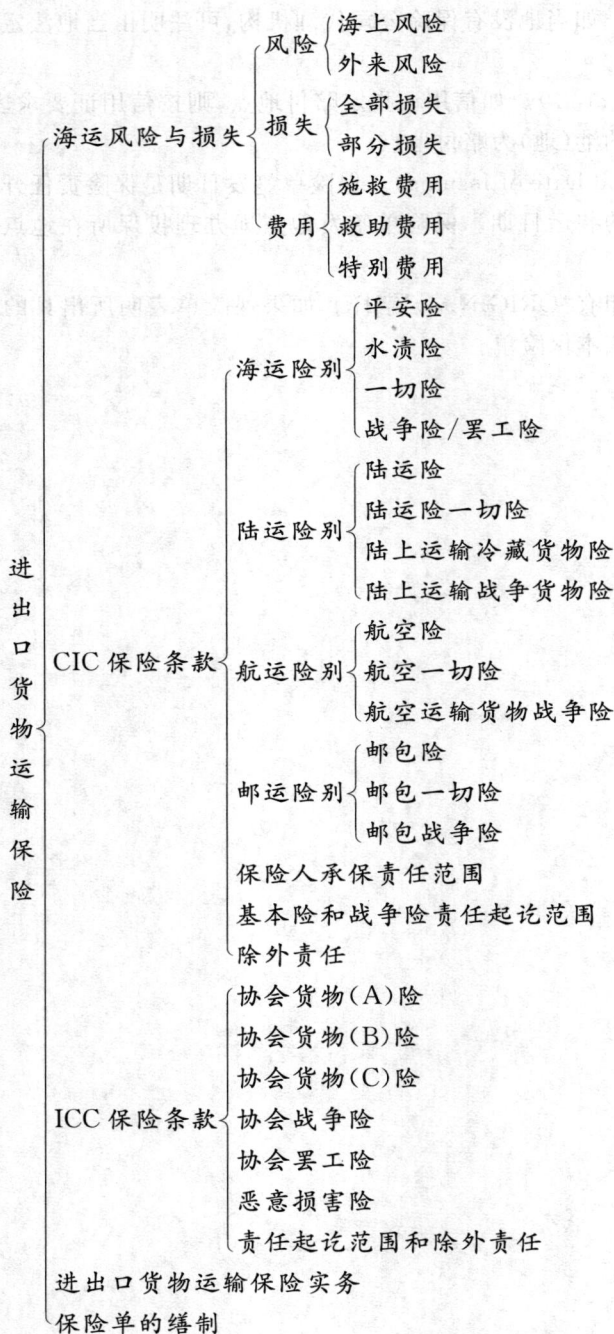

进出口货物运输保险
- 海运风险与损失
  - 风险
    - 海上风险
    - 外来风险
  - 损失
    - 全部损失
    - 部分损失
  - 费用
    - 施救费用
    - 救助费用
    - 特别费用
- CIC 保险条款
  - 海运险别
    - 平安险
    - 水渍险
    - 一切险
    - 战争险/罢工险
  - 陆运险别
    - 陆运险
    - 陆运险一切险
    - 陆上运输冷藏货物险
    - 陆上运输战争货物险
  - 航运险别
    - 航空险
    - 航空一切险
    - 航空运输货物战争险
  - 邮运险别
    - 邮包险
    - 邮包一切险
    - 邮包战争险
  - 保险人承保责任范围
  - 基本险和战争险责任起讫范围
  - 除外责任
- ICC 保险条款
  - 协会货物(A)险
  - 协会货物(B)险
  - 协会货物(C)险
  - 协会战争险
  - 协会罢工险
  - 恶意损害险
  - 责任起讫范围和除外责任
- 进出口货物运输保险实务
- 保险单的缮制

经典案例

保险单日期的争端

【案情简介】

浙江宏达贸易发展公司（以下简称宏达公司）与威特堡贸易有限公司成交一笔交易，来证中保险条款规定："Insurance policy covering W. P. A. and War Risk as per Ocean Marin Cargo Clause of P. I. C. C. dated 1/1/1981."（根据中国人民保险公司1981年1月1日海洋运输货物保险条款投保水渍险和战争险）。

宏达公司按时装运，并取得8月19日签发的提单，于8月20日交单办理议付手续。但8月30日开证行提出：

"第××号信用证项下的单据存在单证不符情况：提单签发日期是8月19日，保险单签发日期却为8月20日，说明你方先装运货物后办理保险手续，保险晚于装运日期。我行无法接受，联系开证申请人亦不同意接受。单据暂在我行留存，速告处理的意见。"

宏达公司经办人员经查留底单据，并联系保险公司后于9月2日作如下答复：

"你行30日电悉。关于保险单日期问题，我保险单的签发日期虽晚于提单的签发日期，但保险单上已由保险公司声明：'This cover is effective at the date of loading on board.'（本保险责任于装船日起生效）。说明保险已在装船前办妥，其保险责任在货物装船日已经生效，不影响索赔工作。所以你行应接受单据。"

9月4日宏达公司又接到开证行复电：

"你2日电悉。关于保险单的签发日期问题，根据《UCP500》惯例规定，我行不管你保险手续的实际办理日期是否在装运日之前，也不管将来是否影响索赔工作，我行只根据单据表面上所表示保险单的签发日期晚于提单的装运日期，就是不符信用证要求。"

宏达公司接到上述开证行电后，直接与威特堡贸易有限公司交涉亦无效果，最终以降价而结案。

【案情分析】

保险单的签发日期必须在装运期以前，以说明货物在装运前已被投保，保险责任已经生效。如果保险单上的签发日期晚于装运日期，例如装运日为4月15日，保险单签发日期为4月17日，如果货物于4月16日发生损失，保险公司可以不负赔偿责任。宏达公司所提交的保险单的签发日期晚于装运日期，按一般情况是不符合要求的，所以开证行不同意接受单据。但宏达公司在9月2日致开证行的电文可以说明，该保险单已由保险公司作了声明：'This cover is effective at the date of loading on board.'（本保险责任于装船日起生效）。根据《UCP500》第三十四条e款规定："除非信用证另有规定，或除非保险单据表明保险责任最迟于装船或发运或接受监管之日起生效，银行将不接受出单日期迟于运输单据注明的装船或发运或接受监管日期的保险单据"。所以根据上述规定，保险单上已经声明了保险责任于装船日起生效，即使保险单签发日期晚于提单上的装运日期，银行亦应接受该保险单据。

宏达公司在9月2日致开证行电中已经申述保险单上有"本保险责件于装船日起生效"的保险公司声明，但宏达公司不熟悉《UCP600》惯例条款，没有准确地引证上述《UCP600》第三十四条e款的条文向开证行进行反驳，只是重申其保险责任在货物装船日已经生效，不影响索赔工作。而开证行反以《UCP600》条款为依据,申述银行不管实际业务情况,只管单据上所表示出来的保险日期晚于装运日期就是不符合要求,使宏达公司再无法抗辩,告败而终。开证行作为处理信用证业务的专业部门,不可能不懂条款,只是利用宏达公司不熟悉《UCP600》的缺口,乘隙而入,达到拒付的目的。

思考与练习

一、思考题

1. 简述构成共同海损和单独海损的条件。
2. 简述"仓至仓"条款的含义。
3. 简述水渍险和一切险的责任范围。

二、计算题

1. 我国某外贸公司以 CFR 神户每公吨 350 美元出售农产品 1 000 公吨,日商要求改报 CIF 价(按加一成投保水渍险,保险费率为 0.8%)。试计算保险金额。

2. 一货轮在驶往新加坡途中与流冰相撞,船身一侧开裂,大量海水涌进,致使舱内部分货物遭浸泡。船长不得已将船就近驶上海滩,进行排水,修补裂口,接着为了起浮又将部分货物抛入海中。事后得知,货物浸泡的损失为 5 万美元,将船舶驶上海滩以及其后产生的损失共 8 万美元。假设该船舶价值为 80 万美元,船上载有甲、乙、丙三家的货物,分别为 30 万美元、20 万美元、10 万美元,待收运费 2 万美元。试分析,各有关方面应该如何进行分摊?

三、案例分析题

1. 一批货物共 1 000 箱,自 A 国港口装运至 B 国某港口,承运人签发了"已装船清洁提单",但货运到目的港后,收货人发现下列情况:(1) 少 10 箱货;(2) 包装严重破损,内部货物大部分散失;(3) 50 箱包装外表完好,箱内货物短少。试问上述三种情况是否应属承运人的责任? 为什么?

2. 我某公司以 CIF 术语出口一批面粉,装运前向保险公司投保水渍险。载货船舶起航后不久在海上遭受暴风雨,海水涌入舱内,致使部分面粉遭到水渍,损失价值达 2 000 美元。数日后,又发现部分面粉袋包装破裂,估计损失达 2 500 美元。问该损失应由谁承担? 为什么?

3. 某轮从上海驶往新加坡,在航行途中船舶货舱起火,大火蔓延到机舱,船长为了船、货的共同安全,决定采取紧急措施,往舱中灌水灭火。火虽被扑灭,但由于主机受损,无法继续航行,于是船长决定雇用拖轮拖回上海港修理,检修后重新驶往新加坡。事后调查,这次事件造成的损失有:(1) 1 000 箱货被烧毁;(2) 600 箱货由于灌水灭火受到损失;(3) 主机和部分甲板被烧坏;(4) 拖轮费用;(5) 额外增加的燃油和船长、船员工资。从上述各项损失的性质来看,哪些属单独海损? 哪些属共同海损?

4. 我国某进出口公司 A(卖方)与英国某实业公司 B(买方)以 CIF 伦敦条件签订了一份出口 10 000 吨大米的合同。货物由保险公司 D 办理了海洋运输货物保险后按时由承运人某远洋公司 C 装船运输。因在海上遭受暴风雨袭击,迟延 30 天到达目的港,并因船员的过失使 1/3 的大米变质。英国 B 公司因此向有关部门提出索赔。请回答下列问题,并说明理由。

（1）与承运人远洋公司 C 签订运输合同的是哪家公司？

（2）应向保险公司办理货物保险手续并支付保险费的是哪家公司？

（3）对 1/3 大米变质，承运人远洋公司 C 是否承担责任？

5．我以 CIF 条件出口冷冻食品一批，合同规定投保平安险和战争险及罢工险。货到目的港后适逢码头工人罢工，港口无人作业，货物无法卸载。不久货轮因无法补充燃料以致冷冻设备停机。等到罢工结束，该批冷冻食品已变质。试问：这种由于罢工而引起的损失，保险公司是否负责赔偿？

四、业务操作题

训练资料

（1）合同号：DH13/205

（2）信用证号：HLPBC204239

（3）发票号：DH408

（4）保险单编号：PIP05893220

（5）发票金额：USD85 000.00

（6）投保人：CHANGZHOU DAHUA IMP & EXP（GROUP）CORP

（7）投保险别：按发票金额的 110％投保 ICC(A)险

（8）目的地保险代理：THE PEOPLE'S INSURANCE(PROPERTY) COMPANY OF
                     CHINA LTD．，OSAKA BRANCH
                     98 LSKL MACH OSAKA JAPAN
                     TEL：028－54365789

（9）赔付地点：大阪　赔付货币：美元

训练要求：请以保险公司业务员的身份，根据上述资料填制保险单。

教学目标

　　通过本章的教学使学生熟悉和掌握有关进出口货款收付方面的基本知识,了解支付工具尤其是汇票的使用,掌握汇付、托收、信用证等支付方式,特别是信用证的性质、特点、内容及当事人的责任义务,并能根据信用证的要求缮制、处理各种结汇单据。

关键词

　　汇票(Bill of Exchange,Draft)　　　　　本票(Promissory Note)

　　支票(Check)　　　　　　　　　　　　　汇付(Remittance)

　　赊销(Open Account,O/A)　　　　　　　托收(Collection)

　　承兑交单(Documents against Acceptance,D/A)

　　付款交单(Documents against Payment,D/P)

　　信用证(Letter of Credit,L/C)　　　　银行保证书(Letter of Guarantee,L/G)

　　备用信用证(Standby L/C)　　　　　　　国际保理(International Factoring)

第一节　结算工具

　　国际贸易中主要采用票据作为结算工具。票据是一种可以流通转让的债权凭证。票据可分为汇票、本票和支票 3 种,在国际结算中,主要使用汇票,有时也使用本票与支票。

一、汇票

(一)汇票的含义及当事人

　　按照世界各国广泛引用参照的英国《1982 年票据法》关于汇票的定义是:"汇票是一个人(出票人 Drawer)向另一个人(受票人 Drawee,即付款人 Payer)签发的,要求该受票人在见票时或将来可确定的时间或将来特定日期对某人或其指定人或持票人(受款人 Payee)支付一定金额的无条件的书面支付命令。"

　　我国《票据法》第 19 条将汇票定义为:"汇票是出票人签发的,委托付款人在见票时或者在指定日期无条件支付确定的金额给收款人或持票人的票据。"

汇票涉及 3 个基本当事人:出票人、付款人和收款人。出票人是开立汇票的人。付款人是接受支付命令付款的人,在进出口业务中,通常是进口人或者其指定的银行;收款人是受领汇票所规定金额的人,在进出口业务中,通常是出口人或者其指定的银行。

(二)汇票的基本内容

汇票必须要式齐全,即应当具备必要的形式和内容,否则受票人有权拒付。各国票据法对汇票的项目规定不一,一般认为应包括以下必备内容:

(1)标明"汇票"字样,也可用 Exchange 或 Draft 表示。

(2)无条件支付命令。

(3)确定的金额。

(4)付款期限。

(5)收款人名称。

(6)付款人名称地址。

(7)出票人签章。

(8)出票日期和地点。

汇票未记载上述规定项目之一的,汇票无效。此外,还可以记载利息与利率,付一不付二,付二不付一,禁止转让,出票依据及汇票编号等内容。商业汇票样本如图 6-1 所示,银行汇票样本如图 6-2 所示。

Drawn Under *The China State Bank*, *Ltd.*, *Hong Kong Branch*
L/C No *H-01-N-99446* Dated *18*[th]*Feb*, *2006* Payable with interest @ ****** ‰
No. *WJFT*031 Exchange for *USD36 875.00* Suzhou, *28*[th] *April*, *2006*
At ********** sight of this First of Exchange (Second of Exchange being unpaid)
Pay to the order of　　　　　　　　　　　*Bank of China*
The sum of *Say US Dollars Thirty Six Thousand Eight Hundred and Seventy Five only.*
To *The China State Bank*, *Ltd.*, *Hong Kong Branch*

　　　　　　　　　　　　　　　　Wujiang Foreign Trade Corporation

　　　　　　　　　　　　　　　　　　　孔远航

图 6-1　商业汇票样本

华侨商业银行有限公司　　　　　　　　　　　　　　　　　30070562
HUA QIAO COMMERCIAL BANK LIMITED　　Valid within one year from this date
88-98, DES VOEUX ROAD CENTRAL, HONG KONG
ISSUING OFFICE *YU CHAU STREET BRANCH* DRAFT NO *064790DD30070562*
DATE *MAY 24，2006*
PAY TO THE ORDER OF　　　河北省石家庄市开元纺织有限责任公司
THE SUM OF SAY *US DOLLARS FORTY TWO THOUSAND TWO HUNDRED AND FORTY ONLY.*
To：BANK OF CHINA
　　　　HEBEI BR. SHIJIAZHUANG　　　　　　For HUA QIAO COMMERCIAL
　　　　BANK LTD.
　　　　WE COVER YOU THROUGH　　　　　　(两个被授权人手签)
　　　　BANK OF CHINA
　　　　BEIJING　　　　　　　　　　　　　(Authorized Signature)

图 6-2　银行汇票样本

（三）汇票的种类

汇票可以从不同的角度分类。

（1）按照出票人的不同，汇票可分为银行汇票（Banker's Draft）和商业汇票（Commercial Draft）。银行汇票是银行签发的，由一家银行向另一家银行发出的书面支付命令。银行汇票的出票人与付款人均为银行。商业汇票是由企业或个人签发的汇票。商业汇票一般由出口商签发，用以向进口商或银行收取货款或其他款项。

（2）按照汇票本身是否附带单据，汇票可分为光票（Clean Draft）和跟单汇票（Documentary Draft）。光票是不附带货运单据的汇票。光票的流通完全依靠当事人的信用，银行汇票大多是光票。跟单汇票是随附货运单据的汇票。跟单汇票除有当事人的信用外，还有物的保证。国际贸易结算中的汇票大多采用跟单汇票。

（3）按照付款时间的不同，汇票可分为即期汇票（Sight Draft，Demand Draft）和远期汇票（Time Draft，Usance Draft）。即期汇票又称即期付款汇票，是指持票人提示或付款人见票时就立即付款的汇票。远期汇票又称定期付款汇票，是指在一定期限或特定日期付款的汇票。远期汇票须由持票人向付款人提示要求承兑，以便明确承兑人到期的付款义务。远期汇票付款日期的表示必须明确。

（4）按照承兑人的不同，汇票可分为商业承兑汇票（Commercial Acceptance Draft）和银行承兑汇票（Banker's Acceptance Draft）。商业承兑汇票是由企业或个人作为付款人并承兑的远期汇票。企业或个人承兑后，即承担了汇票到期支付的法律责任，属于商业信用。银行承兑汇票是由银行作为付款人并承兑的远期汇票。银行承兑后即承担了汇票到期支付的法律责任，属于银行信用。

（四）汇票的使用

汇票的使用也称票据行为，是以行为人在汇票上进行必要事项的记载，完成签名并交付，以发生或转移票据权利、负担、票据债务为目的的法律行为。汇票的使用随其是即期汇票还是远期汇票而有所不同。即期汇票一般需经过出票、提示和付款几个程序；远期汇票则还需要承兑，如需转让，还要经过背书，如遭拒付，还涉及做成拒绝证书和行使追索等法律问题。

1. 出票

出票（Draw/Issue）是指出票人在汇票上填写付款人、付款金额、付款日期、付款地点以及收款人等项目，签字后交给付款受票人的行为。出票时，汇票上收款人的填写，通常有3种写法。

（1）限制性抬头。如"仅付××公司"（Pay to ××Co. only），"付××公司不准转让"（Pay to ×× Co. not transferable）。这种抬头的汇票不能流通转让，由记名收款人收取款项。

（2）指示性抬头。如"付××公司或其指定人"（Pay to ×× Co. or order 或 Pay to the order of ×× Co.）。这种抬头的汇票经过背书，可以转让给第三者，在国际贸易结算中广泛使用。

（3）持票人或来人抬头。如"付给来人"（Pay Bearer）。这种抬头的汇票无须持票人背书，仅凭交付即可转让。流通性最强，但安全性最差，在国际贸易结算中使用较少。

2．提示

提示(Presentation)是指收款人或持票人(Holder)将汇票提交给付款人要求付款或承兑的行为。付款人看到汇票叫"见票"。若是即期汇票,付款人见票后立即付款;若是远期汇票,付款人见票后办理承兑手续,到期才付款。

3．承兑

承兑(Acceptance)是指付款人对远期汇票表示承担到期付款责任的行为。承兑手续一般由承兑人(付款人)在汇票正面写上"承兑"(Accepted)字样,注明承兑日期并签名。汇票一经承兑,就不开撤销。承兑人即成为汇票的主债务人,而出票人便成为汇票的从债务人(或称次债务人)。承兑后汇票交还持票人留存,到期提示付款。有时也由承兑人保管,在承兑当日发出承兑通知书给正当持票人。

4．付款

付款(Payment)是指付款人或承兑人向持票人清偿汇票金额的行为。即期汇票在付款人见票时即付;远期汇票于到期日在持票人提示付款时由付款人付款。当付款人付清款额后,持票人在汇票上要记载"收讫"字样并签名交出汇票。汇票上的一切债务责任即告结束。

5．背书

背书(Endorsement)是转让票据权利的一种手续。在国际金融市场上,票据又是一种流通工具,经过背书可以不断地转让下去。对于受让人来说,所有在他以前的背书人以及原出票人都是他的"前手"(Prior Party);而对出让人来说,所有在他出让以后的受让人都是他的"后手"(Sequent Party)。前手对后手负有担保汇票必然会被承兑或付款的责任。背书有以下 3 种:

(1)记名背书(Special Endorsement)。背书人在汇票背面签名外,还写明被背书人的名称或其指定人,如"付给××银行或其指定人"(Pay to ×× bank or order;Pay to the order of ×× bank)。这种背书可进一步背书交付进行转让。

(2)空白背书(Blank Endorsement)。背书人只在汇票背面签字,不指定被背书人。经空白背书之后,受让人可以不必再背书,仅凭交付即可继续转让汇票。

(3)限制性背书(Restrictive Endorsement)。背书人在背书中加注限制汇票继续流通的文字,如"仅付××公司"(Pay to ×× Co. only)。作成限制性背书的汇票只能由指定的被背书人凭票取款,而不能另行转让或流通。

6．拒付与追索

拒付(Dishonor)也称退票,是指汇票在提示付款或提示承兑时遭到拒绝。值得注意的是,汇票的拒付行为不限于付款人正式表示不付款或不承兑,在付款人或承兑人拒不见票、死亡、宣告破产或因违法被责令停止业务活动等情况下,使得付款在事实上已不可能,也构成拒付。当付款人拒付时,出票人应根据原契约与之进行交涉。

当汇票遭到拒绝时,对持票人立即产生追索权(Right of Recourse),他有权向承兑人或背书人或出票人追索票款。正当持票人可不依背书次序,越过其前手,对债务人(出票人、背书人)中的任何一人追索。被追索者付讫票款后,即取得了持票人的权利,再向其他债务人行使追索权,直到出票人为止。如果汇票已经经过承兑人承兑,则出票人还可以向法院起诉,要求付款。持票人进行追索时,应将拒付事实书面通知前手。一般应请求拒付地的法定公证人或其他有权做拒付证书的机构做出拒付证书(Letter of Protest)。

小知识 6-1

票据贴现

　　远期汇票的付款人在汇票到期日才付款。如果一张远期汇票的持有人欲提前取得票款,就可将经过背书的汇票转让给受让人(银行或其他金融机构),由受让人扣除利息后将票款付给出让人,这种行为称为贴现(Discount)。汇票贴现即汇票买卖,由银行或其他金融机构买进未到期的票据,从票面金额扣除从贴现日至到期日利息,将余款付给持票人的一种业务。票据贴现是一种比较快捷的出口融资方式。在国际结算中,出口地议付行应受益人的要求,对资信好、资力强的开证行或付款行承兑的汇票,办理贴现。信用证项下的远期汇票由出口地付款行承兑后自行贴现的做法也较为流行。

二、本票

(一) 本票的定义及当事人

　　《英国票据法》关于本票(Promissory Note)的定义为:"本票是一项书面的无条件的支付承诺,由一人作成,并交给另一人,经制票人签名承诺即期或定期或在可以确定的将来时间,支付一定数目的金钱给一个特定的人或其指定人或来人。"

　　我国《票据法》第 76 条对本票所下的定义为:"本票是出票人签发的,承诺自己在见票时无条件支付确定的金额给收款人或持票人的票据。本法所称本票,为银行本票。"

　　简言之,本票是出票人对受款人承诺无条件支付一定金额的票据。由于本票是出票人向受款人签发的书面承诺,所以本票的基本当事人只有两个,即出票人和受款人(收款人)。本票的出票人在任何情况下都是主债务人。

(二) 本票的必备内容

　　根据各国票据法规定,本票必须记载以下必要项目:

　　(1) 标明"本票"字样。

　　(2) 无条件的支付承诺。

　　(3) 确定的金额。

　　(4) 收款人名称。

　　(5) 出票日期和地点。

　　(6) 出票人(付款人)签字(两个被授权人手签)。

　　如未记载上述规定事项之一的本票,则无效。商业本票样本如图 6-3 所示,银行本票样本如图 6-4 所示。

GBP80 000.00　　　　　　London, July 16, 2005
Thirty days after date I promise to pay William Tayor or order the sum of EIGHTY THOUSAND POUND for value received.

Victor Chang

图 6-3　商业本票样例

<table>
<tr><td colspan="2"> 华夏银行
Hua Xia Bank Ltd.
(INCORPORATED IN CHINA) </td><td>No. H0896302</td></tr>
</table>

华夏银行
Hua Xia Bank Ltd.
(INCORPORATED IN CHINA)

No. *H0896302*

TO：THE CASHIER　　　　　　　　　　　　DATE 27，APR 2006

PAY TO THE ORDER OF　祈付	AMOUNT　金额
CHANGZHOU DAHUA IMP & EXP(GROUP)CORP.，LTD	**USD66 851.86**
US DOLLARS　　　HUAXIA BANK LTD	

CASHIER'S ORDER　本票
REF. NO. 03135100137723

For **Hua Xia Bank Ltd.**
David Lars；William Zhu

图 6-4　银行本票样例

（三）本票的种类

1. 商业本票

商业本票也称一般本票，是由工商企业或个人签发的本票。商业本票按照付款时间的不同，又分为即期商业本票和远期商业本票两种。即期商业本票见票即付，远期商业本票则承诺在未来规定的日期支付。由于本票的付款人就是出票人，因此，远期本票不需要进行承兑。

2. 银行本票

银行本票是由银行签发的本票，银行本票都是即期的。国际贸易结算中使用的本票大多是银行本票。有的银行发行见票即付、不记载收款人的本票或来人抬头的本票，其流通性与纸币相似。

（四）本票的票据行为

本票的票据行为与汇票的票据行为基本相同，但是本票还有一些特殊的规定。例如，我国《票据法》规定：本票只能由中国人民银行审定的银行或其他金融机构签发；出票人必须具有支付本票金额的可靠资金来源；本票自出票之日起，付款期限最长不得超过 2 个月；本票持有人未按规定期限提示，即丧失对前手的追索权。

三、支票

（一）支票的含义及当事人

支票（Check）是以银行为付款人的即期汇票，即存款人对银行的无条件支付一定金额的委托或命令。出票人在支票上签发一定的金额，要求受票银行于见票时立即支付一定金额给特定人或持票人。

支票有 3 个当事人，即出票人、付款人和收款人。出票人是在付款银行设有存款账户并有足够存款的储户；付款人是出票人在该处设有往来存款账户，并承担付款的银行；收款人是支票上指定的接收款项的人。

出票人签发支票时，应在付款行存有不低于票面金额的存款。如存款额度不足，持票人会遭拒付,这种支票称为空头支票。开出空头支票的出票人要负法律上的责任。

(二) 支票的必备内容

各国票据法对支票内容都有具体规定。根据我国《票据法》第 85 条的规定,支票必须具备下列必要项目:

(1) 写明"支票"字样。

(2) 无条件的支付委托。

(3) 确定的金额

(4) 出票日期。

(5) 付款人名称。

(6) 出票人签字或盖章。

支票是代替现金的即期支付工具,有效期较短。我国《票据法》规定,支票的持票人应当自出票日起 10 日内提示付款;异地使用的支票,其提示付款的期限由中国人民银行另行规定。超过提示付款期限的,付款人可以不予付款,但出票人仍应对持票人承担票据责任。图 6-5 为支票样例。

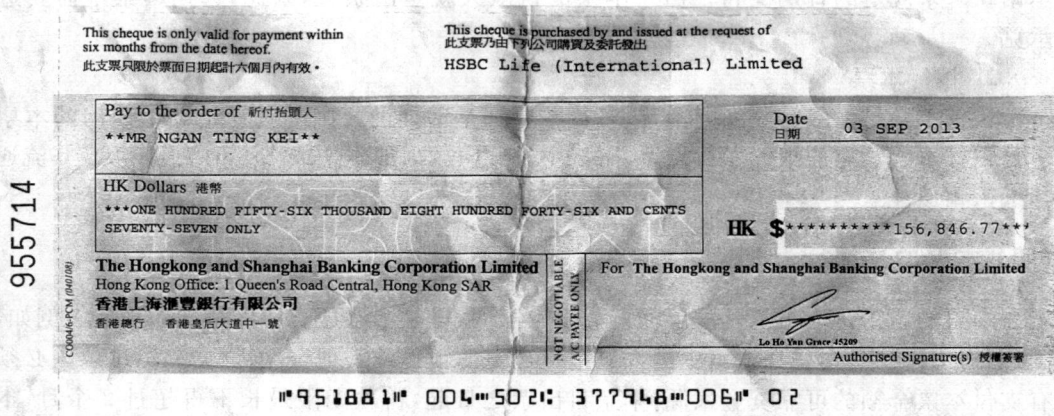

图 6-5 支票样例

(三) 支票的种类

1. 现金支票与转账支票

现金支票只能支取现金,不能转账。转账支票又称为划线支票(Crossed Check),通常在支票正面划两道平行线,在线内注明"A/C payee only",持票人不能取现,只能委托银行收款入账。

2. 记名支票与不记名支票

记名支票(Check Payable to Order)是在收款人栏写明收款人名称,如"付给××"(Pay to ××)或"指定人"(Pay to Order)。取款时须由收款人在支票背面签字。不记名支票(Check Payable to Bearer)是在收款人栏不记载收款人名称,只写"付给来人"(Pay to Bearer)。取款出票人无须在支票背面签字,即可支取。

3. 保付支票

保付支票(Certified Check)是为了避免出票人开出空头支票,保证支票指示时付款,支票的收款人或持票人可要求银行对支票保付。保付是由银行在支票上加盖"保付"戳记,以表明在支票提示时一定付款。支票一经保付,付款责任即由银行承担。出票人、背书人都可免于追索。付款银行对支票保付后,即将票款从出票人账户转入一个专户,以备付款,所以保付支票提示时,不会退票。

4. 旅行支票

旅行支票(Traveler's Check)是银行或旅行社为旅行者发行的一种固定金额的支付工具,是旅行者从出票机构用现金购买的一种支付手段。

(四) 支票的票据行为

支票的票据行为与汇票的票据行为基本相同,但是支票还有一些特殊的规定。例如,我国《票据法》规定:支票的持票人应当自出票日起 10 日内提示付款;异地使用的支票,其提示付款的期限由中国人民银行另行规定。超过提示付款期限的,付款人可以不予付款,但出票人仍应当对持票人承担票据责任。

(五) 汇票、本票和支票的区别

(1) 证券的性质。汇票与支票均是委托他人付款的证券,属于委托支付证券;而本票是由出票人自己付款的证券,属于自付证券或承诺证券,

(2) 当事人。汇票和支票均有 3 个基本当事人,即出票人、付款人与收款人;而本票的基本当事人只有两个,即出票人和收款人,出票人即是付款人。

(3) 承兑。远期汇票需要付款人履行承兑手续。本票由于出票时出票人就负有担保付款的责任,因此无需提示承兑,但见票后定期付款的必须经出票人见票才能确定到期日,因此又有提示见票即"签见"的必要。支票均为即期,无需承兑。

(4) 到期日。支票均为见票即付;而汇票和本票除见票即付外,还可以作出不同到期日的记载。

(5) 出票人与付款人的关系。商业汇票的出票人对付款人没有法律上的约束,付款人是否愿意承兑或付款,是付款人自己的独立行为,但一经承兑,承兑人就应承担到期付款的绝对责任;银行汇票与本票的付款人即出票人自己,一经出票,出票人应承担付款责任;而支票的付款人只有在出票人在付款人处有足以支付支票金额存款的条件下,才负有付款义务。

第二节　汇付和托收

一、汇付

汇付(Remittance)又称汇款,是指汇款人通过银行或其他途径将款项汇交收款人。在国际贸易中,通常是买方按约定的时间和条件通过银行将货款汇给卖方,这是支付货款的一

种最简便的方式。

（一）汇付方式的当事人

汇付方式涉及以下 4 个当事人：

（1）汇款人（Remitter）。在国际贸易中，通常是进口商或债务人。

（2）收款人（Payee）。在国际贸易中，通常是出口商或债权人。

（3）汇出行（Remitting Bank）。接受汇款人委托，办理汇款业务的银行，通常是进口商所在地银行。汇出行与汇入行之间是委托与被委托的关系。

（4）汇入行（Paying Bank）。又称解付行（Receiving Bank），是指接受汇出行委托，向收款人解付汇入款项业务的银行。汇入行通常是汇出行的联行或代理行，是出口商所在地银行。

（二）汇付方式的种类及其业务程序

汇款人在委托行办理汇款时，通常要填写汇款申请书，写明收款人名称和地址，以及采用的汇款方式，缴付规定的手续费。汇出行按照申请书的指示通知汇入行将汇款解付给收款人。

根据不同的汇款方法，汇付方式目前主要有电汇和票汇两种。

1. 电汇（Telegraphic Transfer，T/T）

汇出行用电报、电传、环球银行间金融电讯网络（SWIFT）等电讯手段发出付款委托通知书给收款人所在地的汇入行，委托汇入行将款项解付给指定的收款人。

电汇的业务流程如图 6-6 所示。

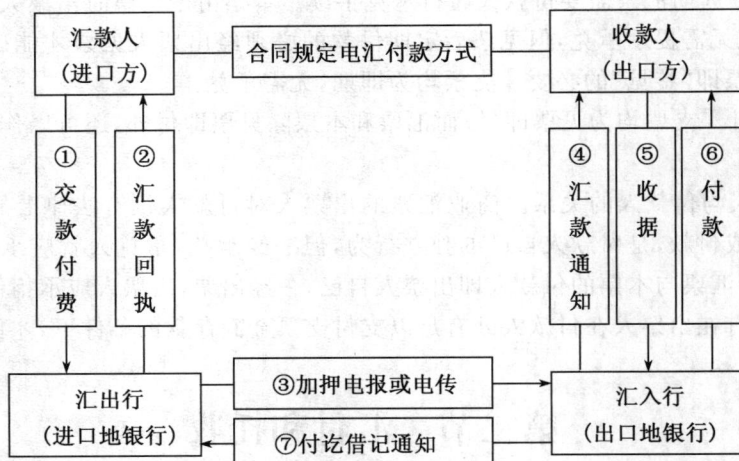

图 6-6　电汇业务流程图

电汇业务流程说明如下：

（1）汇款人填写电汇申请书，并交款付费。

（2）汇款人取得电汇回执。

（3）汇出行发出加押电报或电传给汇入行，委托其解付汇款给收款人。

（4）汇入行收到电报或电传后,核对密押无误后,缮制电汇通知书,通知收款人。

（5）收款人收到通知书后在收据上盖章,交汇入行。

（6）汇入行借记汇出行账户,取出头寸,解付汇款给收款人。

（7）汇入行将付讫借记通知书寄给汇出行,通知汇款解付完毕,一笔电汇业务结束。

2. 票汇（Remittance by Banker's Demand Draft,D/D）

进口方向当地银行购买银行即期汇票,自行寄给出口方,出口方凭以向汇票上指定的银行取款。票汇除使用银行汇票外,也有使用银行本票和支票的。出票行签发汇票后,须将付款通知书寄给国外付款行,以便付款行在收款人持票取款时进行核对。

票汇的业务流程如图6-7所示。

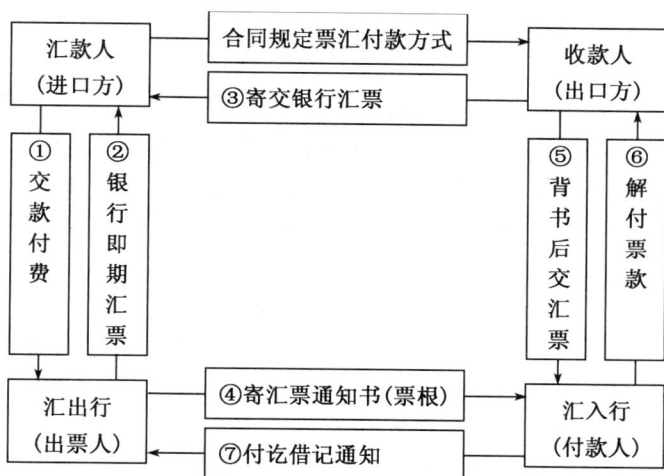

图6-7　票汇业务流程图

票汇业务流程说明如下:

（1）汇款人填写票汇申请并交款付费。

（2）汇出行开立以其账户行或代理行为解付行的银行汇票。

（3）汇款人将银行汇票寄交收款人。

（4）汇出行将汇票通知书（票根）寄给汇入行。为简化手续,目前银行不再寄票根。

（5）收款人向汇入行提示银行汇票要求付款。

（6）汇入行借记汇出行账户,取出头寸,凭票解付款项给收款人。

（7）汇入行将付讫借记通知书寄给汇出行,通知票款解付完毕,一笔票汇业务结束。

（三）电汇与票汇的区别

票汇和电汇的不同之处在于,票汇的汇入行无须通知收款人取款,而是由收款人持票登门取款。电汇和票汇在资金占用、费用成本、汇付速度及安全性等方面各有差异,如表6-1所示。

表 6 - 1　电汇与票汇的比较

汇付方式	结算手段	特　点	
		优点	缺点
电汇(T/T)	委托汇出行以电报、电传等电讯手段发出付款委托通知书,将款项付给指定的收款人	安全、可靠,结算时间短、收款快	费用较高
票汇(D/D)	以银行汇票或银行本票为支付工具,由汇款人自行寄交收款人	(1) 支付工具由汇款人自行传递 (2) 经收款人背书后,汇票可在市场流通 (3) 收款人可自行持票向汇入行收款	

（四）汇付的性质

在采用汇付方式的结算中,银行只提供服务而不提供信用,能否安全收汇完全取决于双方的相互信任,并在此基础上向对方提供信用和进行资金融通。故汇付方式属于商业信用。电汇使用委托通知作为结算工具,票汇使用汇票等金融票据作为结算工具,这些结算工具都是从买方流向卖方,与货款本身的流向一致,因此习惯上称汇付为顺汇。

（五）汇付的特点

(1) 手续简便,费用少。汇付方式的手续最简单,银行收取的手续费也最少。

(2) 风险大。双方能否收货或收款,完全依赖对方的信用。如果对方信用不好,则预付货款中的买方或货到付款中的卖方都将面临风险。

(3) 负担不平衡。提供信用的一方所承担的风险很大。采用预付货款,对卖方来说,先收款,后交货,最为有利;反之,采用赊销方式,对卖方来说,先交货,后收款,卖方不仅要占压资金,还要承担买方不付款的风险,因此,对卖方不利,而对买方最为有利。

（六）汇付在国际贸易中的应用

汇付是一种简便、快捷的支付方式。在国际贸易中,这种方式主要用于预付货款、支付定金、分期付款、延期付款、小额交易货款的支付、待付货款的尾款等。此外,汇付方式还常用于贸易项下的从属费用,如运费、保险费、佣金、退款和赔款、包装费等。

采用汇付方式时,应先了解对方的资信情况,做到心中有数。汇付的金额不宜过大,适当控制收汇风险。

案例评析 6 - 1

案例:出口合同规定支付条款为装运前 15 天电汇付款,买方延至装运月中从邮局寄来一张银行汇票。为保证按期交货,出口商于收到该汇票次日即将货物托运,同时委托银行代收票款。1 个月后,接银行通知,该汇票系伪造,已被退票。此时,货已抵达目的港,并已被买方凭出口企业自行寄去的提单提走。事后追偿,对方早已人去楼空。试分析我方应吸取的主要教训。

评析:我方必须严格按照合同规定行事。既然合同规定买方必须于装运前 15 天将货款 T/T 汇予我方,汇款不到则不能发货。对方随意改变付款方式,即将电汇改为票汇,只要我方同意也是可行的。但我方收到银行汇票后,首先必须将汇票拿去银行检验其真伪,待银行确认汇票的真实性后才能发货,以保证安全收汇。

二、托收

(一) 托收的含义

托收(Collection)是指债权人(通常为出口商)开具商业汇票,委托当地银行通过它在进口地的分行或代理行向债务人(通常为进口商)收取货款的一种支付方式。托收是国际结算中常见的一种付款方式。

(二) 托收方式的当事人

托收方式主要有以下 4 个基本当事人:

(1) 委托人(Principal)。签发商业汇票委托银行向国外付款人收款的人,通常为出口方。

(2) 托收行(Remitting Bank)。接受委托人的委托,转托国外银行向国外付款人代为收款的银行,通常为出口地银行。

(3) 代收行(Collecting Bank)。接受托收行的委托向付款人收款的银行,通常为进口地银行。

(4) 付款人(Drawee / Payer)。汇票的受票人(Drawee),通常为进口方。

(三) 托收的种类

根据使用汇票的不同,托收可分为光票托收和跟单托收。光票托收(Clean Collection)是指不附带任何商业单据,仅凭商业汇票付款,不直接涉及货物的转移处理。光票一般用于收取货款的尾数及样品费、佣金、代垫费用、进口索赔款等小额或从属费用,以即期付款居多。跟单托收(Documentary Collection)包括带有商业单据和金融单据的托收和仅凭商业单据的托收。国际货款结算大都采用跟单托收方式。其中货运单据代表了货物的所有权,交单即等于交货,因此,对于交单的规定非常重要。根据代收行向进口商交付货运单据条件的不同,跟单托收可以分为付款交单和承兑交单两种,如表 6-2 所示。

表 6-2　跟单托收的种类

交单方式	远期汇票付款日规定	
付款交单 (Documents against Payment,D/P)	① 即期付款交单(D/P at Sight)使用即期汇票,见票即付,付款赎单	——
	② 远期付款交单(D/P after Sight)使用远期汇票,见票承兑,到期付款,付款赎单	见票后若干天付款
		提单日后若干天付款
		出票后若干天付款

（续表）

交单方式	远期汇票付款日规定	
承兑交单（Documents against Acceptance，D/A）	使用远期汇票，见票承兑交单，到期付款	见票后若干天付款
		提单日后若干天付款
		出票后若干天付款

（四）跟单托收的业务程序

即期付款交单、远期付款交单和承兑交单的业务程序，如图6-8、图6-9和图6-10所示。

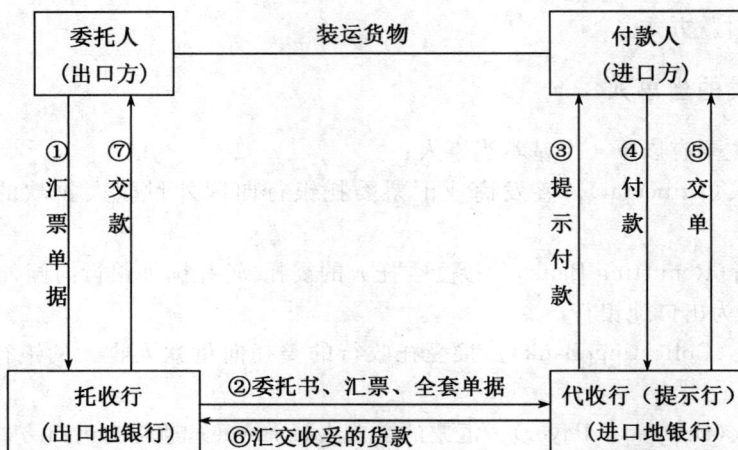

图6-8　即期付款交单的业务程序

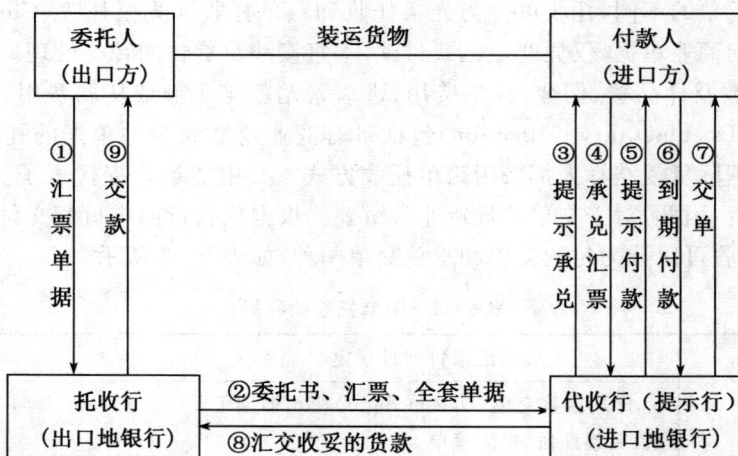

图6-9　远期付款交单的业务程序

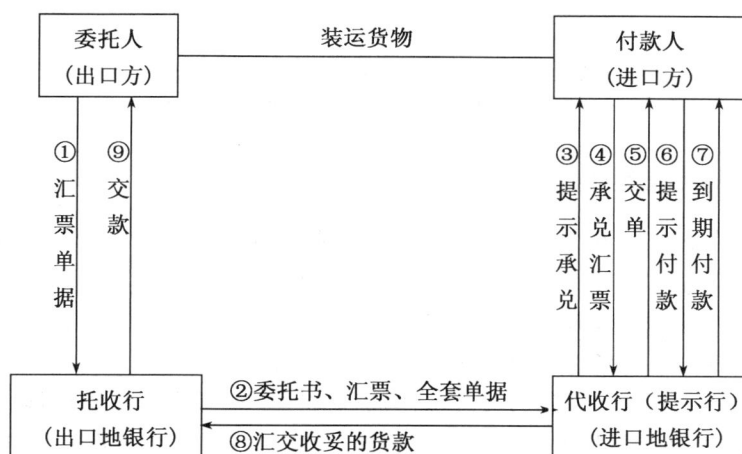

图6-10　承兑交单的业务程序

（五）跟单托收下的融资

在托收业务中,银行只提供服务,不提供信用保障。但在适当条件下,银行也可以为出口商提供融资便利。

1. 托收押汇

托收押汇(Collection Bill Purchased,B/P)是指由托收银行以买入出口方向进口方开立的跟单汇票,向出口方融通资金的一种方式。其实质是出口企业以代表货物所有权的单据作质押,由银行叙做的一种抵押贷款。具体做法是:出口方按合同规定发运货物后,由托收银行买入以进口方为付款人的商业汇票及其所附单据,按照汇票金额扣除从付款日(即买入汇票日)至预计收到票款日的利息及手续费,将款项先行交付给出口方。此时,托收行即作为汇票的善意持票人,将汇票和单据寄至代收行并通过其向进口方提示付款,票款收到后,即归还托收行的垫款。

托收银行叙做托收押汇可以使出口方在货物装运后能凭单据立即得到银行的资金融通,有利于出口方加速资金周转和扩大业务量。但银行叙做托收押汇有一定的风险。在实际业务中,除非托收行认为这笔交易的出口方特别是进口方的资信可靠,商品市场行情较好,许多银行不愿叙做或很少叙做托收押汇。因此,押汇并不是一种常见的融资方式。

2. 信托收据

信托收据(Trust Receipt,T/R),又称进口押汇,是代收行给予进口方凭信托收据提货便利的一种向进口方融通资金的方式。具体做法是:进口方在承兑汇票后凭信托收据向代收行借取货运单据,并提取货物,货物售出后所得的货款在汇票到期日偿还代收行。这种做法是代收行向进口方提供的信用便利,与出口方和托收行无关,如到期不能收回货款,则由代收行负责。但如系出口方主动授权代收行凭信托收据借单给进口方,即所谓"远期付款交单凭信托收据借单"(D/P·T/R),则由出口方承担一切风险,而与银行无关。

想一想
　　在托收（D/P）收汇方式中，提单抬头是否可填进口商名称？为什么？

（六）托收的性质及风险防范

　　托收的性质为商业信用。银行办理托收业务时，只是按委托人的指示办事，并不承担付款人必须付款的义务。能否收回货款，全靠进口方的信用。采用托收付款方式，出口方有一定的风险，资金负担也较重，但对进口方却很有利，无须预垫资金，便于资金融通和周转，因而有利于调动进口商采购货物的积极性，达到扩大销售的目的。

　　为避免风险，出口商应认真调查进口商的资信状况、经营能力和经营作风，妥善制定授信额度，控制成交金额。严格按照合同规定装运货物并缮制单据，以防进口方以单据与合同不符拒付货款。

第三节　信用证

一、信用证的含义

　　信用证（Letter of Credit，L/C）是开证行根据申请人的要求或指示开立的，保证在收到受益人（出口方）交付全部符合信用证规定的单据时支付一定金额的书面承诺。简言之，信用证是一种银行开立的有条件的承诺付款的书面文件。

　　根据《UCP600》的解释，信用证是指银行（开证行）依照客户（申请人）的要求和指示或以其自身的名义，在符合信用证条款的条件下，凭规定的单据：① 付款给受益人或其指定人，或对受益人出具的汇票予以承兑并到期付款；② 授权另一家银行付款，或对受益人出具的汇票予以承兑并到期付款；③ 授权另一家银行议付。

二、信用证的性质特点与作用

（一）信用证的性质特点

1. 信用证是一种银行信用

　　信用证是开证行以自己的信用作出付款保证，即开证行负第一性的付款责任。即使开证申请人事后失去偿付能力，只要受益人提交的单据符合信用证的规定，开证行就必须承担付款责任。因此，信用证业务属于银行信用。

2. 信用证是一项自足文件

　　信用证的开立以买卖合同为依据，信用证与合同有一定的逻辑关系。但信用证一经开出，就成为独立于买卖合同以外的另一种契约，开证行和参与信用证业务的其他银行只按信用证的规定办事,不受买卖合同的约束。基于信用证与合同的相对独立性,信用证条款的改变并不能代表合同条款有类似的修改;而受益人提交的单据即使符合买卖合同,但若与信用证规定不相一致,仍会遭银行拒付。

3. 信用证是一项纯粹的单据交易

在信用证业务中,银行只审核受益人提交的单据是否与信用证条款相符,以决定其是否履行付款责任。只要受益人提交的单据表面上与信用证规定相符,开证行就应承担付款责任,进口人也就应该接受单据并向开证行付款赎单。银行处理的是单据,而不是与单据有关的货物、服务及/或其他履约行为。银行对任何单据的格式、完整性、准确性、真实性、伪造或法律效力,或单据上规定的或附加的一般及/或特殊条件,一概不负责;对于任何单据所代表的货物的描述、数量、重量、品质、状态、包装、交货、价值或存在,或货物发货人、承运人、运输商、收货人或保险人或其他任何人的诚信或行为及/或疏漏、清偿能力、履行能力或资信情况,也不负责。当然,进口方可凭有关单据和合同向责任方提出损害赔偿的要求。

概括来说,信用证支付方式的特点就是"一个原则,两个只凭",一个原则,是指"严格符合的原则",即"单证一致,单单一致";两个只凭,就是"只凭信用证办事,不受买卖合同的约束;只凭有关单据办事,不问有关货物的真实情况"。

(二) 信用证的作用

1. 保证出口方凭单取得货款

信用证是一种银行对出口人有条件的付款承诺,是一种银行信用。对出口人来说,其取得了银行信用,只要做到"单证一致,单单一致",银行就保证支付货款。

2. 保证进口商按时、按质、按量收到货物

对进口商来说,他可以通过信用证的单据要求,在一定程度上确保出口人按时、按质、按量交付货物。

3. 保证银行顺利开展结算业务

对银行来说,开证行承担保证付款的责任,但它贷出的只是信用而不是资金,在对出口人或议付行交来的跟单汇票偿付前,银行已经掌握了代表货物的单据,加上开证人缴纳的保证金(Margin)或称押金(Deposit),或以其他物业作抵押,对银行来说并无多大风险,即使尚有不足,仍可向进口人追偿。如果进口商届时不付款赎单,开证行有权没收开证保证金,并将信用证项下的货物进行拍卖,以此来弥补开证行的损失。对于出口地议付行来说,议付出口人提交的汇票及/或单据有开证行的担保,只要出口人交来的汇票、单据符合信用证条款规定,就可以对出口人进行垫款、叙做出口押汇,并从中获得利息和手续费等收入。

4. 资金融通作用

在信用证业务中,银行不仅提供信用和服务,而且还为进出口双方提供资金融通的便利。

三、信用证的当事人

信用证业务涉及的当事人很多,通常有以下几个:

(1) 开证申请人(Applicant)。是指向银行申请开立信用证的人,通常是进口商,也即买卖合同的买方。

（2）开证行（Opening Bank 或 Issuing Bank）。是指接受开证申请人的委托，以其自身名义开立信用证并承担付款责任的银行，一般是买方所在地银行。

（3）受益人（Beneficiary）。是指信用证上所指定的有权开具汇票向开证行或其指定的付款银行索取货款的人，通常是出口商，也即买卖合同中的卖方。

（4）通知行（Advising Bank 或 Notifying Bank）。是指受开证行的委托，将信用证转交出口方的银行。它只鉴别信用证的表面真实性，不承担其他义务。通知行一般是卖方所在地银行。

（5）议付行（Negotiating Bank）。是指根据开证行的授权买入或贴现受益人开立或提交的符合信用证规定的跟单汇票及/或单据的银行。议付行可以是信用证上指定的银行，也可以是非指定的银行。议付行若遭受开证行的拒付，有权向受益人追索。

（6）付款行（Paying Bank 或 Drawee Bank）。是指信用证上指定的付款银行。如果信用证未指定付款银行，开证行即为付款行。付款行一经付款，不得对受益人进行追索。

（7）偿付行（Reimbursing Bank）。又称清算行，是信用证指定的代开证行向议付行清偿垫款的银行。偿付行不负责审核单据，并且不受追索。因此，开证行在收到单据后发现与信用证条款不符而拒付时，应自行向有关银行追回已付款项。

（8）保兑行（Confirming Bank）。是指根据开证行的请求在信用证上加具保兑的银行。保兑行对信用证独立负责，承担必须付款或议付的责任，在付款或议付后，不论开证行倒闭或无理拒付，都不能向受益人追索。

四、信用证的收付程序

信用证的收付程序一般要经过申请、开证、通知、议付、索偿、偿付、赎单等环节。现以最常见的即期不可撤销跟单议付信用证为例，说明其基本收付程序，如图 6-11 所示。

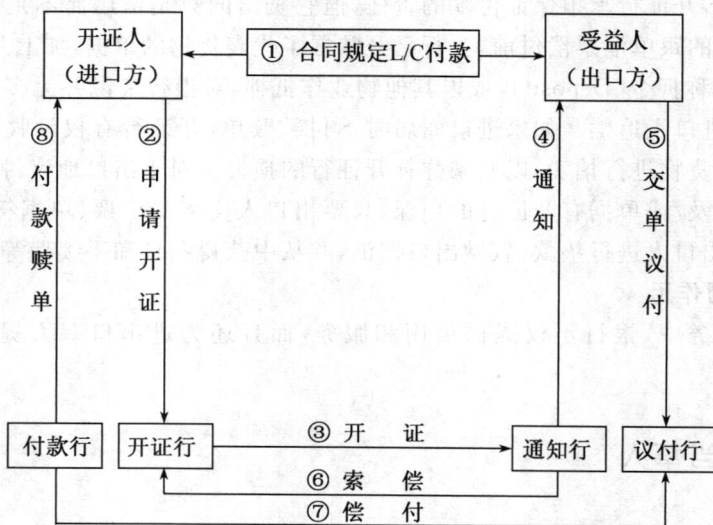

图 6-11　即期不可撤销跟单议付信用证收付程序示意图

即期不可撤销跟单议付信用证收付程序说明：

（1）买卖合同规定采用信用证支付方式。

（2）申请开证。开证申请人（进口商）按照合同规定填写开证申请书，向当地银行提出开证申请，并提供若干押金或其他担保。

（3）开证行开立信用证。开证行根据开证人的申请书向受益人（出口方）开立信用证，并将信用证快递寄交（信开方式）或传达（电开方式）出口人所在地的代理银行（通知行）。开证行开立信用证之后，即对受益人承担了付款的责任。

（4）通知行通知受益人。通知行收到信用证后，经核对签字印鉴或密押无误，立即将信用证转递受益人，并留存一份副本备查。

（5）受益人交单议付。受益人对信用证的内容审核无误，根据信用证规定发运货物，缮制并取得信用证规定的全部单据，开立一式两份的商业汇票，连同信用证正本和修改通知书（如有的话），在信用证规定的有效期和交单期内，提交给议付行办理议付。所谓议付，是指由议付行向受益人购进由其出立的汇票及所附单据，俗称"买单"。议付是可以追索的。

（6）索偿。议付行办理议付后，按信用证规定的寄单和索汇方式，将汇票和单据寄交指定的付款行索偿。付款行可以是开证行指定的银行，也可以是开证行本身。

（7）偿付。开证行（或其指定的付款行）收到议付行寄来的汇票和单据后，根据信用证审核单据，如果单证或单单不符，开证行有权拒付，但必须迅速将拒付事实通知当事银行；如果单证及单单相符，应无条件付款给议付行；如果被指定的付款行拒绝开证行的指示，则由开证行保证付款。

（8）付款赎单。开证行在向议付行偿付后，即通知申请人付款赎单。开证人核验单据，确认无误后，即应付清全部货款与有关费用，若单据和信用证不符，申请人有权向开证行拒付。申请人付款后，即可从开证行取得全套单据。

五、信用证的种类

根据信用证的性质、期限、流通方式、可否转让等特点，信用证可分为以下几类。

（一）跟单信用证与光票信用证

按是否随附货运单据，信用证可分为跟单信用证与光票信用证。

（1）跟单信用证（Documentary Credit）。是指凭跟单汇票进行议付的信用证。跟单信用证进行议付时，要求随附代表货物所有权的单据凭证。国际贸易中绝大多数商品进出口的结算都使用跟单信用证。

（2）光票信用证（Clean Credit）。是指议付时仅需汇票而不需要随附代表货物所有权的单据凭证的信用证。光票信用证大多是在非贸易结算的情况下使用。

（二）可撤销信用证与不可撤销信用证

按银行是否承担绝对付款责任，信用证可分为可撤销信用证与不可撤销信用证。

（1）可撤销信用证（Revocable L/C）。是指未经受益人同意，开证行在该证议付前有权随时撤销或修改其内容的信用证。由于可撤销信用证对出口方安全收汇无法提供保障，在国际贸易中,出口商一般不接受可撤销信用证。

(2) 不可撤销信用证(Irrevocable L/C)。是指信用证一经开出,在有效期内,未经受益人及有关当事人同意,开证行不得片面修改和撤销。只要受益人提交的单据符合信用证规定,开证行就必须履行付款义务。信用证未清楚表明"不可撤销"或"可撤销"的,均视作"不可撤销"信用证。

(三) 保兑信用证与非保兑信用证

按是否有另一家银行对信用证加以保证兑付,信用证可分为保兑信用证与非保兑信用证。

(1) 保兑信用证(Confirmed L/C)。是指开证行开出的信用证由另一银行对开证行的付款承诺再次进行保证,保兑行与开证行同样负第一性的付款责任。保兑行的付款以受益人在有效期及交单期内向保兑行提交符合信用证条款规定的单据为条件,保兑行付款后对受益人或其他前手无追索权。

(2) 非保兑信用证(Unconfirmed L/C)。是指未经其他银行保证兑付的信用证,仍由开证行独立承担付款责任。一般在信用证上不注明。

(四) 即期信用证与远期信用证

按付款时间不同,信用证可分为即期信用证与远期信用证。

(1) 即期信用证(Sight L/C)。只要受益人提交了符合信用证条款的跟单汇票及/或单据,开证行或付款行立即付款。出口人收汇迅速安全,国际贸易中多数出口商都愿意采用这种信用证。

(2) 远期信用证(Usance L/C)。开证行或付款行收到符合信用证的单据时,在规定期限内付款。远期信用证包括承兑信用证、延期付款信用证和假远期信用证。

① 承兑信用证(Banker's Acceptance Credit)。是指以开证银行作为远期汇票付款人的信用证。承兑前,银行对出口商的权利义务以信用证为准;承兑后,银行作为汇票的承兑人,应按票据法规定,对出票人、背书人、持票人承担付款责任。

② 延期付款信用证(Deferred Payment Credit)。是指开证行在信用证中规定货物装船后若干天付款,或开证行收单后若干天付款的信用证。

③ 假远期信用证(Usance Credit Payable at Sight)。是指规定信用证的受益人开立远期汇票,由付款行负责贴现,并规定一切利息和费用由进口商负担,这种信用证表面上看是远期信用证,但从上述规定来看,出口商可以即期收到十足的货款,因而习惯上称之为"假远期信用证"。这种信用证实质上是付款行给进口商提供融通资金便利,因为进口商是在远期汇票到期时才向付款行付款。

(五) 可转让信用证与不可转让信用证

按受益人对信用证的权利可否转让,可分为可转让信用证与不可转让信用证。

(1) 可转让信用证(Transferable L/C)。是指第一受益人可要求被授权付款、承担延期付款责任、承兑或议付的银行(转让行),或在自由议付信用证下被特别授权的转让行,将信用证的全部或部分转让给一个或数个第二受益人使用。可转让信用证必须注明

"Transferable(可转让)"字样。

（2）不可转让信用证（Non-transferable L/C）。是指受益人不得将信用证的权利转让给第三者的信用证。

（六）对背信用证

对背信用证（Back to Back L/C）是指信用证的受益人要求通知行或其他银行以原证为基础另开给实际供货人的内容相似的新证。对背信用证与可转让信用证的根本区别：可转让信用证的新证是同一个开证行保证付款；对背信用证的对背证与原证是两个信用证，由两个不同银行分别保证付款。

（七）议付信用证

议付信用证（Negotiation L/C）是指开证行在信用证中，邀请其他银行买入汇票及/或单据的信用证。即允许受益人向某一银行或任何银行交单议付的信用证。按是否限定议付行，议付信用证又分为公开议付信用证和限制议付信用证两种。凡限定由某一银行议付的，称为限制议付信用证（Restricted Negotiation L/C）；任何银行均有权议付的，称为公开议付信用证（Open Negotiation L/C）或自由议付信用证。

（八）循环信用证

循环信用证（Revolving L/C）是指受益人在一定时间内使用了规定的金额后，其金额又重新恢复到原金额并能再度使用，直至达到规定时间、次数或金额为止。循环信用证可以按时间或金额进行循环，适用于分批等装的长期供货合同。

循环信用证按其循环的方式可分为 3 种情况：

（1）自动循环信用证。信用证金额在一定时期内使用完毕后，无须开证行通知，就可自动恢复原金额的信用证。

（2）半自动循环信用证。信用证金额使用完毕后若干天内，如开证行未提出不恢复原金额的通知，就可自动恢复原金额的信用证。

（3）非自动循环信用证。信用证金额使用完毕后，必须等待开证行通知，才能恢复原金额的信用证。

（九）对开信用证

对开信用证（Reciprocal L/C）是指在易货贸易、进料加工或补偿贸易中，买卖合同双方当事人互为开证申请人和受益人，双方相互开出的信用证。这种信用证的特点是，第一张信用证的受益人（出口人）和开证申请人（进口人）是第二张回头信用证的开证申请人和受益人，第一张信用证的开证行和通知行分别是第二张信用证的通知行和开证行。两张信用证的金额可以相等，也可以不相等。两证可以同时互开、同时生效，也可以先后开立、先后生效。

六、信用证的内容、格式、审核及修改

（一）信用证的内容

信用证的内容是指构成信用证基本条款、文句和事项的书面文字，主要包括以下几方面内容：

（1）信用证本身的说明。包括信用证性质、号码、开证日期、种类、有效期和到期地点、金额、开证行、通知行、开证申请人、受益人等。信用证的性质说明信用证是否可以撤销、是否经另一家银行保兑、可否转让等。信用证有效期是受益人向银行提交单据的最后期限，受益人应在有效期内将单据提交银行议付/承兑/付款。到期地点是受益人在有效期内向银行提交单据的地点，一般应在出口商所在地。但如果信用证规定到期地点在国外，受益人可以提出修改，或提前交单以便有合理时间将单据在有效期内寄到国外银行，对此应特别注意。

（2）汇票条款。包括出票人、受票人、付款期限、出票条款和出票日期等。一般情况下，汇票的出票人为信用证受益人，付款人可以是付款行、承兑行、偿付行、保兑行或开证行自己，但不能是申请人。

（3）货物条款。包括商品名称、货号、规格、数量、包装、价格、运输唛头等。信用证的货物描述应准确完整，其内容一般应与合同一致。

（4）装运条款。包括装运港、卸货港或目的地、装运期限、可否分批转运等。装运期限是受益人装船发货的最后期限，受益人应在最后装运日期之前装船发货。一般情况下，装运期限应在信用证的有效期之前，两者通常间隔 10～15 天。

（5）单据条款。信用证单据条款规定了受益人必须提交单据的种类、份数、签发要求等，信用证单据条款与其他条款之间、有关单据的各条款之间应保持一致，不能互相矛盾，且单据条款必须是可执行、可接受的。

（6）保险条款。CIF 或 CIP 条件下，由出口方投保。受益人应比照合同审核信用证投保险别、投保金额是否与之相符；FOB 或 FCA、CFR 或 CPT 条件下，则由进口方投保，如信用证中要求卖方投保，并提供保险单，应要求删除此条款。

（7）其他特别指示。如开证行对议付行的指示、指定偿付行、银行费用条款、背批议付金额条款、索汇方法、寄单方法、开证行保证付款、适用惯例、开证行签字/盖章（Signature/Stamp）、电开信用证加密押等。

（二）信用证的格式

信用证开立方式主要有信开和电开两种。

1. 信开信用证

开证行将信用证正本航空挂号、特快专递等方式邮寄给通知行。通知行核对其签名或印鉴。信开信用证费用较低，但周转时间长，目前信开信用证的使用日益减少。

2. 电开信用证

开证行通过电传（Telex）、电报（Cable）或 SWIFT 等电讯方式将开立的信用证传递给通知行。经通知行核押相符，通知受益人。审核其密押（Test Key）。随着现代电讯业务的快

速发展,电开信用证在实际业务中使用广泛,尤其是 SWIFT 方式开立的信用证。

　　SWIFT(Society for Worldwide Interbank Financial Telecommunication),环球同业银行金融电讯协会,简称环银电协,是国际银行同业间的非盈利性国际合作组织,成立于 1973年。目前全球大多数国家大多数银行已使用 SWIFT 系统。SWIFT 的使用,为银行结算提供了安全、可靠、快捷、标准化、自动化的通讯业务,从而大大提高了银行的结算速度。

(三) 信用证的审核

1. 依据贸易合同进行审核

　　信用证是申请人(进口方)依据合同向银行申请开立的,受益人(出口方)审核信用证时应认真核对该合同。如发现其内容与合同条款不符,使受益人利益受损或操作难度加大,除非受益人愿意给予对方相应的让步,应及时向对方提出修改,以确保能在信用证项下安全收汇。如果信用证条款能保证受益人利益不低于合同规定,使受益人利益提升或更易操作,受益人可予以接受。如信用证出现一些小差错,但通过受益人的变通制单不会影响安全收汇,受益人可以不提出修改。

2. 遵循《UCP600》惯例规定进行审核

　　《UCP600》是确保在世界范围内将信用证作为可靠支付手段的准则,也是各国银行处理结算业务必须遵循的基本准则。受益人在审核信用证时应遵循《UCP600》的规定来确定是否可以接受信用证的某些条款。

　　《UCP600》第六条 di 款规定,所有信用证均须规定一个到期日(Expiry Date)及一个付款、承兑的交单地点(Expiry Location)。对议付信用证尚须规定一个议付交单地点,但自由议付信用证除外。规定的付款、承兑或议付的到期日,将视为提交单据的到期日。因此,信用证必须注明到期日,且到期地点最好规定为受益人所在地。

　　《UCP600》第十四条 c 款规定,如果单据中包含一份或多份正本运输单据,则须由受益人或其代表在不迟于本惯例所指的发运日之后的二十一个日历日内交单;若信用证规定一个在装运日后交单的特定期限,则受益人必须在规定的交单期内向银行交单,但是在任何情况下都不得迟于信用证的截止日。一般而言,信用证规定的特殊交单期与装运期应有一定合理的间隔,通常为 10～15 天时间。

3. 全面考虑业务情况

　　对于合同未作规定或无法根据《UCP600》做出判断的信用证条款,受益人应根据实际业务情况(信用证条款对安全收汇的影响程度、进口国的法令和法规以及申请人的商业习惯等)来审核。如:指定承运人、指定运输路线、指定港口转运等等。受益人可事先与船公司取得联系,再确定是否接受该条款。

(四) 信用证的修改

　　通过对信用证的全面审核,如发现问题,应及时处理。对于影响收汇,难以接受或做到的条款,必须提出修改。

1. 受益人(出口商)要求修改信用证

　　信用证内容与合同不符;信用证某些条款受益人无法办到,如:来证规定不许转船,但实际并无直航船抵达目的地;货源或船期等出现问题。

2. 申请人(进口商)要求修改信用证

市场或销售情况发生变化,如:需要提前或推迟发货,增加或减少货物数量或品种,改变单价、金额等;进口国政策改变,规定进口某些货物必须具备某特定单据等;国际政治、经济形势变化,使进口风险增加,如:爆发战争,进口商要求增加投保战争险、罢工暴动民变险等。

3. 信用证修改必须被各有关当事人全部接受方能生效

《UCP600》第十条 a 款规定:"除第三十八条另有规定者外,未经开证行、保兑行(如有的话)及受益人同意,信用证既不得修改,也不得撤销"。

4. 信用证的修改必须一次性提出

无论是申请人还是受益人,对于同一份信用证中需修改的各项内容应一次提出修改为宜,尽量避免多次改证而增加费用,又影响合同的履行。

5. 信用证修改的接受

《UCP600》第十条 e 款规定,对同一修改的内容不允许部分接受,部分接受将被视为拒绝修改的通知。

6. 受益人决定是否接受信用证修改的时限

根据《UCP600》第十条 c 款规定,在受益人告知通知修改的银行其接受该修改之前,原信用证(或含有先前被接受的修改的信用证)的条款对受益人仍然有效。受益人应提供接受或拒绝修改的通知。如果受益人未能给予通知,当交单与信用证以及尚未表示接受的修改的要求一致时,即视为受益人已做出接受修改的通知,并且从此时起该信用证被修改。

第四节　银行保证书与备用信用证

银行保证书和备用信用证都是银行开立的保证文件,属银行信用。一般用于履行期限较长、贸易条件较复杂的货物买卖、承包工程、融资等一切有关国际经济合作的业务。

一、银行保证书

(一)银行保证书的含义与特点

银行保证书(Letter of Guarantee,L/G),是银行、保险公司、担保公司或个人(保证人)应申请人的请求,向第三方(受益人)开立的书面信用担保凭证,保证在申请人未能按双方协议履行其责任或义务时,由担保人代其履行一定金额、一定期限内的某种支付责任或经济赔偿责任。

(二)银行保证书的当事人

银行保证书有 3 个基本当事人,即委托人、担保人和受益人。

1. 委托人

委托人(Principal)即申请人(Applicant),是向担保行申请开立保证书的人,投标保证书项下为投标人,履约保证书项下为承包人。

2. 保证人

保证人(Guarantor)是接受委托人的申请为其开立保证书的银行或其他金融机构。保证人根据委托人的申请,在由委托人提供一定担保的条件下向受益人开立保证书,担保在符合保证书的条件下向受益人付款。

3. 受益人

受益人(Beneficiary)是保证书项下担保权利的享受者,以及有权依据保证书及其有关条款向担保行提出索赔的当事人,投标保证书项下为招标人,履约保证书项下为业主。

银行保证书除了以上3个基本当事人以外,有时候还可能有转递行、保兑行和转开行等当事人。转递行是根据保证银行的请求将保证书转递给受益人的银行。保兑行是在保证书上加具保兑的银行。转开行是接受保证银行的请求,向受益人开立保证书的银行。

(三)银行保证书的主要内容

在实际业务中使用的银行保证书种类很多,其内容因具体交易不同而异,但主要有以下各项:

(1)基本栏目。包括保证书的编号;开立日期;申请人和受益人的名称和地址;担保人的名称和地址;有关合约、协议、标书的编号、日期;工程项目或其他标的物名称等。

(2)责任条款。这是银行保证书中最重要的条款。表明担保行负责在何种条件下,凭受益人提交的何种单据、证明向受益人付款。

(3)保证金额。出具保证书的银行所承担责任的最高金额。它可以是一个具体金额,也可以是有关合同金额的某个百分率。

(4)有效期。即最迟索赔期限。可以确定一个具体日期,也可以是在有关某一行为发生后的一定时间到期。

(5)索偿方式。即受益人在何种情况下以何种方式向担保人提出索偿。包括见索即偿与附有某些条件的保证书。

(6)其他。如银行保证书随委托人履约进度减免责任的规定等。

(四)银行保证书的种类

在实际业务中,银行保证书的种类繁多,根据不同用途,可分为以下几种。

1. 投标保证书

投标保证书(Tender Guarantee)是银行或其他金融机构应投标人的申请向招标人开立的保证书,保证投标人在其报价有效期内不修改原报价、不撤标、不改标;保证中标后按招标文件的规定在一定时间内与招标人签约,并按招标人规定的日期提交履约保证书。否则,招标人有权根据保证书向担保行索赔,索赔金额一般为项目金额的 $2\%\sim5\%$。

2. 履约保证书

履约保证书(Performance Guarantee)是银行应供货方或劳务承包方的请求向买方或业主所开立的,保证委托人履行某合同项下义务的书面保证文件。

在进出口业务中,履约保证书可以分为进口保证书与出口保证书。

(1)进口保证书(Import Letter of Guarantee)是银行应进口人的申请开给出口人的信用文件,保证出口人按买卖合同交货后,进口人一定如期付款,否则由保证银行负责一定金额的款项。

(2) 出口保证书(Export Letter of Guarantee)是指银行应出口人的申请开给进口人的保证文件,当出口人未能交货时,银行负责赔偿进口人一定金额的损失。

3. 付款保证书

付款保证书(Payment Guarantee)是银行应进口商或工程业主的要求,向出口商或承包商出具的保证支付货款或工程价款的书面担保文件。在只凭货物付款交易中,进口方向出口方提供银行担保,保证在出口方交货后、或货到后、或货到目的地经买方检验与合同相符后,进口方一定付款;否则,由担保行代为付款。在技术交易中,买方向卖方提供银行担保,保证在收到与合同相符的技术资料后付款;否则,由担保行代为付款。保证书金额即合同金额。付款保证书可作为一种单独的支付方式使用,也可作为商业信用结算方式的补充和额外保证工具。

(五) 银行保证书与信用证的区别

(1) 付款责任。在信用证业务中,开证行承担第一性的付款责任。银行保证书是在委托人不履行合同义务的情况下,银行才负责偿付;除见索即偿外,银行保证书的开证行一般只负第二性的付款责任。

(2) 付款依据。在信用证业务中,开证行只负责依据信用证的规定办事,它处理的是有关货运单据,而与买卖合同无关。但是,出具银行保证书的银行,当受益人以对方不履行合同义务,提交书面陈述或证明,要求银行履行赔偿诺言时,银行一般需证实不履约的情况,从而会被牵连到交易双方的合同纠纷中去。

(3) 使用情况。使用信用证支付时,只要交易正常进行,这种付款是必然要发生的。银行保证书则是在违约情况时才予使用的。

二、备用信用证

(一) 备用信用证的含义

备用信用证(Standby L/C)是开证行向受益人承担一定条件下付款、退款或赔款责任的银行保证书,目的在于保证申请人履行某种义务,如申请人未能按时偿还借款/预支款或支付货款,或未能履约时,开证行保证凭受益人提交的表面上单单一致、单证一致的单据或文件为其支付一定的金额。

备用信用证是一种特殊形式的信用证,又称光票信用证(Clean L/C)、商业票据信用证(Commercial L/C)、担保信用证(Guarantee L/G)或履约及投标信用证(Performance L/C, Bid Bond L/C)。备用信用证与银行保证书负有同样的使命,用途广泛,方便灵活,通常用于投标、还款或履约保证、预付货款和赊销等业务中。

备用信用证是独立性、第一性的担保,具有单据化的特点,只管单据,不管合约或货物。备用信用证对受益人来说是备用于开证申请人发生毁约时取得补偿的一种方式。如果申请人按期履行了合同义务,开证行就不用支付任何货款或赔偿,这即是"备用"(Standby)一词的由来。

（二）备用信用证与跟单信用证的比较

备用信用证属于一种跟单信用证，二者在最基本方面是相同的，主要体现在以下几个方面：

（1）开证行均负第一性的付款责任。

（2）都属银行信用范畴，都适用《UCP600》惯例。

（3）都是以银行信用为基础，用于补充商业信用的不足而又独立于交易合同的自足性契约。

（4）银行所处理的都是单据而非货物。

然而，备用信用证与跟单信用证的区别也是明显的，具体区别如下：

（1）从适用情况看。跟单信用证往往用于正常交易的支付，受益人只要履行了信用证所规定的条件，即可向开证行要求付款。在备用信用证下，受益人只有在开证申请人未履行合同时，才能行使信用证规定的权利，如开证申请人履行了约定的义务，备用信用证就成为备而不用的文件。

（2）从适用范围看。跟单信用证一般只适用于货物买卖。备用信用证可适用于货物以外的多方面的交易，如投标、履约、借款、垫款、赊销等业务。

（3）从交单情况看。跟单信用证通常要求受益人提交大量商业单据。备用信用证通常只需受益人提供申请人违约声明及在远期付款方式下签发并提示汇票。

（三）备用信用证的相关惯例

《国际备用证惯例》（International Standby Practice 1998，简称《ISP98》），国际商会第590号出版物，于1999年1月1日起实施。《ISP98》将备用信用证定位在一种有效可靠的付款承诺的惯例，对常用的备用信用证，如履约备用信用证（Performance Standby）、预付备用信用证（Advance Payment Standby）、投标备用信用证（Bid Bond/Tender Bond Standby）、反担保备用信用证（Counter Standby）、融资备用信用证（Financial Standby）、保险备用信用证（Insurance Standby）、商业备用信用证（Commercial Standby）和直接付款备用信用证（Direct Payment Standby）等都下了定义；对许多《UCP600》未加阐述与阐述不清或不完善的事项，如有关电子提示（Electronic Presentations）、电子签名（Electronic Signature）以及其他一些术语下了定义；对修改的生效、索偿书的替代、违约声明书等作了具体规定；对在实务中容易混淆的概念，如申请人与受益人、营业日与银行日、开证人与保兑人、交单与支款、签字与电子记录、多次交单与部分支款、被指定人与受让人、款项让渡与依法转让等都进行了明确解释。《ISP98》是全世界统一解释和应用备用信用证的惯例，它的颁布与实施，统一了各国银行与相关企业对备用信用证的操作，有利于减少与避免备用信用证业务中可能产生的纠纷和争议，从而推动备用信用证的广泛应用和发展。

第五节　国际保理与出口信用保险

近年来，随着国际市场竞争的加剧，在国际贸易中，赊销和托收等非信用证结算方式的使用越来越普遍,从而增加了出口企业的商业风险,加重了出口企业的资金负担。在这种情况下,出口企业迫切需要金融机构提供某种服务来满足企业在贸易融资和风险控制方面的业务需求。出口保理业务和出口信用保险由此应运而生,并越来越为进出口方所接受。

一、国际保理

(一)国际保理的含义

国际保理(International Factoring)是在以承兑交单或赊账为付款条件情况下,保理商(Factor)向出口人提供的一项包括对进口商资信调查、坏账担保、催收和追偿应收账款、财务管理以及融通资金等的综合性服务。简言之,保理业务提供的是一种集结算、风险担保、财务管理和融资为一体的综合性金融服务。

对出口商来说,国际保理业务能够保证其按期或提前收汇。保理商对进口商作资信调查后,将核准一定的信用额度,并在此额度内承担因进口商信用造成的坏账风险。出口商只要在额度内按时出口货物并按规定转让应收账款,就可以按期收汇。如果出口商向保理商申请保理融资业务,在保理商许可的条件下,可以提前获得 80% 的融资。适合做保理业务的一般是可直接进入进口地商店销售的而且进出口双方对产品质量容易取得共识的消费品,如服装、小五金、家具、灯具等。

(二)国际保理的特点

与其他结算方式相比,保理业务主要有以下特点:

(1)提供百分之百的风险保障。在核准的信用额度内,如进口商拖延付款或丧失付款能力,则由保理商在付款到期日后 90 天向出口商全部保付,使出口方获得百分之百的收汇保障。

(2)提供综合性服务项目。保理商不仅为出口方提供风险保障和资金融通,还向出口方提供买方资信调查、咨询服务和销售账务处理等财务服务以及其他服务项目。

(3)提供无追索权的出口融资。在无追索权保理业务中,只要出口方在信用额度内按规定发货并转让单据,即可获得 80% 及以上无追索权的融资款。

(三)国际保理的业务流程

保理公司一般都隶属于办理国际结算的商业银行。按国际惯例,国际保理业务主要有以下步骤:

(1)出口商根据赊销贸易的需要,向出口保理商提出申请,签订委托保理协议。

(2)进口保理商对进口方进行资信调查后核定信用额度,并通知出口保理商。

(3)出口商与进口商签约,合同应说明使用保理方式进行结算。

(4)出口保理商与进口保理商签订相互保理协议。

(5)货物发运后,出口商将相关单据交给出口保理商,转让应收账款债权。

(6)出口保理商将相应的单据转交给进口保理商,转让其债权。

(7)进口保理商接受转让的应收账款并进行管理,到期向进口商催款。

（8）进口商向进口保理商付款，由进口保理商扣除业务费用后转付给出口保理商。如进口保理商在付款到期日后 90 天内仍未收到进口商的付款，应由其承担付款责任。

（9）出口保理商收到进口保理商付款后，扣除费用后与出口商结清款项。

二、出口信用保险

出口信用保险是世界贸易组织（WTO）在补贴和反补贴协议原则上允许的支持出口的政策手段，是各国政府支持本国出口贸易的通行做法，也是出口企业应予以充分运用的规避收汇风险的一种有效手段。

（一）出口信用保险的含义

出口信用保险（Export Credit Insurance）是各国政府为提高本国产品的国际竞争力，促进经济发展，以国家财政为后盾，为企业在出口贸易、对外投资和对外工程承包等经济活动中提供风险保障的一项特殊的政策性支持措施，是政府对市场经济的一种间接调控手段和补充。通过国家设立的出口信用保险机构承保企业的收汇风险、补偿企业的收汇损失，保障企业经营的稳定性，使企业可以运用更加灵活的贸易手段参与国际竞争，不断开拓新客户、占领新市场。

出口信用保险的保险人承担出口信用风险，承保被保险人（出口方）在货物出运或提供服务后因商业风险或政治风险而造成货款无法收回或不能及时收回的损失风险。这一业务的发展弥补了国际保理只使用于规避短期（90 天）商业风险的不足，也弥补了其他规避出口收汇风险方法对特殊商业风险和政治风险不予担保的不足，成为保障出口收汇安全的有效方法之一。

与通常的商业保险相比，出口信用保险具有政策性、保证性、专门性、保密性、分担性等特性。

（二）出口信用保险保障的范围

（1）凡由官方机构承办的出口信用保险，都是以鼓励本国产品出口为宗旨，只承保全部或大部分是本国制造或生产的出口产品。

（2）出口信用保险主要承保以商业信用付款方式出口的产品。例如，以付款交单（D/P）、承兑交单（D/A）以及赊销方式（O/A）为支付条件的出口合同。

（3）出口信用保险一般承保商业信用风险和政治风险。前者指买方不守商业信用而造成出口人的损失，也称买方风险，如买方破产、拒收货物并拒付货款或长期拖欠货款等。后者指非买卖双方所能控制的买方所在国或第三国的一些政治性、行政性原因引起的卖方损失，也称国家风险，如买方国家颁布新法令或采取行政手段禁止货款汇出、撤销原来签发的进口许可证或买方国家发生战争、动乱等非常事件，使合同无法履行等。有些国家的出口信用保险机构还承保外汇风险引起的损失。我国目前不承保外汇风险。

（4）出口信用保险通常包括短期和中长期保险两种。短期保险适用于持续性出口的消费性货物，信用期限在 180 天以内。短期保险需求量大，适用范围广，一般占信用保险机构承保的极大比重，并有固定的保险单及条款。中长期保险适用于资本性货物，如成套设备、船舶、飞机等的出口及工程承包、技术服务项目的合同,信用期超过 180 天,直至 2 年、5 年、8 年。中长期保险金额大,信用期长,收汇风险也较大。

(三)承保出口信用保险的基本要求

(1)出口信用险承保前,通常要求出口企业提供一份真实反映其出口及收汇情况和投保要求的申请书。保险机构根据其申请书,结合通过调查掌握的出口企业经营情况,作为制定保险条款和费率的依据。中长期保险则应对每一合同进行严格的审查。

(2)短期信用险一般实行全部投保的原则,即出口企业必须将所有以商业信用方式的出口按销售额全部投保,不允许只选择风险大的国家和买方投保。这项原则对保险公司分散风险保持业务经营的稳定性至关紧要。私营纯商业性经营的保险公司,一般不加此限制,但保险公司也有选择承保的权利,而且费率要高得多。

(3)严格控制买方信用限额,这是保险机构承保短期信用险的一项重要手段。出口企业事先向保险机构申请每一买方的信用限额,经批准后作为保险机构对该买方风险所致损失的最高赔偿限额。为了核定买方信用限额,保险机构要通过各种渠道掌握买方的资信情况,并加以储存和管理。因特殊情况未申请或来不及申请限额时,保险机构一般均规定一个金额较低的由出口企业自行掌握的限额。

(4)对不同原因造成的损失,保单均规定一个不同的核定损失的期限,以便保险公司有时间调查损失情况,并在必要时采取挽救损失的措施。保险公司只在规定的核定损失期限届满时,方予赔付。

(5)出口企业自己应承担一定比例的损失。一般规定保险机构仅赔付实际损失的 90%,其余 10% 由出口企业自己承担,以促使其谨慎从事,并在发生损失后努力挽救损失。

(四)国际保理与出口信用保险的区别

出口信用保险虽然也具有保理业务中坏账担保的功能,但二者之间存在较大的差别。

(1)保理业务的坏账担保服务可向出口商提供 100% 的坏账担保,在形成呆账、坏账时,即期偿付;而信用保险通常仅赔付呆账、坏账金额的 70%～90%,并在形成呆账、坏账的 4～6 个月后才赔付。

(2)保理商对呆账、坏账的赔付不要求出口商提供额外的文件和证明;而在信用保险情况下,出口商除按期向信用机构提供销售统计报表、逾期应收账款清单等,还须提供规定的文件和证明。

(3)费用上,保理也优于信用保险。但在实际业务中,由中央和地方政府承担部分信用保险费用,出口企业承担的费用其实并不高。

(4)从合同的性质看,保理业务中的坏账担保是以债权转让为核心的保理合同,该合同的实质是买卖合同,保理商的付款担保责任是确定的,承担全部的债务人信用风险;而出口信用保险中的风险担保是基于保险合同,只有在事实上发生了承保责任范围内的损失,保险人才给予赔偿,而且仅赔偿 70%～90%,债务人的信用风险事实上由出口商和保险公司分担了。

第六节　结算方式的风险与选择

一、结算方式的风险

（一）汇付结算方式的风险

汇付方式属于商业信用,提供信用一方所承担的风险很大。采用预付货款,对卖方来说,先收款,后交货,最为有利;反之,采用赊销方式,对卖方来说,先交货,后收款,卖方不仅要占压资金,还要承担买方不付款的风险,如果进口商不恪守信用,出口商最终可能会面临钱货两空的风险。

（二）托收结算方式的风险

托收也属于商业信用,银行在办理托收业务时,只是按委托人的指示办事,出口人委托银行收取的货款,能否收汇,全靠进口人的信用。对出口人来说,由于货物已先期运出,一旦遭到拒付,就会陷入极为被动的境地。即使是付款交单方式,因为货已发运,万一对方因市价低落或财务状况不佳等原因拒付,卖方将遭受来回运输费用的损失和货物不得已被迫低价转售或拍卖的损失。远期付款交单和承兑交单,卖方承受的资金负担很重,尤其是承兑交单,风险更大,一旦买方拒付,卖方就要承担货款两失的风险。

（三）信用证结算方式的风险

信用证属于银行信用,是一种比汇付和托收较为安全的结算方式。然而,信用证也有自己的局限性,并存在一定的风险。因为跟单信用证是纯单据业务,银行虽有义务"合理小心地审核一切单据",但这种审核,仅仅要求而且只能要求单据在表面上与信用证相符合,银行对任何单据的真实性和相应的法律效力,对货物的数量、质量、包装、交期、价值或存在与否,对货物的发运人、承运人、收货人或保险商的资信状况等概不负责。一些资信不佳的出口商,利用信用证单据交易、与基础合同相分离、单证表面相符等特点,不按合同要求交货,以假乱真,以次充好,甚至伪造单据,骗取信用证款项。因此,信用证结算方式同样存在种种风险隐患。

二、结算方式的选择

在国际贸易中,选择结算方式的一般心理是:当对方违约的风险几乎为零时,首选赊销或预付货款,其次是托收,再次是信用证,最后是备用信用证或银行保证书。当存在违约风险时,双方首选信用证,预付货款、赊销、托收为次优选择。在竞争日趋激烈的国际贸易博弈中,出口企业应灵活运用、恰当使用各种结算方式,以及结合使用各种付款方式,以降低收汇风险。在实际业务中,应针对不同国家和地区、不同客户、不同交易的具体情况进行全面衡量,首要考虑安全问题,其次是占用资金时间长短,办理手续的繁简,银行费用的多少等,确保安全收汇,扩大贸易往来。

(一) 选择结算方式应着重考虑的因素

1. 客户信用

在国际贸易中,客户信用是决定性的因素。在确定付款方式之前,通过银行、专业咨询机构、保险部门和驻外机构等对海外客户进行全面、认真、仔细地调查,如客户的企业性质、企业规模、经营范围、往来银行名称及账号、与国内其他公司有无业务关系等。根据客户具体情况,给予不同的信用额度,选用适当的结算方式。对资信好的客户可以放远期,信用额度可放大,可采用商业信用结算方式,如后 T/T(客户收到货物后再将货款电汇给出口方)、D/A、O/A 等;对资信差的客户,尽量做即期,降低信用额度,选择前 T/T(出口方收到货款后再向客户发运货物)或 L/C。若是新客户,或合同金额较大,可以考虑接受 D/P、D/A、T/T,但必须投保出口信用保险。

2. 产品销路

结合企业的经营意图,根据产品市场销路,灵活选用结算方式。出口畅销货或适销对路的货物,对方拒付、退货的风险较小,可选用 D/P、D/A、O/A 等方式。货物滞销或竞争激烈的商品,结算方式或付款期限等需作必要让步。

3. 贸易术语

按 CIF、CIP、CFR、CPT 等象征性交货术语成交,卖方交货与买方收货不是同时发生,以单据为媒介转移货物所有权,可选择 L/C,买方信用较好,也可采用 D/P、D/A、O/A。如按 DAP、DAT、DDP 等实际交货术语成交,卖方通过承运人直接向买方交货,无法通过单据控制物权,一般不采用托收方式。按 FOB、FCA 条件达成的交易,卖方凭提单和多式联运单据交付货物,但运输由买方安排,卖方将货物装上买方指定的运输工具,或交给买方指定的承运人,卖方或接受委托的银行就很难控制货物,也不宜采用托收方式。

4. 运输单据

如货物通过海运,提单是物权凭证,凭以在目的港提取货物。在交付给进口人前,出口人尚能控制货物,宜采用信用证或托收方式。如货物通过航空或铁路运输,航空运单、铁路运单都不是物权凭证,收货人提货不需运单,不适宜做 D/P。

5. 出口地区

欧美、日本、澳新地区的客户,资信比较好,国家金融运作体系正常,可考虑 D/P、D/A、后 T/T、O/A 等付款方式,或在此基础上叙做国际保理;而南美、非洲等高风险地区,可考虑选择 D/P 即期或远期,投保出口信用保险。针对客户情况变化及时调整信用额度及付款方式,降低结算风险,保证安全收汇。

(二) 不同结算方式的结合运用

在国际贸易中,通常一笔交易的货款结算使用一种结算方式,也可根据业务需要,将两种以上的结算方式结合使用。结合使用几种结算方式,有利于促成交易、安全及时收汇和妥善处理付汇。

1. 信用证与汇付相结合

在一笔交易中,部分货款采用信用证,余额部分采用汇付。这种结算方式的结合形式常用于允许其交货数量有一定机动幅度的某些初级产品的贸易中。经买卖双方同意,凭装运单据先用信用证付发票金额或在货物发运前预付金额,余额待货到目的地(港)后用汇付方式支付。使用这种结合形式,必须首先订明采用的是何种信用证和何种汇付方式以及用信用证支付金额的比例。例如买卖矿砂、煤炭、粮食等散装货物,合同规定90％货款以信用证结算,其余10％待货抵目的港检验核实数量后,按实到数量确定余额,以汇付方式支付。

2. 信用证与托收相结合

将一笔交易分为两部分支付,部分以信用证支付,余额以托收方式结算,一般为各50％。通常做法是出口人签发两套汇票,一套汇票附在信用证项下,凭光票付款;另一套汇票随附全部单据,按即期或远期进行托收。进口人可少付开证押金,少垫资金,有利于资金周转;出口人虽承担一定的风险,但有部分信用证的保证,且全部货运单据随附在托收项下,开证行须在进口人付清全部货款后才能放单,利于安全收汇。

3. 汇付与银行保证书相结合

汇付与银行保证书相结合方式常用于金额大、生产周期长的成套设备、大型机械和大型交通运输工具(飞机、船舶等)等产品的货款结算。买方以汇付方式预付部分货款或定金,其余大部分货款则由买方加开保证书分期付款或延期付款。

4. 托收与备用信用证相结合

采用这种方式,一旦进口人拒付货款,出口方可开立汇票、签发进口人拒付的声明向开立备用信用证的银行追回货款。为便于在被拒付后能有充裕时间办理向银行追偿的手续,备用信用证的到期日必须晚于托收付款期限后一段适当的时间。

5. 跟单托收与预付押金相结合

进口人预付部分货款或一定比例的押金作为保证。出口人收到预付款或押金后发运货物,扣除已收款项,将余额部分办理托收(D/P)。如遭拒付可将货物运回,已收款项作为运保费、利息及合理损失的弥补。

本章知识结构图

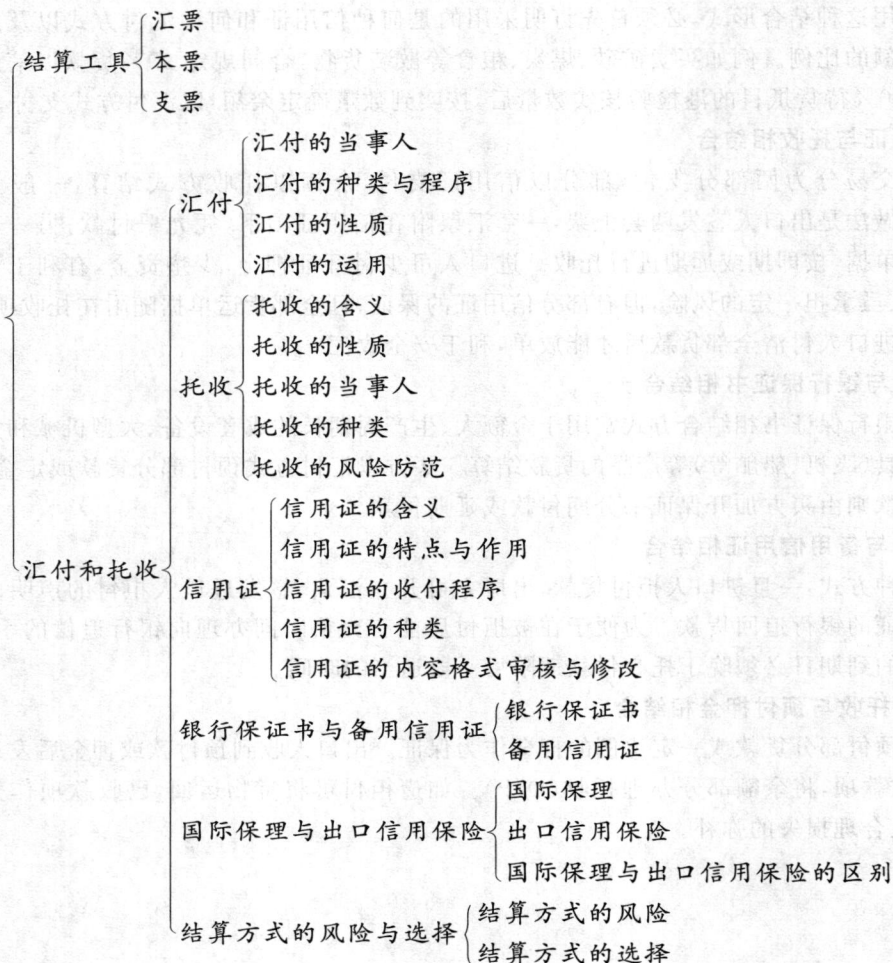

```
            ┌ 汇票
   结算工具 ┤ 本票
            └ 支票

                    ┌ 汇付的当事人
                    │ 汇付的种类与程序
              汇付 ┤ 汇付的性质
                    └ 汇付的运用

                    ┌ 托收的含义
                    │ 托收的性质
              托收 ┤ 托收的当事人
                    │ 托收的种类
                    └ 托收的风险防范

   汇付和托收 ┤         ┌ 信用证的含义
                    │ 信用证的特点与作用
              信用证 ┤ 信用证的收付程序
                    │ 信用证的种类
                    └ 信用证的内容格式审核与修改

              银行保证书与备用信用证 ┤ 银行保证书
                                      └ 备用信用证

                                 ┌ 国际保理
              国际保理与出口信用保险 ┤ 出口信用保险
                                 └ 国际保理与出口信用保险的区别

              结算方式的风险与选择 ┤ 结算方式的风险
                                    └ 结算方式的选择
```

经典案例

托收单据漏填买方详址致损案

【案情介绍】

江苏某农产品进出口公司出口一笔茶叶,其总值共 985 000.00 美元。合同规定付款条件为:"卖方开具见票后 20 天付款的跟单汇票,买方应于提示时承兑,承兑时即可交给运输单据,到期日立即付款。"农产品进出口公司依合同规定按时将货物装运完毕,有关单证人员备齐各种单据于 3 月 15 日向托收行办理 D/A20 天到期的托收手续。托收行即选择 D. K. 银行为代收行向其寄单并委托收款。

4 月 25 日买方维尼贸易有限公司来电：

"关于第××号合同项下××吨茶叶，据你 3 月 14 日装运通知电，我经与船方代理联系，货已到港多日，但至今未接到有关该货的托收单据，希速查何日办理托收手续。"

农产品进出口公司于 4 月 28 日复电：

"你 25 日电已悉。关于第××号合同项下茶叶托收事，经我查确实于 3 月 15 日委托我托收行——C 银行办妥 D/A20 天托收手续，我托收行并于 3 月 16 日寄出单据，请查收。"

4 月 30 日农产品进出口公司又接到买方维尼贸易有限公司来电：

"你 28 日电悉。经再三查询我往来行 W 银行，确实无该项托收手续。请通过你托收行径向代收行追查，盼复。"

农产品进出口公司接买方上述电后，即致电与托收行联系。同时托收行也接到代收行 D.K. 银行电："第××号托收单据及托收指示书均已收到。但因单据及托收指示书上的付款人地址不详（只有地名，既无道路名也无门牌号），经我多方努力查寻均无效果，速告如何处理。"

农产品进出口公司经查对留底文件、单据及托收指示书发现，付款人确实只有城市名，无路名也无门牌号，系有关经办业务员在通知储运部门及单证人员的有关文件上遗漏付款人的地址所致。托收行对照买方 30 日电文又发现付款人的往来银行系 W 银行，本应委托 W 银行为代收行。由于农产品进出口公司办理托收时未指定代收行，所以托收行选择 D.K. 银行为代收行，而且又因付款人地址不详，D.K. 银行又找不到其付款人。

经研究，托收行立即电告 D.K. 银行关于付款人的详细地址，或将有关手续转交给 W 银行向付款人提示。

但 5 月 15 日接到代收行的拒付通知。由于单据的延误，未按时提取货物，货物因雨淋受潮，而且货物被存入费用高昂的海关仓库，付款人故拒绝承兑付款。

农产品进出口公司又几经与买方维尼贸易有限公司洽商、交涉均无结果。最后委托我驻外机构在目的港就地低价处理了货物，损失惨重。

【案情分析】

本案例给我们以下启示。

1. 外贸业务经营部门和储运部门应密切配合，认真填写各项单据。在出口货物装运前，业务经营部门应根据合同或信用证规定向本企业的储运部门提供货物装运委托书或类似的各种书面文件，如果是信用证支付一定要附有信用证让单证人员凭以办理议付收汇；如果是无证托收方式则应附上合同副本让单证人员凭以办理托收。但据了解，本案中的农产品进出口公司并未向单证人员提供合同副本，单证人员仅依据业务部门提交的《海运出口货物托运单》(Booking Note for Export Cargo)办理制单和托收手续。该经办业务人员在《海运出口货物托运单》上遗漏买方的详址。买方维尼贸易有限公司虽然曾经通知过农产品进出口公司其往来银行为 W 银行，但农产品进出口公司有关业务人员不知其有何用处，所以也未通知单证人员按要求在托收时以 W 银行为代收行。

根据国际商会第 522 号出版物《托收统一规则》1995 年修订本（以下简称 URC522）第 4 条 b 款第Ⅲ项规定：托收指示书内容必须包括"付款人的详细情况，包括全称、邮政地址或办理提示所在地，如有的话还包括电传、电话及传真号码"。同时在本条 c 款又强调规定："托收指示书应载明付款人或提示行所在地的完整地址，如该地址不完整或不准确，代收行在不承担任何义务和责任的前提下尽力查明其确切地址。代收行对于因所提供地址不完整或不准确所引起的任何延误不承担责任。"

本案中，由于托收人（出口方）的指示书没能提供付款人的详细地址，代收行无法向付款人承兑交单，使付款人不能及时提货造成的损失，根据URC522上述规定，代收行是不负任何责任的。

2. 外销业务人员除精通本身的业务外，还要熟悉有关支付方式的结算方法和程序，了解银行收汇和单证业务的一般知识。本案例就是这样，买方既已通知其往来银行名称——W银行，当然应通知单证人员要求托收行以W银行为代收行。该业务人员不了解这个常识，所以引起本案损失。无证托收方式下，外销业务人员必须熟悉托收要具备的一些条件和URC522的要求。

3. 外贸企业财务部门要掌握外汇应收的时间，建立外汇核收制度。以本案为例，农产品进出口公司的单证人员于3月15日向托收行办理D/A20托收手续，即使托收行16日寄单，如邮程时间以1个星期计算，4月12日左右就已经到期，财会人员以及其他有关人员并没有及时发现该项账款未收回问题，直至4月30日，已时过近半个多月，买方来电查询才发现未收回货款。农产品进出口公司的财会人员理应在到期未收汇时，就应该向有关人员提出或向银行催收。如果财会人员能这样做，货物就不至于发生损失。

因此，财会部门从货物装运出口日起，单证人员什么时候向银行办理交单，其收汇是什么方式，什么时候应该收回该账款，应该建立一个书面联系制度。到期未收账的应及时向有关部门提出或向银行催收。

出口贸易的最终目的是及时、安全收回外汇。外销业务人员、单证人员和财会人员之间虽然分工不同，但都是为着这个共同目的工作。外销业务人员从磋商、签订合同开始到结算，凡国外客户对结算的要求和有关结算的资料应不遗漏地提供给单证人员；单证人员在交单议付、办理托收手续时应将有关情况以书面形式通知给财会人员；财会部门应建立一套完整的外汇核收、催收工作制度。

总之，外销业务人员、单证人员和财会人员应密切配合，为外贸企业安全、及时收汇建立良好的基础。

思考与练习

一、思考题

1. 汇票、本票、支票有何区别？
2. 何谓托收？托收的性质与特点是什么？
3. 为什么说承兑交单比付款交单的风险更大？
4. 信用证的主要内容有哪些？它与买卖合同有什么关系？

二、案例分析题

1. 北京某进出口公司向美国出口一批货物，付款方式为D/P60天，汇票及货运单据通过托收行寄到国外代收行后进行了承兑。货物运到目的地后，恰巧该产品市场价格上涨，进口方为了抓住有利时机便出具信托收据向银行借取单据，先行提货。但货售出后进口方倒闭。问:在此情况下我方在汇票到期能否收回货款?为什么?

2. 甲为汇票的出票人,指定乙为持票人,丙为受票人。乙将该汇票背书转让给丁,丁在到期日前向受票人丙提示汇票并获承兑。但至汇票到期日,丙以资金周转困难为由,拒绝向丁付款。问:丁此时有何权利?如何行使?

3. 我某公司与往来多年的非洲某客户签订商品销售合同一份,交货条件为12月至次年6月,每月等量装运××万米,凭不可撤销信用证自提单日后60天付款。客户按时开出不可撤销信用证,总金额和总数量均与合同相符,但装运条款仅规定:"最迟装运期:六月三十日;分数批付运(To be shipped in several shipments)。"我方分3次将合同数量一并装出,我方银行也凭单议付,并先后向开证行交单索款。开证行审核单据认为无误,即支付了款项。当客户接到装船通知后,发现货物装出的时间和数量均与合同的交货条件不相符,向我方提出异议,并以货物涌到增加仓租费用等理由要求赔偿损失。经过双方协商,最后我方接受客户意见,后两笔货款分别拖延4个月后付款。问:非洲客户能否向我方提出索赔,简述理由。我方这种做法妥当吗?

4. 我国某公司以CIF价格向美国出口一批货物,合同的签订日期为6月2日。6月28日由日本东京银行开来了不可撤销即期信用证,金额为××万日元,证中规定装船期为7月,偿付行为美国花旗银行。我中国银行收证后于7月2日通知出口公司。7月10日我方获悉国外进口商因资金问题濒临破产倒闭。在此情况下,我方应如何处理?

三、业务操作题

1. 训练资料

卖方:CHANGZHOU DAHUA IMP & EXP (GROUP)CORP

买方:SUNTEX TRADING COMPANY

成交条件:CIF DUBAI

合同号:CZDH13/269

信用证规定的最迟装期:2013-12-30;有效期:2014-1-15

训练要求:根据已知资料和惯例,改正你认为错误的单据签发日期

单据名称	原签发日期	正确的签发日期
出口货物许可证	2013 年 11 月 30 日	
商业发票	2013 年 12 月 30 日	
装箱单	2013 年 12 月 30 日	
商业汇票	2013 年 12 月 31 日	
原产地证明	2013 年 12 月 31 日	
出口检验证书	2013 年 12 月 31 日	
出口货物保险单	2014 年 01 月 02 日	
直达海运提单	2013 年 12 月 31 日	
出口货物报关单	2013 年 12 月 31 日	
装船通知	2013 年 12 月 31 日	

2. 训练资料

托收方式	首次提示日	承兑日	付款日	交单日
D/P at sight	3 月 8 日	3 月 9 日	3 月 10 日	3 月 10 日
D/P at 30 days after sight	3 月 8 日	3 月 7 日	4 月 6 日	4 月 6 日
D/A at 45 days after sight	3 月 8 日	3 月 7 日	4 月 21 日	4 月 21 日

训练要求:根据已知资料和惯例,将你认为应改正的日期填在下表

托收方式	首次提示日	承兑日	付款日	交单日
D/P at sight	3 月 8 日			
D/P at 30 days after sight	3 月 8 日			
D/A at 45 days after sight	3 月 8 日			

3. 根据以下合同内容,审核信用证条款是否与合同相符。

(1) 合同条款如下:

CONTRACT NO CZTH103

SELLER: CHANGZHOU DAHUA IMP. & EXP (GROUP) CORP

BUYER: ABDUL RAHIM EST P. O. BOX 1234, DUBAI, UAE

COMMODITY & SPECIFICATIONS:

100% COTTON DYED FABRICS

QUANTITY: 500 000YDS, 5% MORE OR LESS AT SELLER'S OPTION.

PACKING: IN CARTONS OF 500 YDS EACH.

UNIT PRICE: USD 5.00 PER YD CFRC3% DUBAI

TOTAL VALUE: USD 2 500 000.00(SAY U. S. DOLLARS TWO MILLION FIVE HUNDRED AND THOUSAND ONLY).

TERMS OF SHIPMENT: DURING OCT/NOV 2011 IN TWO EQUAL MONTHLY LOTS, FROM SHANGHAI TO DUBAI, ALLOWING TRANSSHIPMENT.

INSURANCE: TO BE COVERED BY THE BUYER

TERMS OF PAYMENT: BY IRREVOCABLE SIGHT LETTER OF CREDIT TO REACH THE SELLER 30 DAYS BEFORE SHIPMENT AND REMAIN VALID FOR NEGOTIATION IN CHINA UNTIL THE 15TH DAYS AFTER DATE OF SHIPMENT.

(2) 信用证条款如下:

L/C NO. 1010467

ISSUING DATE: SEPT. 2, 2011.

FROM: THE COMMERCIAL BANK OF MIDDLE EAST, DUBAI, UAE.

TO: BANK OF CHINA, CHANGZHOU BRANCH.

BENEFICIARY : ABDUL RAHIM EST P. O. BOX 1234, DUBAI, UAE

APPLICANT: CHANGZHOU DAHUA IMP & EXP (GROUP) CORP.

AMOUNT: USD 250 000.00 (U. S. DOLLARS TWO HUNDRED AND FIFTY

THOUSAND ONLY).

THIS CREDIT IS AVAILABLE BY BENEFICIARY'S DRAFT AT 30 DAYS AFTER SIGHT FOR 100% OF INVOICE VALUE DRAWN ON THE COMMERCIAL BANK OF KUWAIT, NEW YORK BRANCH, NEW YORK. U. S. A.

ACCOMPANIED BY THE FOLLOWING DOCUMENTS：

① SIGNED COMMERCIAL INVOICE IN 3 COPIES

② FULL SET OF CLEAN ON BOARD BILL OF LADING MADE OUT TO ORDER AND BLANK ENDORSED MARKED FREIGHT PREPAID AND NOTIFY APPLICANT.

③ INSURANCE POLICY IN DUPLICATE COPIES FOR 120% OF INVOICE VALUE COVERING ALL RISKS AND WAR RISK SUBJECT TO CIC DATED JAN 1ST, 1981.

④ CERTIFICATE OF ORIGIN IN DUPLICATE ISSUED BY CHINA INTERNATIONAL CHAMBER OF COMMERCE OR OTHER GOVERNMENT AUTHORITIES.

⑤ INSPECTION CERTIFICATE OF QUALITY ISSUED BY APPLICANT.

COVERING：

50 000YDS DYED T/C FABRICS AT USD5. 00 PER KG CFR DUBAI AS PER S/C NO. TC103 DATED AUG. 5TH,2011.

LATEST SHIPMENT：OCT. 31ST, 2011 FROM GUANGZHOU TO DUBAI.

PARTIAL SHIPMENTS：ALLOWED

TRANSSHIPMENT：PROHIBITED

THE GOODS SHALL BE CONTAINERIZED.

DOCUMENTS MUST BE PRESENTED WITHIN 15TH DAYS AFTER THE DATE OF ISSUANCE OF THE B/L, BUT WITHIN THE VALIDITY OF THE CREDIT.

第七章
交易磋商与合同签订

教学目标

　　通过本章的教学使学生了解交易磋商的一般程序,掌握发盘有效成立的条件及发盘的撤回与撤销、接受有效成立的条件及逾期接受以及《公约》对此作出的相关规定等。

关键词

询盘(Inquiry)	发盘/要约(Offer)
接受/承诺(Acceptance)	撤回(Withdraw)
撤销(Revocation)	协议(Agreement)
销售确认书(Sales Confirmation)	销售合同(Sales Contract)

第一节　交易前的准备工作

一、选择目标市场

　　在洽谈交易前,要做好国际市场的调查研究工作,通过各种途径了解市场供求状况、价格动态,以及各国的政策、法规及贸易习惯做法,以便选择合适的目标市场。市场调研主要包括以下几个方面。

　　1. 市场特点

　　市场特点,主要是解决适销市场问题,能使我国商品在有利条件、适当时间和价格水平下进行销售。为此,应摸清适销商品的规格、用料、颜色、包装、装潢和商标使用等等。

　　2. 市场竞争状况

　　市场商品结构和占有量,供货主要来源、主要生产者,主要竞争者,竞争者商品市场占有率对比研究,竞争者产品的质量、价格、销售政策、广告等研究。

　　3. 市场价格

　　市场上新旧商品价格对比,用户价格反应以及市场上惯用的支付方式等。

　　4. 市场容量

　　即一个市场可能达到的最大销售量,也就是该市场内有支付能力的最大需求量。一般应根据该国或地区人口总数、人均收入和消费率以及对某种需求在消费总额中所占比例来计算。同时还可以对该市场消费容量进行预测,如 1 年之内,1 年以上,3 年之内等。

在上述情况了解之后,我国商品能否进入该市场,还应看能否把握住该市场消费特点,即消费水平、消费要求、消费习惯、销售季节和产品销售周期等。

二、选择交易对象

在交易磋商之前,通过各种途径调研客户的政治文化背景、资信状况、经营范围和能力等方面的情况,从而选择合适的客户。

了解客户的途径很多。例如:通过银行及其他金融机构(如保理商、出口信用保险公司等)了解客户;通过国外专业征信机构(如日本伊藤忠商事)、国外工商团体和同业公会(如香港三鸟同业公会)了解客户;通过驻外商务机构进行了解;通过实际业务接触,从中考察;通过国内外举办的交易会、展览会、技术交流等方式,主动接触客户并进行了解;可通过与我国有业务往来的其他公司进行了解;此外,还可查阅工商名录、厂商年鉴等资料。对客户有所了解后,应正确地选择和利用客户,建立客户档案,对客户进行动态管理,注意分析客户与我往来的表现,严格控制交易风险。争取在国际市场上建立一个广泛、稳定的客户群。

对客户的了解主要包括以下内容:

(1)客户背景。主要是指客户的政治经济背景及其对我国的政治态度。

(2)社会地位。了解客户在该国、该地区的实际影响,以及在社会、政治、经济组织中的地位及影响力。

(3)经营能力。主要了解客户的企业历史、企业规模、企业近几年经营发展状况,客户的经营能力和经验、业务往来关系等。

(4)资信状况。这是了解的重点。主要是注册资本的大小、营业额的大小、资产及负债状况、企业资信评估级别、客户商业道德和经营作风等。

三、核算出口商品成本

出口商品的交易主要包括:货源采购、出口报关、货交买方 3 个基本阶段,由此产生的成本、费用是构成出口商品价格的主要因素。加强成本核算,掌握出口总成本、出口销售外汇净收入和人民币净收入的数据,对估算和比较各种商品出口盈亏情况具有现实意义。

四、重视出口商品商标注册

出口商品的商标注册是出口准备工作中又一重要工作。在商品未输往该国前,就应将商标注册手续办妥,然后再大力宣传推销。尤其是一些名优产品和市场热销、容量较大的商品更应如此。如被当地一些商人抢先注册,不仅会阻止我方商品进入该市场,而且会以我方商标侵权为由,向我方索取高额酬金,还会形成被该商人垄断经营,我方只能受制于人的局面。在这方面我们已有太多的教训,要切实注意。

第二节　交易磋商

一、交易磋商的形式和内容

交易磋商的形式可分为口头和书面两种。口头磋商包括企业邀请客户来访,参加各种商品交易会、博览会、洽谈会,以及我贸易代表团(组)出访、推销,或委托驻外机构、海外企业代为在当地洽谈等面对面的磋商。双方通过电话洽谈及其他网络工具(如网络语音洽谈和视频洽谈)也属口头磋商。书面磋商系双方通过信件、电报、电传、传真、电子邮件进行洽谈,以及利用 MSN、QQ 等网络聊天工具在线洽谈。口头和书面磋商形式具有同等的法律效力。

但应注意传真件会褪色,不能长期保存,而且容易作伪。传真件、电子邮件、聊天记录等可否作为法律上有效的书面文件,目前联合国及许多国家正在着手进行有关电子商务立法的建立和完善工作,将进一步就"书面形式"进行更加明确的界定。

交易磋商的具体内容就是将来要签订买卖合同的具体条款,以货物的品质、数量、价格、包装、交货和支付 6 项主要交易条件为主,但通常还涉及检验、索赔、不可抗力和仲裁等其他内容。因为买卖双方欲达成交易、订立合同,必须至少就上述 6 项主要交易条件进行磋商并取得一致意见,这是合同成立不可缺少的交易条件。至于其他交易条件,是为了提高合同质量,防止和减少争议的发生以及便于解决可能发生的争议,买卖双方在交易磋商时也不容忽视。对于老客户,由于已形成双方都接受的习惯做法,交易磋商时只要对一些主要交易条件进行商定即可,不需要对所有条件逐一谈起。

为简化交易磋商内容,加速磋商进程,节省磋商的时间和费用,进出口商往往在正式进行磋商之前,先与对方达成"一般交易条件"(General Terms and Conditions),即对每笔交易都适用的一套共性交易条件。一般交易条件应按经营商品的大类(如轻纺产品、粮油食品、机械设备等)或按商品品种(如棉布、呢绒、真丝织物、人造丝织物等),分别予以拟定。一般交易条件的内容,虽各有不同,但就我出口企业所拟定的一般交易条件而言,通常包括:① 有关预防和处理争议的条件(如关于货物检验、索赔、不可抗力和仲裁的规定);② 有关主要交易条件的补充说明(如品质机动幅度、数量机动幅度、分批/转运、保险条款与险别、保险金额、信用证开立时间和到期日、到期地点等规定);③ 个别的主要交易条件(如通常采用的包装方法等规定)。

一般交易条件通常印在销售合同或购货合同格式的背面或正面的下部。一般交易条件虽适用于所有合同,但买卖双方仍可以根据交易的实际需要,提出与一般交易条件不同的条件。

二、交易磋商的程序

交易磋商一般要经过询盘、发盘、还盘、接受 4 个环节。其中发盘和接受是订立合同的必要环节。

（一）询盘

询盘（Inquiry）又称发盘邀请（Invitation to Offer），是指交易的一方打算购买或出售某种商品，向对方询问买卖该项商品的有关条件，或是就该项交易提出带有保留条件的建议。询盘既可由买方发出，也可由卖方发出，在实际业务中，通常是买方向卖方询问居多。询问内容多是探询和参考性质，可以涉及价格、规格、数量、包装、交货期，以及索取样品、商品目录等，而多数是问价格，所以又称询价，在法律上，要约邀请对双方没有约束力。

以下为询盘实例。

例1：买方询盘

We are interested in men's T-shirt please offer 10 000 doz on basis of CIF Antwerp. （对男式 T-恤感兴趣，请报 10 000 打 CIF 安特卫普价）

例2：卖方询盘

Can supply 50 000 YDS of printed T/C poplin 45×45 110×76 56/57". Please reply by Fax or E-mail. （可供 5 万码涤棉印花布 45×45 110×76 56/57"，传真或电子邮件尽速告知）

（二）发盘

1. 发盘的含义

发盘（Offer）又称发价，是交易一方向对方提出各项交易条件，并愿意按这些条件达成交易、订立合同的表示。发盘大多由卖方发出，称售货发盘（Selling Offer）；也可由买方发出，称购货发盘（Buying Offer）或递盘（Bid）。

发盘可以口头进行，也可以书面进行。发盘可以是就对方询问要求发出，也可以在没有询问情况下发出。发出交易条件的人为发盘人，对方为受盘人。无论是买方发盘还是卖方发盘，其法律后果都一样，即发盘一经对方无条件接受，就算达成交易，买卖合同即告成立，买卖双方即应受合同的约束。以下为传真发盘的实例。

OFFER PRINTED SHIRTING 110 × 76 63″ 100 000YDS USD1. 2 PER YD CIF HONG KONG PAYMENT BY IRREVOCABLE SIGHT L/C（发盘印花布 110×76　63″ 100 000 码，9 月份装运，CIF 香港每码 1.2 美元，不可撤销即期信用证付款。）

法律上称发盘为要约，即表明发盘人愿意"承受约束"，承受按发盘条件同受盘人签订合同的责任约束，在法律上愿意为此条件负责。

2. 构成发盘的条件

《公约》第 14 条第 1 款规定："向一个或一个以上特定的人发出提出订立合同的建议，如果十分确定，并且表明发盘人在得到接受时承受约束的意旨，即构成发盘"。根据此规定，构成一项发盘必须具备以下几个条件：

（1）表明订约意旨。一项发盘必须表明订约意旨（Contractual Intent），即"承受约束"的意旨，指发盘人表明在发盘被接受时承担与受盘人按发盘条件订立合同的责任。表明承受约束的意旨可以是明示的，也可以是暗示的。如发盘带有保留或限制性条件，例如："经确认为准"或"以我方认可样品为准"，则该项建议就不能构成发盘，而仅视作发盘邀请。

（2）向一个或一个以上特定的受盘人发出。受盘人可以是一个，也可以是一个以上；可以是自然人，也可以是法人，但必须特定化，不能是泛指广大的公众。因此，发盘是限制在一定的当事人范围内进行的，使双方相互承担责任。如果不是向特定的人提出建议，如向国外大批客户寄发商品名录和价目表，或在报纸杂志及电视广播做商业广告，即使内容明确完整，不能视作有效发盘，而只能看作邀请发盘，因为没有做出对自己约束性的条款，只是向社会公众兜售商品。

（3）内容必须十分确定。按照《公约》的规定，构成一项有效发盘，必须在发盘中明确货物，并且明示或暗示地规定数量和价格。如该项发盘为受盘人接受，即可成立合同。在实际业务中，外贸企业在发盘时，一般明示或暗示 6 项主要交易条件，即：货物质量、数量、价格、包装、交货期和支付条件，以防止误解和可能发生的争议，一旦受盘人表示接受，双方即可明白无误地了解双方协商一致的主要合同条款。

（4）传达到受盘人。发盘无论是口头的还是书面的，只有被送达受盘人时方能有效。受盘人没有收到，或没正式收到，就没有法律责任，也没有承担合同的义务。例如，发盘人电话向受盘人发盘，中途电话发生故障，传送声音模糊，必须待电话修复后，让受盘人听清全部发盘内容，该发盘方为有效。又如，发盘人通过传真发盘，传送过程中线路或传真机发生故障，所传电文不清，须于修复后重新传送，使受盘人能收到清晰无误的发盘文本。再如，发盘人通过电子邮件发盘，因网络故障使发盘未能成功发送到受盘人，必须再次向受盘人发送，使受盘人成功收到该发盘邮件。

3. 发盘的生效期限

发盘送达受盘人时生效。发盘一般都有有效期，有效期既是对发盘的约束，也是对受盘人的保障。发盘人对发盘有效期可作明确的规定，也可不作明确的规定。明确规定有效期，并不是构成发盘不可缺少的条件。明确规定有效期的发盘，从发盘被传达受盘人时开始生效，到规定的有效期届满为止。不明确规定有效期的发盘，按法律在合理时间内（within a reasonable time）有效。在实际业务中，常见的明确规定有效期的方法主要有 3 种：

（1）规定最迟接受的期限。发盘人在发盘中明确规定受盘人表示接受的最后期限。例如："发盘限 20 日复到我方"（Offer subject reply here fifteen）。

（2）规定一段接受的期限。发盘人可规定发盘在一段期间（a period of time）内有效。例如："发盘有效 3 天"（Offer valid for three days）；"发盘 5 天内复"（Offer reply in five days）。小商品、市价稳定、交易额不大者，发盘有效期可规定得较长些；大宗商品、市场敏感性商品、原料性商品或初级产品，国际市价波动频繁，交易额较大者，发盘有效期应从短掌握，如规定过长，将让国外客户坐待时机，势必给我方增加风险，甚至造成损失。

采用这种方法存在一个如何计算"一段接受时间"的起讫问题。根据《公约》的规定，如是电报和信件，应从电报交发时刻和信件载明的发信日期算起。如信件上未载明发信日期应从信件载明的邮戳日期算起。如电话、电传或其他可立即传达到对方的通讯方式，应从发盘到达受盘人时算起。节假日都应计算在内，如最后一日适逢节假日，可顺延至下个营业日。

（3）有效期不作明确规定，或只规定答复传达的方法。一般做法是：函来函复，电来电复，都在"一个合理"期限内答复。例如，只写"速复"、"急复"字样，都应尽快答复。这种做法容易引起纠纷，最好避免使用。

4．发盘的撤回与撤销

（1）发盘的撤回（Withdrawal）。是指发盘人将尚未为受盘人收到的发盘予以取消。按《公约》第15条第2款规定："一项发盘，即使是不可撤销的，也可以撤回，只要撤回的通知在发盘到达受盘人之前或同时到达受盘人。"这一规定是建立在发盘尚未生效的基础上的。也就是说发盘是可以撤回的，只要发盘还未生效，对发盘人就还未产生约束力。因此，发盘人要想撤回发盘，必须以更快的通讯方式使撤回的通知早于发盘到达受盘人，或至少与之同时到达，阻止发盘生效。如用信件或电报发盘，可用电传、传真、电子邮件等更快方式，在发盘信件或电报送达前，通知受盘人撤回发盘。如发盘系使用电传、传真、电子邮件等数据电文作出者，因这些信息随发随到，就不存在撤回发盘的可能性。发盘一经对方在有效期内接受，发盘人将受其约束，并承担按发盘条件与对方订立合同的法律责任。

（2）发盘的撤销（Revocation）。是指发盘人将已经为受盘人收到的发盘予以取消。大陆法主张，发盘原则上对发盘人具有约束力。一项发盘一经送到受盘人，即生效，就不得撤销，除非发盘人在发盘中注明不受约束。英美法认为，发盘在被接受之前得予撤销。即使发盘人在发盘中明确规定了可供接受的期间，该发盘对发盘人也不具约束力，除非受盘人已付出某种对价，例如支付一定金额或作出其他行为或给付了一定物品。《公约》第16条对大陆法和英美法在此问题上的分歧，进行了协调并作出了折中的规定："已为受盘人收到的发盘，如果撤销的通知在受盘人发出接受通知前送达受盘人，可予撤销。但在下列情况下，发盘不得撤销：（1）发盘规定了有效期或以其他方式表明为不可撤销的；或（2）如受盘人有理由信赖该项发盘是不可撤销的，并已本着对该项发盘的信赖采取了行动。"

5．发盘的终止

发盘的终止（Termination）是指发盘法律效力的消失。它含有两方面的意思：一是发盘人不再受发盘的约束；二是受盘人失去了接受该发盘的权利。发盘终止的原因很多，归纳起来，主要有下列几种情况：

（1）在有效期内未被接受而过时。在发盘规定的有效期内未收到受盘人的答复，超过了有效期，原发盘即失效。口头发盘，如受盘人当场未予接受，离开现场，发盘即失效。

（2）被受盘人拒绝或还盘。发盘一经受盘人拒绝或还盘，原发盘立即失效。如果受盘人反悔又表示接受，即使在原先发盘的有效期内，合同也不能成立，除非原发盘人对该"接受"（实际上是原发盘人作出的一项新发盘）予以确认。

（3）发盘人在受盘人作出接受前对发盘作出了有效的撤销。

（4）不能控制的因素。如战争、封锁、政府发布禁令或限制措施；或发盘人丧失了行为能力或死亡、法人破产等。

（三）还盘

还盘（Counter-offer）又称还价，是指受盘人不同意或不完全同意发盘人在发盘中提出的条件而提出自己的修改意见或条件的表示。还盘既是受盘人对发盘的拒绝，也是受盘人以发盘人的地位所提出的新发盘。还盘可以用口头方式或其他方式表示，一般与发盘采用的方式相符。还盘可以是针对价格，也可以是针对品质、数量、交货时间和地点、付款方式等重要条件提出修改意见。以下为两个还盘的实例。

Your Fax 15th counter offer USD80.00 per dozen CIF London.（你的 15 日电悉，还盘

每打 80 美元 CIF 伦敦。）

YOUR E-MAIL 20 ACPTBL IF PAYMENT BY D/A INSTEAD OF L/C. (你 20 日电子邮件悉,如将信用证改为承兑交单,我方接受。）

需要注意的是,还盘一经做出,原发盘即失去效力,发盘人不再受其约束。一项还盘等于是受盘人向原发盘人提出的一项新的发盘。法律上称还盘为"新要约"。还盘作出后,还盘的一方与原发盘人在地位上发生了变化。还盘人由原来的受盘人变成了新发盘的发盘人,而原发盘人则变成了新发盘的受盘人。新受盘人有权针对还盘的内容进行考虑,决定接受、拒绝还是再还盘。一笔交易有时不经过还盘即可达成,有时要经过还盘,甚至往返多次的还盘才能达成。

（四）接受

接受（Acceptance）,在法律上称"承诺",是买方或卖方同意对方在发盘中提出的各项交易条件,并愿意按这些条件与对方达成交易、订立合同的一种肯定的表示。一项发盘为受盘人所接受,交易即告达成,合同即告成立,双方就应分别履行其所承担的合同义务。接受的实例如下。

YOUR FAX OCT10 ACCEPTED. (你 10 月 10 日传真,我方接受。）

1. 构成接受的条件

构成一项有效的接受,必须具备以下 4 个条件:

（1）接受由特定的受盘人作出。这一条件与构成发盘的条件是呼应的。发盘必须向特定的人发出,即表示发盘人愿意按发盘中的条件与对方订立合同,但这并不意味着他愿意按这些条件与任何人订立合同。因此,接受只能由受盘人作出,才具有效力。

（2）接受必须在有效期内作出,并送达发盘人。根据法律的一般要求,接受必须在发盘的有效期内被传达到发盘人方能有效。如发盘中未规定有效期,则应在合理的时间内作出接受方为有效。

对于接受何时生效,各国法律解释不同。英美法系的国家采用"投邮生效"原则,即:当信件投邮或电报交发,接受即告生效。其传递延误或遗失的风险由发盘人承担;大陆法系的国家则采用"到达生效"原则,即:表示接受的函电必须在发盘有效期内到达发盘人,接受才生效。其传递延误或遗失的风险由受盘人承担。《公约》采用"到达生效"原则,即:接受于到达发盘人时生效。我国《合同法》第 23 条、26 条对此也有类似规定。

（3）接受的内容必须与发盘的内容相符。接受是受盘人无条件同意发盘人所提出的内容的意思表示。接受的内容应当与发盘的内容相一致。也就是说,接受必须是绝对的、无保留的。如果受盘人在接受中将发盘的内容加以修改或增删,则此项接受就不是接受而是一项新的发盘,是对原发盘的拒绝。但在实际业务中,受盘人在表示接受时,往往对发盘作出一些添加、限制或其他更改。为了适应现代商业的需要,尽量促成交易,不要因为受盘人在接受时对发盘作出任何添加、限制或更改而影响合同的成立,《公约》将接受中对发盘的条件所作的变更分为实质性变更（Material Alteration）和非实质性变更（Non-material Alteration）两类。凡对货物的价格、付款、质量和数量、交货时间和地点、赔偿责任范围或解决争端等的添加、限制或更改,均视为实质性变更。

表示接受但含有实质性变更,无疑构成还盘。发盘人对此不予确认,合同不能成立。如表示接受但作了非实质性变更,例如,要求提供重量单、装箱单、商检证和产地证等单据,要求增加提供装船样品或某些单据的份数,要求分两批装运,或要求在外包装刷制指定的标志等,除发盘人及时向受盘人表示反对其间的差异外,仍构成有效接受,合同得以成立,并以该项发盘的条件以及在接受中所载的变更为准。

(4)接受必须表示出来。接受必须由受盘人以某种方式向发盘人明确表示,缄默或不行动本身不等于接受。受盘人表示接受的方式有两种:

① 用"声明"作出表示。即受盘人采用口头或书面形式向发盘人表示同意发盘。这是国际贸易中常用的表示方法。

② 用"做出行为"来表示。通常是指卖方发运货物或由买方支付价款来表示,也可以作出其他任何行为来表示,诸如开始生产所买卖的货物、为发盘人采购有关货物等。这种表示接受的方式是根据发盘的要求或依照当事人之间确立的习惯做法或惯例而行事的,而且该行为必须在发盘规定的有效期之内,或在合理时间之内做出方为有效。

2. 逾期接受

如果接受通知超过发盘规定的有效期限,或反盘未具体规定有效期而超过合理时间才传达到发盘人,这就构成一项逾期接受(Late Acceptance),或称迟到的接受。逾期接受在一般情况下无效。但《公约》第 21 条第 1 款和我国《合同法》第 28 条规定:如果发盘人收到逾期接受后,毫不迟疑地通知受盘人,确认其为有效,则该逾期接受仍有接受的效力。《公约》第 21 条第 2 款和我国《合同法》第 29 条又规定:一项逾期接受,从信件或其他书面文件表明该逾期接受在传递正常情况下能及时送达发盘人,由于出现传递不正常情况而造成了延误,该逾期接受仍可被认为是有效的,除非发盘人毫不迟疑地用口头或书面形式通知受盘人发盘已经失效。

3. 接受的撤回

《公约》第 22 条和我国《合同法》第 27 条规定:接受送达发盘人时生效。接受可以撤回,但以撤回通知先于接受或与接受通知同时到达发盘人为限。接受通知一经到达发盘人即不能撤销。

案例评析 7-1

案例:我国 A 公司拟参加某宾馆室内装修投标,为更确切地估算投标标底,向美国 B 公司询价购买 300 套卫浴设备,并说明:"这一询价的目的是为了更准确地估算投标的价格,投标日期为 8 月 8 日,开标日期为 8 月 25 日。"B 公司于 8 月 1 日向 A 公司发出出售 300 套卫浴设备的要约。A 公司认为价格合理,据此计算标底,并于 8 月 8 日递交了投标书。但 B 公司发出要约后,因货源紧张,价格上涨,遂于 8 月 15 日发出撤销要约的通知。A 公司收到后当即表示不同意撤销要约。8 月 25 日开标时,A 公司中标。A 公司于 8 月 26 日对 B 公司 8 月 1 日的要约做出承诺。B 公司回电称其要约已经撤销,合同不成立,而 A 公司则坚持合同成立。根据《公约》的规定,A、B 公司间的合同是否成立?为什么?

评析:双方合同关系成立。理由如下:

(1)根据《公约》的规定,在下列情况下,发盘一旦生效,即不得撤销。受要约人有理由信赖该项要约是不可撤销,并已本着对该要约的信赖行事。

（2）在本案中，A 公司去电时已明确写明询价的目的，并将投标日期和开标日期告知对方。A 公司在收到 B 公司的要约后，于 8 月 8 日递交了投标书，所以 B 公司的发盘不得撤销，双方合同成立。

本案的要点在于，能否分析出 B 公司 8 月 1 日发出的发盘是不可撤销。A 公司依据 B 公司发盘中的价格计算标底，制作投标书，进行投标的行为，是典型的"有理由信赖该项发盘是不可撤销的，并已本着对该发盘的信赖行事"的情形。

三、交易磋商中应注意的问题

交易磋商是达成一笔进出口交易所不可缺少的重要环节。买卖双方在交易中的权利和义务均需通过磋商来加以确定。磋商的结果如何，直接关系到交易的成败和企业的利益。在实际业务中，由于买卖双方立场不同，追求的目标不一，所以，在磋商过程中充满矛盾和利害冲突。如何使这些矛盾得到统一和解决，并取得预期的结果，不仅要按照法律和国际贸易惯例正确和灵活地运用磋商的各个具体环节，而且还应注意谈判的策略和技巧，使双方的分歧经过磋商，往返折中，最后达成一个双方都能接受的协议。

1. 坚持平等互利和友好协商的原则

在一般情况下，交易双方既是对手，又是伙伴，既有达成交易的愿望，又存在矛盾和冲突。只有坚持平等互利和友好协商的原则，在磋商过程中善于营造公开、公平、公正的竞争局面，不卑不亢，以礼相待，才能妥善解决这些矛盾和冲突。当然"平等互利"是相对的，因为双方所处的地位有优有劣，商品的供求情况，市场的畅滞，以及销售渠道是否畅通，推销能力是否有力，都可决定谈判者在磋商中地位的强弱。处于优势地位的一方，往往可赢得较为有利的交易条件；而处于劣势地位的一方则相反。因此，争取在谈判中的优势地位至关重要。

2. 制定磋商方案

为保证在磋商中取得预期的效果，必须在磋商前做好充分的准备，事先制定好磋商方案。磋商方案应根据既定的商品经营方案并针对不同的谈判对手和当时的市场情况来制定，一般包括以下内容：

（1）磋商的方针和策略。拟定所要达到的最高目标和最低目标，以及为达到目标所应采取的策略和步骤。

（2）交易条件。对需要磋商的交易条件或合同条款，应从政策、法律、经济效益等各方面进行衡量和比较，明确哪些应坚持，哪些该争取，哪些可以洽谈，以便在磋商中加以贯彻，达到总体利益最佳的目的。

（3）价格幅度。制定一个合适的价格掌握幅度以及争取最佳结果的具体措施。尽可能搜集支持我方意见的各种资料，使我方在磋商中提出的意见有充分的说服力和足够的依据，有利于加强我方在谈判中的地位。

3. 组织谈判班子

在涉及金额较大的交易磋商，特别是与国外客户面对面谈判时，有必要组织一个好的谈判班子。谈判班子的人数应视不同交易而定。一般商品的交易磋商，通常由业务主管人员担任；重大的交易应由企业经理或部门领导人员主谈。对于成套设备、大型机械等技术性较强,合同条款比较复杂的交易,除领导人员亲自主持外,一般应有业务、生产或用货部门的技术人员,必要时,还应有法律工作者和财务人员参与其中,统一领导,分工负责,协同工作。谈判人员必须熟悉国际贸易法律法规、国际贸易惯例、外贸实务知识和商品知识,熟练掌握一门外语,以便与对方顺利进行洽谈、函电往来及拟制合同等。

第三节　合同的签订

一、订立书面合同的作用

(1) 合同成立的证据。签订书面合同,解决了"口说无凭、立字为据"问题,为一旦发生争议提供公平解决的依据。特别是双方当事人发生仲裁或诉讼时,合同关系是否成立成为解决问题的关键。我国法律要求在国际贸易中,都需签订书面合同。

(2) 合同生效的条件。在实际业务中,合同生效是按合同条件规定进行的,只有按此规定生效,合同才成立;否则,就不能认为合同生效。

(3) 合同履行的依据。签订合同就是双方承诺履行合同规定的责任和义务,这是对双方都具有约束力的法律文件。合同保证任何一方都必须承担责任,遵守合同。除不可抗力和其他免责范围外,任何违背合同事项都为违法、非法。合同签订后才真正维护了买卖双方的权利,维护了正常的国际交易秩序。

(4) 办理进出口手续的要件。买卖双方办理货物进出境手续必须向出入境海关提供合同。

(5) 出口方办理货物检验的依据。货物备妥出口方必须依照合同的检验条款规定报请有关检验机构检验货物。

(6) 进口方向银行申请开立信用证的依据。进口方须根据合同向银行申请开立信用证,即信用证的条款内容须以合同条款内容为准。

(7) 出口商对外支付佣金时向外汇管理部门和银行提供的证明。外汇管理部门和银行根据合同中规定的佣金额及支付方式核准外汇并支付中间商佣金。

(8) 双方处理索赔以及诉讼或仲裁的依据。买卖双方或仲裁机构都应按照合同规定条款解决争议。

二、合同有效成立的条件

合同需具备一定的条件才具有法律效力。一个合同主要应具备以下几项条件:

(1) 当事人必须在自愿和真实基础上达成协议。采取欺诈或者胁迫手段订立的合同无效。

(2) 当事人必须具有订立合同的行为能力。即未成年人、精神病患者等不具有行为能力的人,其所签订的合同无效。

(3) 合同必须有对价和合法的约因。对价即合同当事人双方互为有偿。在买卖合同中,买方支付货款是为了得到卖方提交的货物;卖方提交货物是为了得到买方的货款。双方相互给付,就是买卖合同中的对价。约因是指当事人签订合同所追求的直接目的。合同只有在有对价和约因情况下才是有效的,才能得到法律的保障。

（4）合同的标的和内容必须合法。几乎所有国家的法律都要求当事人所订立的合同必须合法,并规定凡是违反法律、违反善良风俗与公共秩序的合同,一律无效。我国《合同法》第4条规定:"订立合同,必须遵守中华人民共和国法律,并不得损害中华人民共和国社会公共利益。"

（5）合同的形式必须符合法律规定的要求。《公约》对国际货物买卖合同的形式,原则上不加限制。但《公约》允许缔约国在这方面提出声明予以保留。我国《合同法》第10条规定:合同有书面形式、口头形式和其他形式。第11条规定:书面形式指合同书、信件和数据电文(电传、传真、电子数据交换和电子邮件)。

案例评析 7 – 2

案例:我方某出口企业于10月15日向日商发盘称:女式真丝衬衣40 000件,上海船上交货价每件15美元,3日内复到有效。日商于10月19日回电表示接受,我方立即电告对方其接受有效,并着手备货。两天后,日商来电称19日电传超出发盘有效期,属无效接受,认为合同不成立。问:日商的做法是否合理?

评析:日商的做法不合理。根据《公约》的规定,逾期接受是否有效,关键要看发盘人如何表态。只要发盘人毫不迟延地用口头或书面通知受盘人,认为该逾期的接受有效,愿意承受逾期接受的约束,合同仍可于接受通知送达发盘人时订立。本案例中,日商的接受虽属逾期接受,但我方立即通知其接受有效,合同便于10月19日接受通知送达我方时成立,日商以逾期接受无效为由而不承认合同成立的做法是完全不合理的。

三、合同的形式

在国际上,对货物买卖合同的形式,没有特定的限制。在进出口业务中,买卖双方可采用正式的合同、确认书、协议,也可采用备忘录等形式。此外,还有意向书、订单和委托订购单等。

1. 买卖合同(Contract)

国际贸易中所使用的合同,分为销售合同(Sales Contract)和购货合同(Purchase Contract),交易条件完整、明确。这两种不同名称的合同,其格式基本一致,都包括商品名称、品质、数量、包装、价格、装运、保险、支付、商检、索赔、仲裁、不可抗力等项条款。

合同有正本和副本之分。当交易达成后,通常由我方填制合同正本一式两份,经双方签字后各执一份。副本合同无需签字,也无法律效力,仅供买卖双方内部参考。

2. 确认书(Confirmation)

确认书是合同的简化形式,交易条件完整、明确。在外贸业务中所使用的确认书,分为销售确认书(Sales Confirmation)和购货确认书(Purchase Confirmation)。这两种不同名称的确认书,其格式基本一致,但都比较简单,主要适用于同中国香港、中国澳门、新加坡、马来西亚等地的华商之间交易时使用。当交易达成后,通常由我方填制一式两份,经双方签字后,各自保存一份。确认书无正本和副本之分。

3. 协议(Agreement)

协议在法律上是合同的同义词,要求内容、双方的权利和义务等规定明确、具体、肯定。如果买卖双方所洽谈的交易比较复杂,经过谈判后,商定了一部分条件,还有一部分条件有待进一步商洽,在此情况下,双方先签订一个初步协议或原则性协议,把双方已商定的条件确定,其余条件容后再行洽谈;还应在这种协议内订明"本协议属初步性质,正式合同有待进一步洽商后签订"或其他类似意义的声明,以明确该协议不属正式有效的合同性质,防止引起误解。

4. 备忘录(Memorandum)

备忘录也可作为书面合同的形式之一,但它在法律上不具有约束力,只是对某些事项达成一定程度的理解或谅解,并将这种理解或谅解用备忘录形式记录下来,作为双方今后交易或合作的依据,或作为初步协议供将来进一步洽谈的参考。在外贸实际工作中较少使用。

5. 意向书(Letter of Intent)

意向书只是双方为了就达成某项交易所作出的一种意愿表示,作为今后进一步谈判的参考和依据,但它不是法律文件,对有关当事人无约束力。

6. 订单(Order)和委托订购单(Indent)

订单是指进口商或实际买户拟制的货物订购单。委托订购单是指由代理商或佣金商拟制的代客购买货物的订购单。其效力相当于国外买方的购货合同或确认书。

四、合同的内容

在进出口贸易中,书面合同的内容一般包括3个部分:约首、主体和约尾。其中,主体部分是合同的主要组成部分(对各项交易条件的具体规定),主要包括品名、品质、规格、数量(或重量)、包装、价格、运输、保险、支付、检验、索赔、不可抗力和仲裁等项内容。书面合同必须做到内容完备,条款明确,文字严密,前后一贯,与交易磋商的内容相一致,以利合同的履行。书面合同的内容和主要合同条款如表7-1和表7-2所示。

表7-1　书面合同内容一览表

名称	具　体　内　容
约首	合同名称(买卖合同、出口合同、进口合同、销售合同、购货合同)
	订约日期和地点
	当事人名称、地址、电传、传真、电子信箱等
	合同编号(通常由公司名称缩略词及序号组成)
主体	合同标的(货物名称、数量、品质、包装)
	价格(单位价格及贸易条件)
主体	运输(海运、空运、陆运、邮运、集装箱、多式联运等)
	保险(CIC 和 ICC 保险条款及其险别)

(续表)

名称	具 体 内 容
	支付条件(D/P、D/A、O/A、T/T、D/D、L/C 等)
	预防和解决争议的方法(检验、索赔、免责条款和仲裁)
约尾	合同份数、使用文字、法律效力、双方签字等

表 7-2　主要合同条款一览表

条款名称	具体规定
品质条款	◆Quality to be strictly as per sample submitted by the Seller on Jan 15,2004. Sample No NT002 Plush Toy Bear Size 24.（NT002 长毛绒玩具熊,尺码 24 英寸） ◆Soybean Oil Content Min 18%;Moisture Max 14%;Admixture Max 2%.（大豆含油量最低 18%,水分最高 14%,杂质最高 2%）
数量条款	300MT 10% more or less at Seller's option.（数量 300 公吨,10%溢短装,由卖方决定）
包装条款	To be packed in gunny bags of 25 pounds each.（用麻袋装,25 磅装一袋）
价格条款	◆Unit Price:At GBP 35 per piece CIPC3 Hamburg.（单价:每件 35 英镑 CIP 汉堡包含 3%佣金） ◆Total Value:USD45 670.28（Say US Dollars Forty Five Thousand Six Hundred Seventy and Cents Twenty Eight only）（金额:四万五千六百七十美元二十八美分）
装运条款	Shipment from Shanghai to London during June/July/Aug in three equal monthly lots.（从上海运至伦敦 6/7/8 三月每月等装一批）
保险条款	Insurance to be covered by the Seller for 110% of invoice value against All Risks and War Risk as per CIC of PICC dated Jan 1, 1981.（按发票金额的 110%投保一切险和战争险,按中国人民保险公司 1981 年 1 月 1 日保险条款负责）
支付条款	Payment by irrevocable L/C at sight to reach the Seller 60 days before shipment.（凭不可撤销的即期信用证付款,信用证于装运前 60 天开到卖方）

五、电子商务的有关法律问题

21 世纪电子商务正成为知识经济时代国际贸易竞争的新热点。电子商务的运用,为国际商务领域带来了巨大的商机和利益,促进了国际贸易的发展,但同时也对传统的国际贸易法规形成了强大的冲击。电子商务引起的相关法律问题涉及税收、电子签名、合同形式、证据法、管辖权、知识产权、隐私等各个方面。

1. 用电子数据拟定合同的问题

电子商务从根本上改变了传统贸易合同的订立方式,故很难用传统的国际贸易法律来判定合同是否成立等一系列问题。采用电子通讯方式进行的商务活动,不同国家或地区的企业之间是通过电子数据进行商务洽谈和达成交易的,而许多国家的法律都要求有书面形式的交易文件作为交易有效或作为交易存在的依据和证据,电子数据是否可视作或等同于书面文件,则成了推广电子商务过程中的一大法律难题。

我国《合同法》第11条规定的书面形式的几种类型中包括了电子数据交换和电子邮件,以法律形式确认了电子数据电文具有书面合同的效力。这一规则同时符合国际上一些统一规则。由于电子信息的输入需要简单化、标准化,电子合同不可能像传统的书面合同那样条款齐备、措辞严密,在这种情况下如何避免可能发生的商业纠纷,需要法律来进一步明确规定。

此外,由于电子数据传递速度快,信息传送不受时间和地点的限制,原有的有关要约撤回及撤销和接受撤回的法律规定,以及合同成立的时间和地点对确立交易双方当事人权利和义务的法律意义等,已不再适应电子商务的实践发展需要。

2. 电子签名和认证的问题

传统合同中签名或盖章的行为有两种功能:一是表明合同各方的身份,二是表明签字者已确认文件所载之内容。各国法律主要把签字作为一种认证手段。而书面形式是签字的物质基础,换言之,签字的实现是以书面文件的存在为前提的。但在电子商务中,交易和通讯均在网上进行,无法当面进行身份识别,不可能通过电子数据来传递亲笔签名,这就产生了在计算机上以何种方式签名才能为法律所认同的问题。目前采用电子密码的签名机制来相互证明身份,这种电子签名由符号及代码组成,且任何一方的电子签名都可随时改变,以保护其安全性。这些都需要从法律意义上予以认可。

3. 单据的效力问题

在国际贸易中,许多国家的法律规定,交易的单据,尤其是金融票据(汇票、本票、支票),必须有出票人签字方为有效,而采用电子商务方式很难满足签字确认的规定。在货运单据中,提单必须是做成书面的正本形式才具有提货权,才能通过背书转让,而电子提单的法律性质如何尚有待研究。

4. 电子数据的证据效力问题

电子合同与传统的书面合同最大的不同在于电子合同内容的可编辑性。在网上签订的合同,电子数据便成为合同、提单、保险单等单据存在的唯一证据。由于电子数据有容易消失、容易被篡改、安全难以保证的弱点,在保持电子数据的原貌方面存在着一定的客观限制因素。电脑打印件、复印件作为证据在目前司法界中是存在的,关键在于如何使电子数据这种证据的承认具有准确性、公正性和非伪造性等前提条件,这就要求网络记录被绝对安全地储存在电脑之中或其他载体之上。因此,电子数据以及网上信息的效力问题成为各国民事诉讼中十分棘手的难题。

本章知识结构图

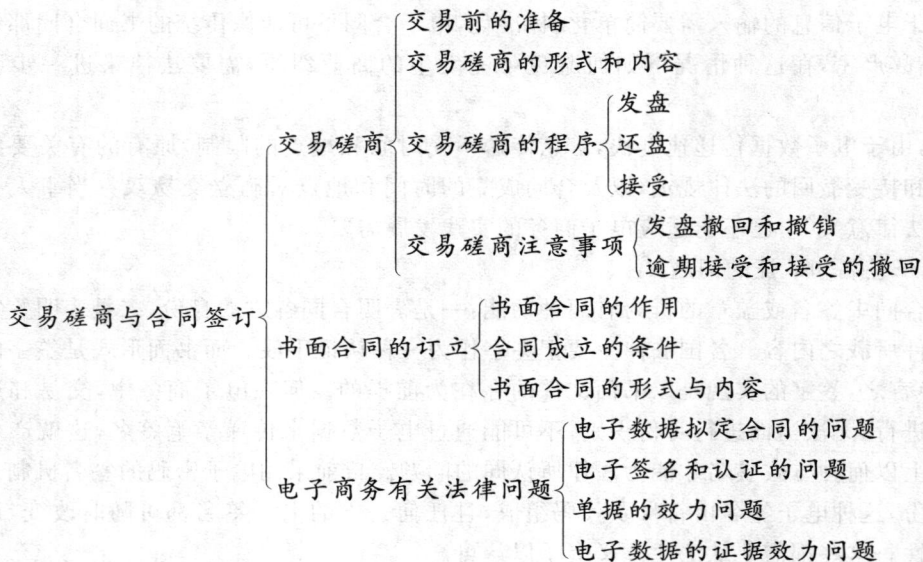

交易磋商与合同签订
- 交易磋商
  - 交易前的准备
  - 交易磋商的形式和内容
  - 交易磋商的程序
    - 发盘
    - 还盘
    - 接受
  - 交易磋商注意事项
    - 发盘撤回和撤销
    - 逾期接受和接受的撤回
- 书面合同的订立
  - 书面合同的作用
  - 合同成立的条件
  - 书面合同的形式与内容
- 电子商务有关法律问题
  - 电子数据拟定合同的问题
  - 电子签名和认证的问题
  - 单据的效力问题
  - 电子数据的证据效力问题

经典案例

合同落空仲裁案

【案情介绍】

本案为仲裁案件。申请人为一家美国公司,被申请人为中国外贸公司。双方于 1994 年 11 月 12 日先后签订了 3 份售货合约,由被申请人向申请人出售货物总价值 468 000 美元,价格术语 CIF 鹿特丹,最后交货期限为 1994 年 12 月 31 日。合同约定在中国国际经济贸易仲裁委员会仲裁。因市场发生剧烈变化,被申请人未能履行交货义务,申请人遂提起仲裁,请求仲裁庭裁决被申请人:

(1) 申请人遭受的利润损失 567 000 美元;

(2) 支付信用证费用计 2 192.36 美元;

(3) 赔偿申请人为此案支付的律师费;

(4) 承担全部仲裁费用。

被申请人辩称,因为国内国际市场价格飞涨,国内货源紧缺,到交货时价格已经上升了 1～2 倍。双方订立合同时所持有的根本目的已经落空,因此可以认为被申请人依合同价格交货的义务因履行合同时的环境与订立合同时的情况有本质的变化而得以免除。另外,根据《公约》,被申请人应赔偿的损失为交货期满时交货地市场价格与合同价格的差价。对此,申请人进一步诉称,根据《公约》,申请人应得到的损害赔偿应包括申请人应得的利润。而且,申请人通过多种方式证明了当时存在国际市场价格,否认存在交货地的时价。仲裁庭意见:根据《公约》有关卖方义务的规定,被申请人的行为已经构成违约,申请人有权要求损害赔偿。被申请人援引合同落空理论来解释其不履行合同交货义务的行为是没有法律依据的。而且,被申请人未能合理证明交货地中国天津新港的时价,其抗辩被驳回。裁决被申请人赔偿申请人3份合同项下的利润损失共计550 800美元以及被申请人向申请人支付其中2份合同项下的改证费和电讯费683.31美元。本案仲裁费,申请人分担10%,被申请人分担90%。

【案情分析】

"合同落空"(Frustration of Contract)是英美法的术语,指合同签订后由于双方不能控制的情况,使合同丧失了订立时的基础,双方得以免除合同义务。中国《民法通则》第59条第2款规定,双方合同显失公平的,得请法院或仲裁机构予以撤销。

根据《公约》,发生当事人订立合同时所不能预见且不能控制的事件时,当事人可以免除合同义务。但本案法律实践没有认为合同订立后商品价格的变动是不可抗力事件,或价格上涨的幅度达到了不可抗力的程度。

本案中,合同订立后仅仅过了不到2个月时间,商品价格已经上涨了超过1倍。然而这种情况并没有成为被申请人免责的理由。虽然被申请人竭力抗辩双方订立合同的情况已经产生巨大变化,如果在当时的市场情况下继续履行合同,将造成显失公平,但是,由于:

(1) 本案的适用法应为《公约》;

(2)《公约》没有明示规定商品价格变化是不可抗力;

(3) 中国法律对于合同落空没有明示规定;

(4) 订立合同时双方可以预见到国际市场价格风险;

(5) 本案商品价格变动未达到"显失公平"的程度,仲裁庭认定被申请人的抗辩没有法律基础,裁决的赔偿金额超过合同价格。

可以看出,要引用"合同落空"这一理论来免除合同的义务是非常难的,必须有严格的条件。英国有关引用成功的判例是,租用沿街房屋为观看皇家典礼,后因典礼取消,租方宣布合同落空。法庭判称,虽然合同中没有明示租房的目的,但是租方观看典礼的意图是显而易见的,支持合同落空,租方可以免责。(资料来源外销网 http://waixiao.net)

思考与练习

一、思考题

1. 交易磋商的一般程序是什么?

2. 构成发盘应具备哪些条件?

3. 什么是有条件接受?简述《公约》对发盘条件的实质性变更和非实质性变更的法律效果。什么是逾期接受?什么样的逾期接受仍然有效?

二、案例分析题

1. A公司于5日上午10时用E-Mail向国外客商发盘。报全棉染色布80 000码CIF新加坡价每码0.99美元。2个小时后,业务员发现单价应为每码1.03美元而误报为每码0.99美元。试问:此事A公司应如何处理?

2. 我方A公司向美旧金山B公司发盘某商品100公吨,每公吨2 500美元CIF纽约,收到L/C后2个月内交货,以不可撤销信用证支付,限3天答复。第二天A公司收到B公司回电称:接受你发盘,立即装运。A公司未作答复。又过2天,B公司通过旧金山花旗银行开来即期信用证,注明"Shipment immediately"。当时该货物国际市场价格上涨20%,A公司拒绝交货,并立即退回信用证。试问这种做法有无道理? 依据何在?

3. 我出口企业于8月1日用电传向英商发盘销售某商品,限8月5日复到。8月2日收到英商发来电传称:"接受但价格减5%"。我方尚未对英商来电作出答复,因该商品的国际市价剧涨,英商又于8月3日来电传表示:"无条件接受你8月1日发盘,请告合同号"。试问:在此情况下,我方应如何处理? 为什么?

三、业务操作题

根据以下函电,拟一份出口销售合同。

史密斯贸易有限公司

敬启者:

谢谢你方2月16日关于中国芝麻(China Sesameseed)的还盘邮件。现确认接受你方还盘如下:

1 000公吨芝麻,每公吨成本、保险加运费汉堡价为185美元,包括3%佣金。平均良好品质,水分(Moisture)(最高)6%,杂质(Admixture)(最高)2%,含油量(Oil Content)52%。装运期2013年8/9月。

FAX我方销售合约SHN020,请予会签并回传我方。

本商品为散装货,其数量及金额均有5%增减。保兑的、不可撤销的即期信用证须在装运前1个月开到我方,以便我方如期装运。保险依据中国人民保险公司1981年1月1日中国保险条款,按发票金额的110%投保一切险和战争险。

上海土畜产进出口公司

2013年2月18日

第八章
进出口合同的履行

教学目标

通过本章的教学使学生了解进出口合同履行的程序,掌握合同履行过程中各环节之间的衔接及其业务处理的知识,提高制单结汇水平,学会处理合同纠纷中的索赔和理赔。

关键词

订舱(Booking Shipping Space)　　　　托运单(Shipping Note)

报关(Customs Declaration)　　　　　　出口退税(Export Tax Drawback)

装货单(Shipping Order,S/O)　　　　　大副收据(Mate's Receipt)

第一节　出口合同的履行

在出口业务中,每笔交易因贸易术语、运输方式和付款方式的不同,其履约环节也有所不同。虽然出口合同履行的环节因不同的条款规定而有所差异,但概括起来,以准备货物、落实信用证、安排运输和制单结汇4个环节最为重要,即"货、证、船、款"4个基本环节构成了出口合同履行的基本程序,如图8-1所示。

在CIF或CIP术语、海洋运输以及信用证支付的情况下,履约步骤相对复杂。本章以货、证、船、款作为参考顺序,具体介绍出口合同履行的基本程序。

一、备货

备货是指卖方为保证按时、按质、按量完成约定的交货义务,根据合同规定的品质、规格、数量、包装及装运时间,进行货物的准备工作。在备货过程中,应注意以下问题。

(1)货物的品质、规格应与合同和信用证规定相一致。

(2)交货数量应符合合同的规定。如合同或信用证明确规定溢短装条款,则交货数量严格控制在溢短装幅度之内。

(3)在合同和信用证规定的最迟装期内出运货物。

(4)货物的包装需符合合同的规定。

```
┌──────────┐        ┌──────────┐        ┌──────────┐
│  卖  方   │◄──────│  出口合同  │        │  买  方   │
│（出口企业）│        └──────────┘        │（国外客商）│
└──────────┘                            └──────────┘
      │                                       │
      ▼                                       ▼
┌──────────┐                            ┌──────────┐
│催证、审核、改证│◄─────────────────────────│  申请开证  │
└──────────┘                            └──────────┘
      │
      ▼
┌──────────┐
│  落实货源  │
└──────────┘
      │
      ▼
┌──────────┐        ┌──────────┐
│ 申领出口  │───────►│  出口许可证 │
│  许可证   │        └──────────┘
└──────────┘
      │
      ▼
┌──────────┐        ┌──────────────┐      ┌──────────┐
│  报  检   │───────►│ 出境货物通关单 │─────►│  检验证书  │
└──────────┘        └──────────────┘      └──────────┘
      │
      ▼
┌──────────┐                            ┌──────────┐
│  投  保   │───────────────────────────►│  保险单   │
└──────────┘                            └──────────┘
      │
      ▼
┌──────────┐                            ┌──────────┐
│  办产地证  │───────────────────────────►│  产地证   │
└──────────┘                            └──────────┘
      │              ┌──────────┐
      │              │  海  关   │
      ▼              └──────────┘
┌──────────┐            ▲  │
│  托  运   │            │  ▼
└──────────┘        ┌──────────┐        ┌──────────┐
      │              │  报关单   │───────►│  外管局   │
      ▼              │  核销单   │        │  税务局   │
┌──────────┐        └──────────┘        └──────────┘
│  出口报关  │────────►
└──────────┘
      │
      ▼
┌──────────┐                            ┌──────────┐
│  货物装船  │───────────────────────────►│  提  单   │
└──────────┘                            └──────────┘
      │                                       │
      ▼                                       ▼
┌──────────────┐        ┌──────────┐
│   制  单      │───────►│  议付银行  │◄────────
│（发票、装箱单、汇票等）│    └──────────┘
└──────────────┘
```

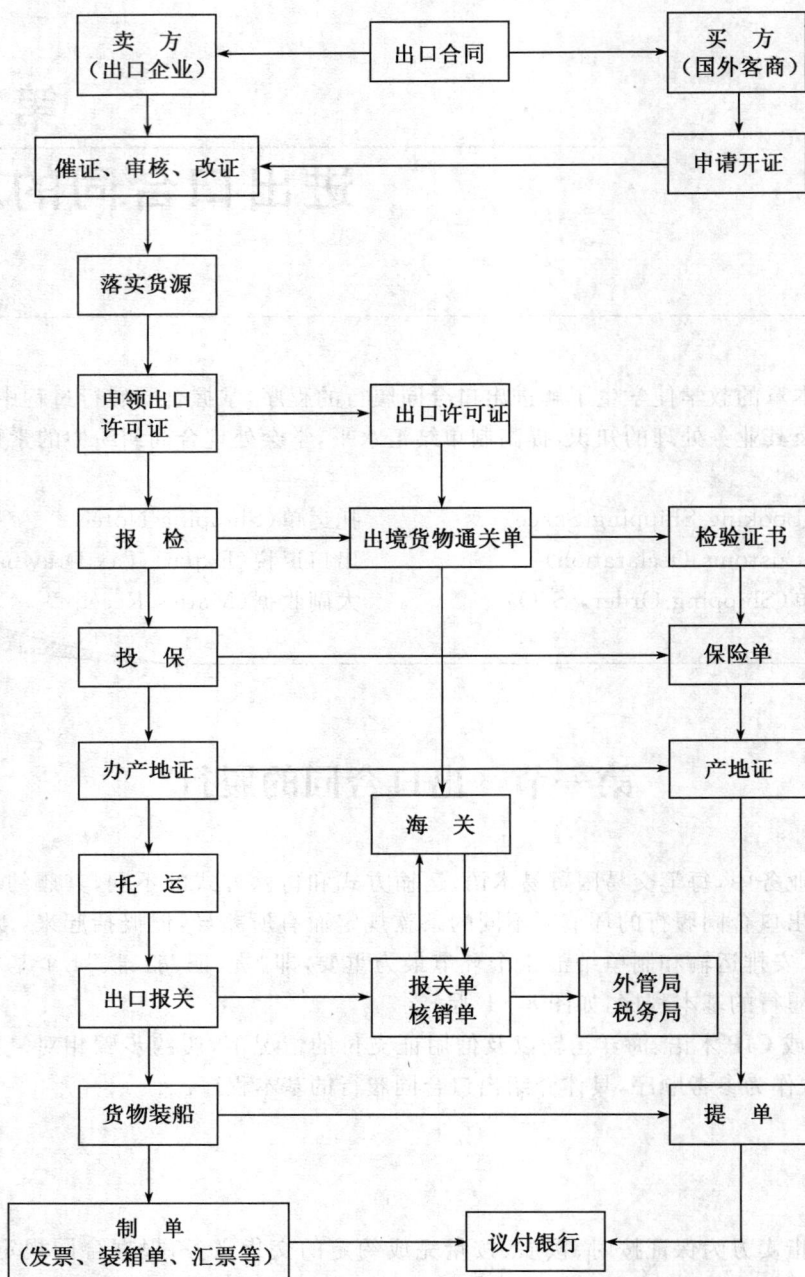

图 8-1　出口合同履行的基本程序

二、落实信用证

在使用信用证方式结算货款的交易中,落实信用证是履行出口合同不可缺少的重要环节。落实信用证通常包括催证、审证和改证 3 项内容。这项工作一般在备货前进行。

1．催证

在实际业务中，因各种原因买方未能及时开证，卖方应催促对方及时办理开证手续，以便卖方及时备货或出运货物。

2．审证

在贸易实践中，由于种种原因，如工作疏忽、电文传递错误、贸易习惯不同，或买方故意设置其他有利于自己的条款等，出现信用证条款与合同条款不符的情况。为确保安全收汇和合同的顺利履行，卖方在收到信用证后，应根据合同和《UCP600》对信用证进行严格审核。信用证审核的要点包括以下几个方面：① 开证申请人的名称地址是否正确；② 信用证的有效期、交货期、交单期的规定是否合理，到期地点应规定在受益人所在国；③ 信用证的金额、币种、数量、品质、规格、包装等的规定是否与合同一致；④ 最迟装期、装运港、卸货港、分批或转运的规定是否与合同一致；⑤ 保险条款及投保险别是否与合同相符；⑥ 对应提交的单据是否有特别要求；⑦ 是否存在限制出口方的软条款，等等。

3．改证

对信用证进行审核后，如发现条款与合同不符或有我方不能接受的条款，应及时向进口方提出修改要求。信用证修改一般掌握以下原则：① 非改不可的坚决要改，可改可不改的酌情处理；② 修改必须被有关当事人全部接受后方能生效；③ 出口方对进口方主动提出的修改应明确表示接受或拒绝；在出口方表示接受修改之前，原证仍对其有约束力；④ 修改应一次提出，尽量避免因考虑不周而多次改证；修改书包括两项或多项内容时，出口方要么全部接受，要么全部拒绝，如发现仍有不能接受的内容，应要求对方再次进行修改，直至满意为止；⑤ 修改书必须经原通知行传递。

想一想

当 L/C 的规定与合同存在下列出入时，是否应修改 L/C？

(1) 合同：SHIPMENT BEFORE AUG.

　　L/C：SHIPMENT BEFORE AUG. 25

(2) 合同：PARTIAL SHIPMENTS NOT ALLOWED.

　　L/C：PARTIAL SHIPMENTS ALLOWED.

(3) 合同：COMMODITY：PENCIL

　　L/C：COMMODITY：GENERAL MERCHANDISE

(4) 合同："BUTTERFLY"BRAND SEWING MACHINE

　　L/C：SEWING MACHINE

三、出口报检

凡列入《出入境检验检疫机构实施检验检疫的进出口商品目录》的进出口货物，在货物备妥后，应及时向各地商检机构报请检验。海关凭出境货物通关单予以放行货物。对合同或信用证规定须由指定检验机构检验的货物，在备货完毕装船以前，应及时向指定检验机构报检。最迟应于报关或装运前 7 天向检验机构申请检验。

四、出口投保

在 CIF 或 CIP 条件下,为了保证货物在整个运输途中遇到自然灾害或意外事故时能得到充分的补偿,出口方应在货物装运前,根据合同或信用证的有关规定向保险公司办理投保手续,取得保险单据,并在保险单背面空白背书,将其向保险公司索赔的权利转让给进口方。保单上的内容应与合同和信用证规定相一致。保险金额通常为发票金额的 110%。保单的日期必须早于提单的签发日期。

案例评析 8-1

案例:"明西奥"轮装载着散装亚麻子,驶向美国纽约港,不幸在南美飓风的冷风区内搁浅被迫抛锚。当时,船长发现船板有断裂危险,一旦船体裂缝漏水,亚麻子受膨胀有可能把船板胀裂,所以,船长决定迅速脱浅。于是,该船先后 4 次动用主机,超负荷全速开车后退,终于脱浅成功。抵达纽约港后,对船体进行全面检修,发现主机和舵机受损严重,经过核算,要求货方承担 6 451 英镑的费用。货主对该项费用发生异议,拒绝付款。问:货主的做法是否有道理?

评析:案例中共同海损成立,船长为了船、货共同的安全而采取的合理措施所引起的损失,这部分损失应由获救的各方和船方共同承担,因此,货主无权拒付该笔费用。只要货主承担的这部分费用属于保险公司的保险责任范围,就可从保险公司获得赔偿。

五、安排运输

(一) 托运的流程

采用 CFR(CPT)或 CIF(CIP)条件成交,由出口方负责租船或订舱、托运工作。在合同和信用证规定的装期内,提前向有关外运公司办理订舱手续。托运的业务流程如图 8-2 所示。

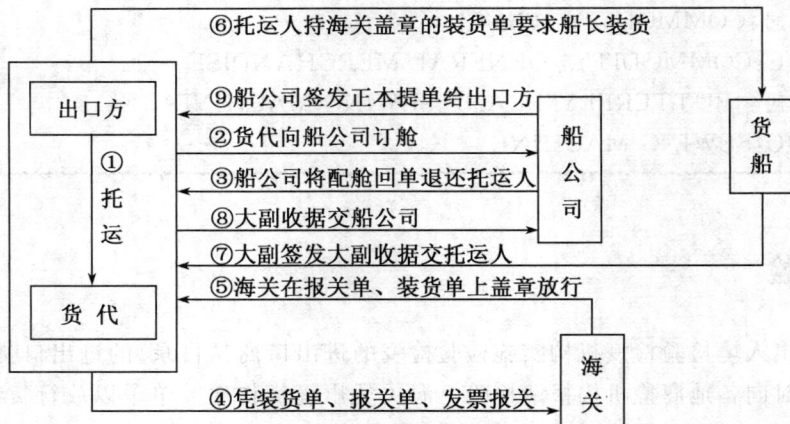

图 8-2 托运的业务流程

托运的业务流程说明如下：

（1）出口方即货主，在货、证齐全后，根据合同和信用证的规定，填写订舱委托书，随付商业发票、装箱单、出口报关单、核销单及其他单证，一并交给货代作为订舱的依据，委托货代代为订舱。

（2）货代接受订舱委托后，结合船期、货物性质、货运数量、目的港等情况，填写托运单（一式数份，包括装货单、配舱回单、收货单等），随附上述必要单据，向船公司办理订舱手续。

（3）船公司接受订舱后，在托运单编上与提单一致的编号，填上船名、航次，签署后将其中的配舱回单、装货单等退还给托运人。

（4）托运人办理货物报关手续。

（5）海关对货物进行查验，并在报关单及装货单上盖放行章后将其退还给托运人。

（6）托运人持海关盖章的装货单要求船长装货。

（7）装货后，由船长或大副签署收货单，交托运人。

（8）托运人将大副收据交给船公司，凭以换取正本已装船提单。

（9）船公司凭大副收据签发正本提单，并交给托运人凭以结汇。

办理托运时，应认真落实合同和信用证有关装运港和目的港、分批和转运的规定。若来证指定运输路线、船公司、船籍、船龄等，应尽快与承运人取得联系，方可决定是否接受或修改信用证条款。若信用证规定按月等量分批装运，则每月每批出运的数量必须相等，任何一批未能按规定装运，信用证对该批及以后各批均告失效。

（二）托运相关单据

（1）订舱委托书（Booking Note）。是卖方（发货人）根据合同和信用证规定填写的，委托货代向承运人办理托运的单证，作为订舱的依据，它是卖方与货代之间委托代理关系的证明。实际业务中，有的公司使用出口明细表，其作用相同。订舱委托书须准确列明托运人、收货人及被通知方的名称，详细列明出口货物名称、包装方式及包装件数、唛头、毛重、尺码、装运港和目的港及最迟装期等内容。托运时，还需提供发票、装箱单、报关单以及出境货物通关单（法检商品）、出口许可证（需要时）等单据。

（2）装货单（Shipping Order，S/O）。是船公司或其代理人签发的通知船方装船的凭证。船公司收到托运单后即根据船舶进行配载，然后在S/O上盖章表示接受这批货物的承运。托运人还需持S/O到海关办理清关，经海关查验后在上面盖验讫章。托运人再凭此单通知船长装货。

（3）收货单（Mate's Receipt，M/R）。是承运人或其代理人签发给托运人的，表明货物已装船的临时收据。货物装船后，由船长或大副签署后退还给托运人，故又称大副收据。托运人据以换取已装船正本提单。

（三）发装运通知

货物必须在信用证规定的最迟装期内安排装运。运输单据的签发日期不能迟于信用证规定的最迟装期。货物装运时或装运后，应立即向进口方发出装运通知（Shipping Advice），内容包括：信用证和合同号、品名、数（重）量、金额、船名航次、装运日期等，以便买方做好报关和接货的准备工作。

六、出口报关

报关是指从事进出口货物贸易的有关当事人在进出口货物进出关境时向进出境地海关申报货物内容,按规定缴纳关税并请海关查验放行的行为。

(一)出口报关的基本程序

出口企业通常委托外运公司代理报关,也可自行报关,或委托专业报关公司报关。根据规定,出口货物的发货人或其代理人,应在装货 24 小时之前(海关特准的除外)向海关申报,在异地报关需办理转关手续。出口报关通常涉及出口申报、审核单证、查验货物、办理征税和结关放行等环节。只有当海关经查验后同意放行并在报关单上盖验讫章,同时在核销单、装货单上加盖放行章后,货物方可装船出运。

(二)出口报关应提交的单证

1. 基本单证

基本单证是指与进出口货物直接相关的商业或货运单证,主要包括出口货物报关单、商业发票、装箱单、装货单、出境货物通关单(法检商品)。其中,报关单所填内容应与合同、发票、装箱单内容一致,货物品名与其商品编码相符,数量及单位应与该出口货物的海关统计单位一致。自 2012 年 8 月 1 日起,办理出口报关无需再提交出口收汇核销单。

2. 特殊单证

特殊单证是指国家有关法律规定实行特殊管制的证件,主要包括配额许可证或出口许可证(需要时)或其他批准文件、加工贸易登记手册、特定减免税证明、动植物检疫证明、食品卫生检验证明、药品检验证明等。

3. 预备单证

预备单证是指海关认为必要时查阅或收取的单证,如贸易合同、货物原产地证、进出口企业的有关证明文件等;出口危险品时,还需填写"保证危险货物安全适运申报单"。

(三)出口报关货物的准备

目前,海关实行货到报关,应提前将货物备妥以便顺利报关。如果是工厂直接送货,可将货物发运到承运人指定的集装箱中转站,由中转站负责将货物依次装入集装箱。如果出口方要求自行装箱,则承运人可将空箱运至出口方仓库,货物装箱后直接将集装箱运至堆场。

七、制单结汇

(一)主要出口单据的制作顺序

在出口业务中,单据的签发日期应晚于信用证的开证日期,但必须早于信用证规定的最迟交单期限和有效期。单据制作的先后顺序排列如下:

（1）商业发票的日期一般应早于保险单和运输单据的签发日；海关发票的签发日期不应迟于运输单据的日期；形式发票的日期应先于装运日期；领事发票日期不应迟于汇票和装运日期；装箱单、重量单的日期与发票日期相同或略迟于发票日期。

（2）原产地证书包括普惠制产地证书（GSP Form A）的日期可迟于发票日期，但不能迟于运输单据的日期。

（3）保险单的日期应早于运输单据的日期，如果保险单的签发日期在运单日期之后，则应注明保险责任何时开始生效。

（4）各种运输单据的签发日期不得迟于合同或信用证规定的最迟装期。

（5）其他一些单据（如出口许可证、受益人证明、船公司证明、商检证书、邮政收据或快递收据、装船通知等）的签发日期，须符合合同或信用证的规定。出口许可证的日期应早于运输单据日期；装船通知的日期一般等同于或略晚于运输单据日期；船公司证明（证明船籍、船龄、航程等）的日期应早于或等同于提单日期，因船籍、船龄、航程等必须符合信用证的规定才能装货上船；商检证书的签发日期最迟不能晚于装运日期，因货物必须在装运前检验合格才能装船，但也不能过分早于运输单据日期，特别是鲜活商品和容易变质的商品，以免使买方因检验时间太早而怀疑货物的质量是否符合证书上所描述的检验结果。

（6）商业汇票的日期应等于或晚于发票日期，但不能早于运输单据日期，也不能晚于信用证的有效期及交单期。

出口合同履行过程中各个环节的单据及其签发人，如表8-1所示。

表8-1　出口合同履行过程中的单据及其签发人

合同履行阶段	单据的名称	出单机构
1. 办理运输	海运货物委托书	出口方
	海运出口托运单	货代
	海运提单	承运人或货代
2. 办理保险	投保单	出口方
	保险单	保险公司
3. 办理商检	出境货物报检单	出口方
	商检证书/出境货物通关单	质检局
4. 办理报关	出口报关单	出口方
	商业发票	出口方
	装箱单	出口方

（二）出口结汇单据的缮制要求

1. 信用证项下单据的缮制要求

出口结汇的单证必须做到"单证一致、单单一致"。即提交符合的单证种类及份数；在信用证有效期及交单期内尽早将单据提交银行议付，按时收汇；单据尽量避免更改，其中提单、汇票、产地证等不得涂改。

（1）单证相符。单据的种类、份数、内容及签发人等必须与信用证规定一致。具体应注意以下事项：

① 信用证规定的商品名称应全文照写，不能随便添字或减字，单复数要求一致。品名有错漏或中英文不符，只能照原样填写，但可以在括号内注明正确写法。

② 包装规格不能随意拆改。如信用证规定以"公吨"计量，装箱单上也应以"公吨"表示，不能折算成千克。

③ 信用证规定的唛头不能随便改变，如未规定唛头则由卖方自行设置，所有单据都一致。

④ 各种单证的名称、签发份数及出证机关须与信用证要求一致。

⑤ 投保险别和保险条款应符合信用证的规定。

⑥ 汇票金额不能超过信用证金额，付款期限须符合信用证规定。

⑦ 汇票上付款人栏填开证行、付款行、保兑行或偿付行（如有的话），以确保银行承担第一性的付款责任。

（2）单单相符。单据与单据之间相关的内容应一致。各种单据只能相互补充，相辅相成，不能彼此矛盾。制单时应注意以下事项：

① 发票上的金额须按实际备妥待运的货物数量计算，如要扣除佣金，则应在发票上列出总金额、应扣除的佣金额及发票净额。发票金额必须用大小写（数字和文字）形式同时表示；装箱单上的包装件数必须用大小写表示，重量、数量及包装件数与运输单据相一致。发票上的商品描述须与信用证措辞一致，提单和保险单可用概括性的商品统称，其他单据上的品名、数量、单价、金额、唛头等必须保持一致，措辞和用语也必须保持一致，以求"单单相符"。

② 汇票应根据信用证规定的出票条款和付款期限缮制，汇票金额必须与发票金额相等，大小写同时表示。

③ 按装箱单上的件数托运，运输单据（包括海运提单、航空运单、铁路运单、承运货物收据、多式联运单据等）上的装运件数必须与装箱单上的件数一致，大小写同时表示。

④ 投保金额一般按 CIF 或 CIP 价的发票金额加 10% 确定，保留整数，不设辅币，小数点后零以上的数据须进位。

⑤ 普惠制产地证上的发票号码、数量、单价、金额及日期必须按照商业发票填写，签证当局签署日期和出口商签署日期不得早于发票日期。

2. 托收项下单据的缮制

托收属商业信用，出口方承担较大风险。托收项下制单的依据是买卖合同，单据与托收合同条款严格一致，单据与单据严格相符。制单时应注意以下事项：

（1）提交单据的份数、种类必须符合合同规定。

（2）汇票的出票依据是托收合同，汇票上必须填写进口商名称、合同号码、签约日期以及银行账号，并注明"托收"（for collection）字样；付款人栏应填进口方名称；汇票的付款期限按合同规定填写，例如，D/P at sight 或 D/A at 60 days after sight。

（三）不符点单据的处理

在实际业务中，单证不符的情况经常发生。首先应争取时间及时修改、更换单证，使其

与信用证相符。如果来不及修改单证,视具体情况,选择如下处理办法:

（1）表提。又称担保议付。当单证出现不符点时,在征得进口商同意的情况下,出口商向议付行出具担保书,声明如果开证行拒付,由受益人自负。议付行在向开证行寄单时注明"凭保议付"字样。这种做法也称担保结汇。表提一般适用于单证不符情况不严重,或虽然是实质性不符,但事先已经进口方确认可接受的情况。

（2）电提。由议付行先用电讯方式向开证行列明不符点,待开证行确认接受后,再将单据寄出。这种方式可在短时间内由开证行征求进口方意见,如买方同意不符点,开证行授权议付,议付行可立即寄单收汇;如不同意,卖方可及时处理运输中的货物。

（3）改为跟证托收。议付行不同意表提或电提方式征询开证行意见,出口商只能采用托收方式,向银行寄单收款。由于此项托收与原信用证有关,一般以信用证的开证行作为代收行代为收款。

（四）出口结汇办法

所谓结汇,是指将出口货物销售所得的外汇按售汇之日银行外汇牌价的买入价卖给银行。出口方发货后应及时缮制、备齐各类单证,并在信用证规定的有效期和交单期内送交银行办理结汇手续。信用证项下的出口单据经银行审核无误后,按信用证规定的付汇条件,将外汇结付给出口企业。我国出口业务中,大多采用议付信用证。其主要结汇方式如下。

1. 出口押汇

押汇又称买单结汇,是议付行向出口方提供的资金融通。具体做法是:议付行在审单无误后,按信用证条款规定买入出口方的汇票及单据,按票面金额扣除从议付日到估计收到票款之日的利息,将净额按议付当日的外汇牌价（买入价）折成人民币,拨给出口方。议付行买入跟单汇票后,即成为汇票的正当持有人（Bona-fide Holder）,凭以向付款行索取票款。若遭拒付,议付行有权向出口方追回票款,并加收利息。

2. 收妥结汇

收妥结汇又称先收后结,议付行收到出口方提交的单据后,经审核无误,将单据寄交国外付款行索款,待收到付款行将货款拨入议付行账户的贷记通知书（Credit Note）后,再按当日外汇牌价折算成人民币拨入卖方账户。

3. 定期结汇

定期结汇是指出口地银行根据向国外银行索偿所需时间,预先确定一个固定的结汇期限,到期后主动将票款金额折成人民币拨交卖方。

案例评析 8－2

　　案例:四川某出口公司接到一张信用证,证内规定交单到期日为 2008 年 5 月 15 日,该公司按时将货物发运后备妥了全套单据,打算于 5 月 12 日下午向银行交单议付。但由于 5 月 12 日汶川地区发生 7.8 级大地震,使银行在 5 月 12 日无法营业。请问我方能否以不可抗力为由,请求银行在下一个营业日议讨?

　　评析:根据《UCP600》第 36 条规定,银行对由于天灾、暴动、骚乱、叛乱、战争恐怖主义行为或任何罢工、停工或其无法控制的任何其他原因导致的营业中断的后果,概不负责。所以,本案例中出口企业的要求得不到满足。

八、出口收汇核销与出口退税

（一）出口收汇核销

2012 年 8 月 1 日起取消外汇核销单制度，外汇局对企业的贸易外汇管理方式由现场逐笔核销改为非现场总量核查。外汇局通过货物贸易外汇监测系统，全面采集企业货物进出口和贸易外汇收支逐笔数据，定期比对、评估企业货物流与资金流总体匹配情况，便利合规企业贸易外汇收支；对存在异常的企业进行重点监测，必要时实施现场核查。

外汇局对企业实施动态分类管理，根据企业贸易外汇收支的合规性及其与货物进出口的一致性，将企业分为 A、B、C 三类。A 类企业进口付汇单证简化，可凭进口报关单、合同或发票等任何一种能够证明交易真实性的单证在银行直接办理付汇，出口收汇无需联网核查；银行办理收付汇审核手续相应简化。对 B、C 类企业在贸易外汇收支单证审核、业务类型、结算方式等方面实施严格监管，B 类企业贸易外汇收支由银行实施电子数据核查，C 类企业贸易外汇收支须经外汇局逐笔登记后办理。

（二）出口退税

出口退税是指对已纳税的出口货物，由税务机关将其在国内生产和流通环节实际缴纳的产品税、增值税、营业税和特别消费税退还给出口企业的一种制度。出口退税使企业及时收回投入经营的流动资金，加速资金周转；使出口货物以不含税价格进入国际市场，增强国际竞争力，扩大出口创汇。办理出口退税需附送以下相关单证：出口货物报关单（出口退税专用联）、出口销售发票、购货发票（增值税发票）、银行结汇水单或收汇通知书等。自 2012 年 8 月 1 日起办理出口退税不再提供出口收汇核销单，税务机关使用出口收汇核销单电子数据审核出口退税。税务局参考外汇局提供的企业出口收汇信息和分类情况，依据相关规定，审核企业出口退税。

九、索赔和理赔

若进口商不支付货款、不收取货物或不完全按照合同的规定支付货款、收取货物，使出口商遭受损失，则出口方应据理向进口方提出索赔。如果出口方不交货或所交货物的品质、数量、包装或装运时间不符合合同规定而引起国外进口商索赔时，出口商应本着实事求是的原则，给予对方合理的赔偿，既不能推卸责任，也不能损害自己应有的利益。损害赔偿额应与受损方所遭受的包括利润在内的损失额相等。而由于受损方未采取合理措施使有可能减轻而未减轻的损失，则应在赔偿金额中扣除。

第二节　进口合同的履行

我国的进口合同大多以 FOB 条件成交，以信用证方式结算货款，采用海运方式运输货物。因此,本章主要介绍此类合同的履行过程。一般涉及对外开证、租船或订舱、催装、保险、审单付汇、报关提货、商检、拨交货物等几个主要环节,如图8-3所示。

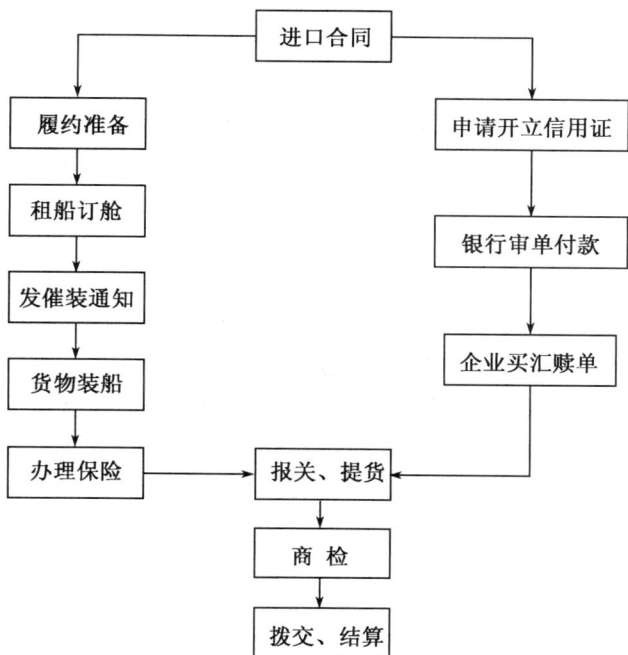

图8-3　进口合同履行程序

一、开立信用证

进口合同签订后,进口方应按合同规定及时向银行提交开证申请和进口合同副本,要求银行对外开证。进口方在填写开证申请书时,应在其中列明各项交易条件,并确保与合同条款规定一致,同时,进口方还应向开证行交付一定比例的押金或提供其他担保。

信用证开出后,如发现内容与合同不符,或因其他原因,需对信用证进行修改时,应立即通知开证行。如出口方提出要求修改某些条款,如同意修改,应及时通知开证行修改信用证条款;如不同意修改,也应及时通知出口方,并敦促其按原证条款履行。

如合同规定采用其他商业信用付款方式,则对买方比较有利。如合同规定买方需支付一定的预付款或定金,进口方则应及时申购外汇、对外付款,以便进口合同的顺利履行。

二、租船、订舱和催装

进口业务中,凡以FOB条件成交的进口合同,均由进口方订舱配船,安排装运。进口货物由于各种原因不一定都能按期交货,须督促对方按期或提前装运。进口方应随时了解和掌握出口方的备货和装船前的准备工作情况,及时进行监察督促,确保船、货衔接,催促国外供货方按时装运。对于大宗货物或重要货物的进口,还可以委托我驻外机构就近了解、督促国外供货方按时、按质、按量履行其交货义务,或派人员前往装运地点检验货物,并督促装运。

三、办理保险

按 FOB(FCA)或 CFR(CPT)条件进口,由进口方办理货运保险。一般有预约保险和逐笔投保两种方式。

(一)预约保险

大部分外贸企业与保险公司都签订有各种不同运输方式的进口预约保险合同,简称预保合同(Open Policy)。在预约保险合同中,进口方对进口货物统一投保,并对各种货物适用的保险条款、投保的险别、保险费率、保险费及赔款的支付办法都作了具体规定。根据预约保险合同,保险公司对有关进口货物负自动承保的责任。如属该预约保险合同规定范围内的海运货物,一经装船,保险即刻生效。进口方根据卖方发来的装运通知,填制"进口货物装船通知"提供给保险公司作为投保凭证,载明进口商品名称、数量、金额、装运港、目的港、载货船名、提单号、开航日期等内容,就视为办妥保险手续。

(二)逐笔投保

在没有签订预约保险合同的情况下,对进口货物需逐笔投保。进口方在收到卖方的发船通知后,立即向保险公司办理投保手续。否则,货物于投保之前在运输途中发生的损失,保险公司不负任何赔偿责任。

四、审单和付汇

(一)信用证支付方式

开证行或付款行收到国外银行寄来的全套单据后,必须合理谨慎地根据"单证一致、单单一致"的原则进行审核,以确定单据是否表面上与信用证条款相符。如单证相符,开证行或付款行对外进行即期付款,或承担延期付款责任,或承兑受益人开立的汇票,到期付款。如单证不符,应根据具体情况分别对待。如市场情况对进口方不利,进口方可通过银行对外拒付;如市场情况对进口方有利,进口方要这批货,也可通过银行通知出口方更正单据或由国外银行书面担保后付款;或等进口产品检验合格后再行付款。开证行或付款行对外付款后即要求进口方付款赎单。

(二)托收支付方式

代收行在收到国外托收行寄来的全套单据后,会同进口方依据合同进行审核,并毫无延误地将付款或拒绝付款或拒绝承兑的通知交发托收行。D/P 方式下,进口方付清全部货款后银行向其交单,凭以提货销售或转卖;D/A 方式下,进口方在银行承兑书上加以承兑便可获得整套单据,远期汇票则由银行保管,到期由银行再次向进口方提示时,进口方再履行付款的义务。如托收单据存在不符点,进口方可本着长期友好合作的态度仍然付款赎单,也可结合市场行情,酌情考虑拒付与否。但需注意的是,进口方一旦拒付,便不能获得单据凭以提货。

五、进口报关

进口进境后,由进出口货物的收货人或其代理人在规定期限、地点,采用电子数据报关单和纸质报关单形式,向海关申报实际进口货物的情况,并在海关对货物及各种单据查验合格后,按国家规定缴纳税费。

(一) 报关时限及滞报金

法定申报时限为自运输工具申报进境之日起 14 日内。超过 14 日期限未向海关申报的,由海关按日征收 0.5‰ 的滞报金。超过 3 个月未向海关申报的,货物则由海关提取变卖。

(二) 报关单证

进口企业向海关申报时应提交进口货物报关单,同时随附发票、提运单、装箱单(重量单)、进口许可证(需要时)、减免税证明、加工贸易备案手册等单证及其他重要文件。

(三) 进口货物税费计征

海关按照《中华人民共和国海关进出口税则》的规定,对进口货物计征进口关税。货物在进口环节由海关征收(包括代征)的税费有:进口货物关税、增值税、消费税、进口调节税、海关监管手续费等。其中,进口调节税是国家对限制进口的商品或其他原因加征的一种附加税,消费税主要用于对汽车、摩托车、能源、烟酒等商品的征收。

1. 确定完税价格

进口货物以 CIF 或 CIP 价格作为完税价格。完税价格计算到元为止,元以下四舍五入。

以 FOB 价成交,应加上运杂费和保险费后作为完税价格。其计算公式如下:

$$完税价格 = \frac{FOB(FCA)价 + 运费}{1 - 保险费率}$$

以 CFR 价成交,应加上保险费后作为完税价格。其计算公式如下:

$$完税价格 = \frac{CFR(CPT)价}{1 - 保险费率}$$

2. 税费计征及滞纳金

各种税费的计算公式如下:

$$进口关税税额 = 完税价格 \times 关税税率$$
$$从价消费税税额 = 关税完税价格/(1 - 消费税税率) \times 消费税税率$$
$$从量消费税税额 = 应税消费品数量 \times 消费税单位税额$$
$$进口增值税税额 = (关税完税价格 + 关税税额 + 消费税税额) \times 增值税税率$$

$$进口调节税＝CIF 价格×进口调节税税率$$

经海关审定应征关税、增值税、消费税和监管手续费、船舶吨税的货物或船舶，纳税义务人应在海关填发税费款缴纳证的 15 日内向指定银行缴纳税费款。逾期由海关按日征收税费款 0.5‰的滞纳金。

想一想

瑞典某进口商拟从我国进口长毛绒玩具一批，价值 20 万美元，同样从日本进口只需 19.5 万美元。瑞典长毛绒玩具普通税率 30％，最惠国税率 15％，普惠制税率为零。该商最终确定从中国进口长毛绒玩具。其进口成本减少了多少？

六、报检提货

凡属法定检验的进口商品都必须在合同规定的期限内向商检机构报验。未经检验的货物，不准投产、销售或使用。《公约》也规定，卖方交货后，买方有一个合理的机会对货物加以检验以前，不能认为买方已接受了货物。如果买方经检验，发现卖方所交货物与合同不符，买方有权要求损害赔偿直至拒收货物。因此，到货后，收货、用货部门或代理接送部门应及时向到达口岸或到达站的商检机构报检。

货物经商检、海关放行后，提货人凭海关加盖的验讫章的进口货物提货凭证或海关通过计算机系统发送的放行通知书，到约定的码头仓库或提货地点提取进口货物，拨交用货单位。

案例评析 8－3

案例：我国某公司从美国进口牛肉一批，合同规定：每箱净重 15 千克，共 2 000 箱，合计 30 公吨。货物抵达广东汕头港，经海关查验后发现，每箱净重并非 15 千克，而是 20 千克，2 000 箱货合计应为 40 公吨。海关认为单货不符，进口商以多报少。试分析该进口商将面临什么后果？

评析：严格检查报关单据、严格查验进出口货物是海关的重要职责。进出口企业报关时必须如实申报，决不允许任何瞒报、漏报、错报的行为。如进口商申报的数量与到货数量不符，轻则认为企图逃漏关税，重则认为走私舞弊。海关坚决打击偷漏税行为，严格查处违法走私行为。该进口商轻则受到海关的重罚，重则被追究刑事责任。

七、进口索赔

（一）确定索赔对象

进口货物发生毁损时，首先应当确定事故责任方，以便向其进行索赔。

（1）向进口方索赔。凡属下列情况向卖方索赔：数量、品质、规格与合同规定不符；原装数量不足；包装不符合同规定或因包装不良致使货物受损；未按期交货或拒不交货。

（2）向承运人索赔。凡属下列情况向承运人索赔：到货数量少于运单所载数量；提单为清洁提单，由于承运人保管不当而造成货物短损。

（3）向保险公司索赔。凡属投保险别的承保范围内的损失。包括自然灾害、意外事故或其他外来原因造成的货物损失。

（二）索赔注意事项

（1）备齐索赔证据。包括商检证书、港务局的理货报告和货损货差证明、保险公司出具的检验报告等。

（2）确定索赔金额。向卖方索赔的金额应按买方所受实际损失计算。包括货物损失和由此而支出的各项费用（如商检费、仓租、利息、合理的预期利润等）。向承运人和保险公司的索赔金额，均按有关章程办理。

（3）在规定期限内提出索赔。向卖方索赔应在合同规定的索赔期限内提出。如在索赔期内来不及出具检验证书，买方应要求对方延长索赔期，或向对方声明保留索赔权。若合同未规定索赔期限，按照《公约》规定，买方行使索赔期限自其收到货物之日起不超过2年；《海牙规则》规定，向船公司索赔期限为货到目的港交货后1年之内；向保险公司提出海运货损索赔的期限，则为被保险货物在卸货港全部卸离海轮后2年之内。

本章知识结构图

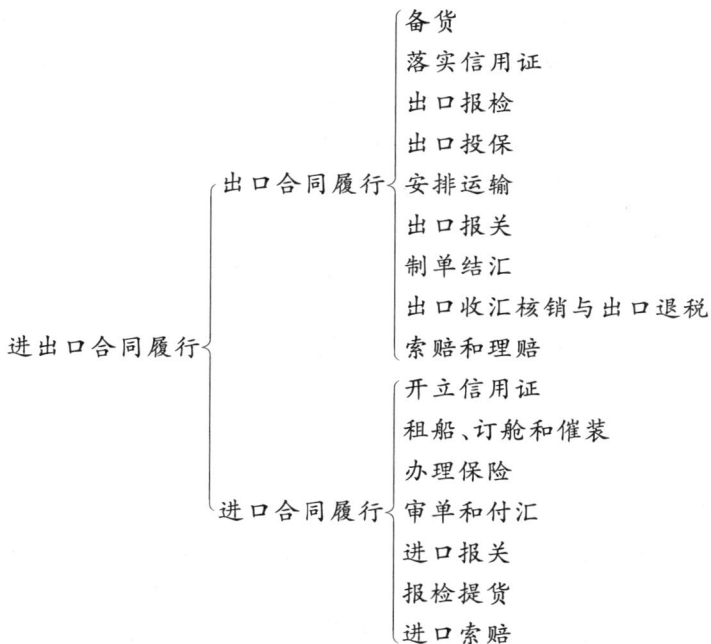

经典案例

货物品质争议引起的货款纠纷

【案情介绍】

申请人(卖方)上海××国际贸易公司与被申请人(买方)新加坡××私人有限公司分别于 1996 年 4 月 26 日、1996 年 9 月 2 日、1996 年 9 月 17 日和 1996 年 9 月 20 日订立 4 份售货确认书,由申请人向被申请人出售汗衫、背心等物,4 份确认书的金额分别为 52 114 美元、28 344 美元、1 107 美元和 12 800 美元,约定付款方式为 D/A 90 days。上述确认书签订后申请人按约积极而全面地履行了供货义务,而被申请人则仅支付了 20 000 美元的货款,其余货款未付。经交涉多次无结果,申请人提起仲裁,要求:① 支付货款 59 094 美元;② 上述货款的利息 4 467.50 美元;③ 本案的仲裁费及申请人的代理费等由被申请人负担。

此案被仲裁庭受理后,被申请人未出席庭审,但在其提供的书面答辩文件中辩称:

(1) 被申请人欠申请人的货款仅为 32 114 美元,而非 59 094 美元,因为 SH96CH—8 合同项下金额为 26 980 美元的货物订单申请人已同意取消,不需再支付货款。

(2) 申请人根据 SH96CH—1 合同提供的 T 恤衫存在多处质量问题:使用多年库存的布料;T 恤衫重量轻于被申请人要求的规定,T 恤衫的长度太短(与规定的尺寸不一致);同一批货的 T 恤衫的颜色不一致。为此,被申请人曾提出将货物打折或将剩余货物退回申请人等解决办法,但均未获申请人的同意。被申请人并声称,如不按被申请人的建议予以解决,被申请人将在新加坡提起诉讼,以解决本案。

申请人在庭后的补充材料中又作了如下说明:SH96CH—1 合同的货款为 52 114 美元,后被申请人提出货物存在色差及重量问题,申请人出于今后继续合作的考虑,同意被申请人提出的少付 4 320 美元的要求,并同意将货款推迟到 1997 年 3 月 15 日前支付完毕,但该 4 320 美元由于牵涉到外汇核销问题,并没有在上述合同的货款中一次扣除,而是在以后的几次贸易款中分批扣除。关于 SH96CH—8 合同问题,实际上并没有取消,原规定供货 1 600 打,后因被申请人的要求,分割成 3 个合同,分别提供 1 000 打、100 打和 1 000 打,合计 2 100 打,货款总计为 26 980 美元。申请人向被申请人提供的商品,均不属法定检验的商品。

【争议焦点】

本案争议焦点有:① 被申请人提出的货物质量的异议能否成立;② 被申请人应付的货款究竟是多少。

【案情分析】

关于货物质量的异议能否成立的问题,涉及索赔的依据亦即商品的检验问题。在本案的 4 份确认书中,双方对检验条款均未作规定,在这种情况下,仲裁庭认为,在双方当事人对检验条款未做约定时,应依据国际贸易惯例中的有关规定来判断。根据《华沙—牛津规则》第十九条的规定:"……如果买方没有被给予检查货物的合理机会和进行这种检查的合理时间,那么不应认为买方已经接受了这项货物。这种检查是在货物到达买卖合同规定的目的地进行,还是装船前进行,可由买方自行决定。在完成此项检验后三天内,买方应将他所认为不符合买卖合同的事情通知卖方。如果提不出这种通知,买方便丧失其拒绝接受货物的权利"。在本案中,被申请人不仅未在检验后的 3 日内发出上述通知,而且始终未向仲裁庭提交任何足以证明上述货物质量不符的检验证书,由此仲裁庭对被申请人提出的诸如退货、折价等主张均不予支持。

关于被申请人所欠货款的数额问题,被申请人认为,根据申请人1997年5月13日致被申请人函件提及的"取消 SH96CH—8(USD26 980.00)请贵司将单据退回我司……的内容",申请人没有履行上述合同,故不存在欠付货款问题。申请人则称,SH96CH—8合同实际上并未取消,而是分成3个合同来履行了。经庭审及核实,仲裁庭查明:SH96CH—8合同订立后,经被申请人的要求,供货量由原规定的1 600打改为先供货1 000打,后又与被申请人补签了 SH96CH—8 及 SH96CH—9合同,供货数量分别为100打及1 000打,三者共计2 100打,货款合计为 26 980元,该三批货物的单价、数量、金额不仅与 NO.916NNCH—8发票上所列完全相吻合,而且与经被申请人承诺后又被银行退回的汇票的金额相符合,由此仲裁庭认定,被申请人欠付申请人的货款为32 114美元+26 980美元=59 094美元,而非32 114美元。

关于货款的利息,仲裁庭认为,两张汇票的金额及到期日均不一样,故应该分别计息而不应将两张汇票合起来统一计息。仲裁庭裁定被申请人向申请人支付货款利息2 719美元,至于律师费,因申请人未提供相应的证据,故仲裁庭未予支持,仲裁费则由败诉方被申请人全部负担。

思考与练习

一、思考题

1. 常用的出口结汇单证主要有哪些?

2. 进出口合同履行分别要经过哪些基本环节?

3. 2013年9月19日恰逢我国中秋节放假,银行非营业日,交单期可否延至下一个工作日?

4. 在近洋运输中,信用证通常要求出口方在发运货物后,将一份正本提单径寄开证申请人,为什么? 出口方将面临哪些风险? 应如何防范这些风险?

二、案例分析题

1. 我甲公司于7月16日收到国外乙公司发盘:"可锻铸铁500公吨,每公吨545美元 CFR 中国口岸,8月份装运,即期信用证支付,20日复到有效。"甲于17日复电:"若价格降至500美元,可接受。履约中如有争议,在中国仲裁。"乙当日回电:"市价坚挺,价格不能减。仲裁条件可接受,速复。"甲也发现可锻铸铁价格趋涨,即于19日复电:"接受你16日发盘,信用证已由中国银行开出,请确认。"但乙未确认,并退回信用证。试析:合同是否成立? 为什么? 如果你是甲该怎么做?

2. 公司甲与乙商签订一份供货合同。合同规定:"一切更改或废止均以书面作出为准",还规定"卖方应当分批供货,每月交货1 000打"。当卖方甲按合同规定的规格交付第一批货物1 000打后,买方乙通知卖方甲,要求对原订规格略加修改,否则将拒收货物。甲即按乙的此项口头通知,按修改后的规格,交付了第二、三、四、五批货物,买方也照收无误,并付了货款。当甲交付第六批货物时,乙拒绝收货,并要求甲严格按照合同规定的规格交货。事后双方对此发生争议。试问：此案应如何处理为妥？

3. 某公司从国外进口一批材料，进口时并没有检验其成分含量。经报关放行后放置仓库约一年多，待使用时发现货物略有潮湿，因而怀疑当初进口的货物不符合合同规定，经分析证实怀疑正确。事隔一年多，进口方是否可向买方或保险公司提出索赔？

三、业务操作题

操作资料

卖方：苏州玩具进出口公司

地址：苏州市虎丘路130号　TEL：0512-64043030　FAX：0512-64043031

买方：日本 YAMADA TRADE CO.，LTD

地址：310 SKURAMAJI OSAKA JAPAN　TEL：028-38241234　FAX：028-38241235

货物名称：汽车模型玩具（AUTO MODEL）

货物单价：Art No 101(BLUE)每只6.90美元；Art No 102(BLACK)每只7.68美元
　　　　　Art No 103(RED)每只6.50美元；Art No 104(YELLOW)每只5.09美元
　　　　　CPT 大阪

货物数量：每种型号各30 000只

货物包装：每只玩具装一个泡沫塑料袋，再装入一个小纸箱中，20只小纸箱装入一个出口纸箱，由卖方制定唛头

支付方式：D/P 即期　　　　　　　　　H. S.编码：9503.9000

起运地：苏州　　　　　　　　　　　目的地：悉尼

运输方式：航空运输（运费2 500美元）　装运时间：不迟于2013年12月30日

合同号：SZHTY130587　　　　　　　签约日期：2013年9月30日

发票号码：SZTY130935　　　　　　　发票日期：2013年12月20日

报检单位登记号：1254789479　　　　海关注册号：3018712462

生产厂商：苏州红星玩具厂　　　　　地址：苏州市干将路210号

电话：0512-35126749；传真：0512-35126859；生产单位注册号：Q123456

实训要求：以进出口公司业务员李明的身份，根据上述资料填制出口货物报检单、报关单。

第九章
争议的预防与处理

教学目标

　　通过本章的教学使学生了解争议的预防和处理的一般方法；熟悉和掌握商检、索赔、不可抗力和仲裁的基础知识及应注意的问题；了解检验、争议、索赔、仲裁和不可抗力条款；掌握合理解决对外贸易争议的方法和途径；分清不可抗力的范围及免责条款；学会运用仲裁条款保护我方权益。

关键词

检验（Inspection）　　　　　　争议（Dispute）

索赔（Claim）　　　　　　　　理赔（Settling）

不可抗力（Force Majeure）　　　仲裁（Arbitration）

第一节　商品检验

一、检验检疫的含义及作用

　　进出口商品检验是指由专业的检验机构或公证机构对进出口商品的质量、数量、规格、重量、包装、安全性能、卫生指标以及装运条件等进行检验和鉴定，以确定其是否与贸易合同、有关标准规定相一致，并出具相应的检验证书作为买卖双方交接货物的依据。

　　商检工作是使国际贸易活动能够顺利进行的重要环节，也是一个国家为保障国家安全、维护国民健康、保护动物植物和环境而采取的技术法规和行政措施。在世界贸易活动中，许多重大事件都与商品的检验检疫有关。如由欧洲疯牛病引起的包括中国在内的许多国家对进口欧洲肉类食品和动物性饲料的抵制；中国出口商品木质包装因曾被检出光肩星天牛而被美国提出严格的检疫要求和证明方式。我国出入境检验检疫部门多次从美国、日本等国家进口货物的木质包装中查验出危害针叶树木的松材线虫并制定了相应的进口检疫监管规定等。

二、检验时间和检验地点

　　关于商品的检验时间和地点，基本做法有以下 3 种。

（一）出口国检验

在出口国检验又可分为产地检验和装运港（地）检验。

1. 产地检验

货物离开产地（工厂、农场、矿山等）前由出口方或其委托的检验检疫人员或进口方的验收人员对货物进行检验或验收。卖方承担货物离开产地前的责任，在运输途中出现的品质、数量等方面的风险则由买方负责。

2. 装运港（地）检验

货物在装运前或装运时，由双方约定的检验机构对货物进行检验，并以该机构出具的品质、数量等检验证书作为决定交货品质和数量（重量）的最后依据。货物运抵目的港（地）后，即使买方再委托当地检验机构进行复验，也无权就货物的品质和数量（重量）向卖方提出任何异议和索赔。

（二）在进口国检验

在进口国检验是指货物运抵目的港（地）卸货后进行检验，或在买方营业处所或最终用户所在地进行检验。一般情况下，货抵目的港（地）卸货后，由双方约定的目的港（地）检验机构对货物进行检验，并出具品质和数量（重量）检验证书作为决定交货品质和数量（重量）的最后依据。如发现货物品质和数量（重量）与合同规定不符，且责任确属卖方时，则卖方应予负责。

对于成套设备、机电仪表以及在口岸开箱检验后难以恢复原包装的商品，可将检验延伸或推迟到货物运抵买方处所或最终用户所在地后一定时间内进行，并以双方约定的检验机构出具的检验证书作为决定交货品质和数量的最后依据。

（三）出口国检验、进口国复验

按照这种做法，以装运前的检验证书作为收付货款的依据，货到目的港（地）后买方有复验权。如经复验发现货物与合同不符，买方有权在规定时间内凭复验证书向卖方提出异议和索赔。

案例评析 9-1

案例：我方某公司售货给加拿大的甲商，甲商又将货物转卖给英国的乙商。货抵加拿大后，甲商已发现货物存在质量问题，但仍将原货经另一艘船运往英国。乙商收到货物后，除发现货物质量问题外，还发现有 80 包货物包装破损，货物短少严重，因而向甲商索赔。据此，甲商又向我方提出索赔。请问：我方是否应负责赔偿，为什么？

评析：我方不应负赔偿责任。① 甲商在我方货物运抵加拿大后，虽发现货物存在质量问题，但并未向我方提出，也未请有关部门对到货进行复验，即放弃了检验权，从而丧失了拒收货物的权利；② 甲商将原货经另一艘船运给英国乙商，已构成了甲商与乙商之间的合同内容，而非我方与甲商的合同内容，乙商的损失应由乙商找甲商处理。所以，我方不应负赔偿责任。

三、检验机构

（一）国外的检验机构

国外商品检验机构从组织性质来看，主要有官方和民间两种。国际上比较知名的检验机构如表9-1所示。

表9-1　国际知名检验机构一览表

官方检验机构	民间独立检验机构
美国粮谷检验署（FGES）	瑞士日内瓦通用鉴定公司（Societe General De Surveillance S. A. , S. G. S. ）
美国食品和药物管理局（FDA）	美国保险人实验室（Underwriters Laboratory，UL）
法国国家实验检测中心	英国劳合氏公证行（Lloyd's Surveyor）
英国标准协会（BSI）	劳氏船级社（Lloyd's Register of Shipping）
日本通商产业检验所	英国英之杰检验集团（Intertek Testing Services Foreign Trade Supervision，ITS）
	日本海事鉴定协会（Japan Marine Surveyors & Sworn Measurer's Association，NKKK）
	日本海外货物检查株式会社（Overseas Merchandise Inspection Co. ，Ltd，OMIC）
	中国香港天祥公证检验行
	加拿大标准协会（CSA）
	国际羊毛局（International Wool Secretariat，IWS）

（二）我国的商检机构

我国的商检机构曾经比较复杂，除国家进出口商品检验局和代表其进出口商品检验和鉴定工作的中国进出口商品检验总公司外，各有关部门还设立了一些专门的检验机构，如动植物检疫局、卫生检疫局、药品检验所、船舶检验局等。1998年原国家进出口商品检验局、原农业部动植物检疫局和原卫生部检疫局合并组建了国家出入境检验检疫局。2001年国家出入境检验检疫局又与原国家质量技术监督局合并，成立了国家质量监督检验检疫总局。该局主管全国进出口商品的检验工作，其设在各地的直属机构的基本任务有以下3项：

（1）实施法定检验。对列入进出口商品目录内的货物以及法律、法规规定必须经商检机构检验的其他进出口货物进行强制性检验。

（2）办理鉴定业务。接受委托，办理规定范围内的进出口商品鉴定业务，签发各种鉴定证书，作为办理进出口商品的交接、结算、计费、理算、清关、纳税和处理争议索赔的有效凭证。鉴定业务不具有强制性。

（3）进行监督管理。通过行政和技术手段对进出口商品进行控制管理和监督。

四、检验证书

检验证书是关于商品品质、规格、重量、数量、包装等方面的鉴定文件,一般由政府设立的检验检疫机构或其他公证机构或制造商出具。它是买卖双方交接货物的依据,是银行结算货款的单据之一,是海关验放的凭证,是提出索赔、解决争议的凭据。

检验证书主要有以下几种:

(1) 品质检验证书(Inspection Certificate of Quality)

(2) 重量检验证书(Inspection Certificate of Weight)

(3) 数量检验证书(Inspection Certificate of Quantity)

(4) 兽医检验证书(Veterinary Inspection Certificate)

(5) 卫生检验证书(Sanitary Inspection Certificate)

(6) 消毒检验证书(Disinfecting Inspection Certificate)

(7) 产地检验证书(Inspection Certificate of Origin)

(8) 价值检验证书(Inspection Certificate of Value)

(9) 验残检验证书(Inspection Certificate on Damaged Cargo)

(10) 船舶检验证书(Inspection Certificate on Tank/Hold)

为了明确要求,分清责任,在检验条款中应订明所需证书的类别。

五、检验检疫的程序

凡属法定检验商品或合同规定需要商检机构进行检验并出具检验证书的商品,对外贸易关系人均应及时提请商检机构检验。我国进出口商品的检验程序主要包括以下 4 个环节。

(一) 报检

进出口报检是指对外贸易关系人向商检机构申请检验。凡属商检范围内的进出口商品,都必须检验。

1. 报检资格的认定

(1) 报检单位首次报检时须持单位营业执照和政府批文办理登记备案手续,取得报检单位代码,其报检人员经检验检疫机构培训合格后领取报检员证,凭证报检。

(2) 代理报检单位须按规定办理注册登记手续,其报检人员应具有代理报检员证,凭证办理代理报检手续。

(3) 代理报检的,须向检验检疫机构提供委托人按规定格式填写的委托书。

2. 出口报检手续

(1) 填写出境货物报检单。报检人必须按报检单位的要求详细填写,每份出境货物报检单仅限填报一个合同、一份信用证的商品。对同一合同、信用证,但标记号码不同者,应分别填写。报检一般在发运前 7 天提出。

(2) 应提供的单证和资料。出口报检时应提供下列资料:对外贸易双方签订的贸易合同及合同附件;信用证;生产经营部门自检合格后出具的厂检正本;法定检验出口商品报检时,提供商检机构签发的运输包装容器性质检验合格单正本;实行卫生注册的商品,提供商检机构签发的卫生注册证书;实行质量许可证的出口商品,必须提供商检机构质量许可证书;凭样品成交的应提供双方确认样品。

3.进口报检手续

进口商品的报检人应在一定期限内填写入境货物报检单,填明申请检验鉴定项目要求,并附合同、发票、海运提单或铁路运单、航空运单等、品质证书、装箱单、接/用货部门已验收的应附验收记录等资料,向当地商检部门申请检验。如货物有残损、短缺,还须附理货公司与轮船大副共同签署的货物残损报告单、大副批注或铁路商务记录等有关证明材料。

报检后,如发现报检单填写有误或客户修改信用证使货物数量、规格有变动时,可提出更改申请,填写更改申请单,说明更改事项和原因。

(二)抽样

商检机构接受报检后,需及时派人到货物堆存地点进行现场检验鉴定。其内容包括货物的数量、重量、包装、外观等项目。现场检验一般采取国际贸易中普遍使用的抽样法(个别特殊商品除外)。抽样时须按规定的抽样方法和比例随机抽样,以便样品能代表整批商品的质量。

(三)检验

可以通过感官的、物理的、微生物的方法进行检验检疫。商检机构根据抽样和现场检验记录,仔细核对合同及信用证对品质、规格、包装的规定,根据检验的依据、标准,采用合理的方法实施检验。

(四)签证与放行

签证、放行是检验检疫机构检验检疫工作的最后一个环节。

凡法律、行政法规、规章或国际公约规定须经检验检疫机构检验检疫的出境货物,经检验检疫部门检验检疫合格后,凭出境货物通关单作为海关核放货物的依据;同时,国外要求签发有关检验检疫证书的,检验检疫机构根据对外贸易关系人的申请,经检验检疫合格的,签发检验检疫证书;经检验检疫不合格的,签发出境货物不合格通知单。

凡法律、行政法规、规章或国际公约规定须经检验检疫机构检验检疫的入境货物,检验检疫部门接受报检后,先签发入境货物通关单,海关据以验放货物。然后,经检验检疫机构检验检疫合格的,签发入境货物检验检疫情况通知单;不合格的,对外签发检验检疫证书,供有关方面对外索赔。需异地实施检验检疫的,口岸检验检疫机构办理异地检验检疫手续。

六、检验检疫的种类和检验方法

检验检疫机构对于进出口商品检验鉴定的具体内容,根据商品的不同特性,法律、法规规定的不同内容,或是根据合同中的具体规定,有关技术标准的规定,以及根据申请委托人的意愿而不同。

1. 进出口商品的质量检验

质量检验(Quality Inspection)也称品质检验,是检验工作的主要项目。

质量检验的内容主要包括以下几项:

(1) 外观质量。检查商品的外观形态、尺寸规格、样式、花色、造型、表面缺陷、表面加工装饰水平等。

(2) 内在质量。成分检验包括有效成分的种类及含量、杂质及有害成分的限量等;性能检验包括商品应具备的强度、硬度、弹性、伸长率、耐热性等物理性能,耐酸/碱性、抗腐蚀性、溶解性、化学敛容性等化学性能;机械性能检验包括抗压力、抗拉、冲击、振动、跌落等;使用性能检验包括完成规定的动作,特定的使用效果,如汽车的车速、刹车要求,电视机的声响、图像效果,机器生产出完好的产品等。

(3) 特定质量检验项目。是指为了安全、卫生、环境保护等目的,针对不同商品而特别要求的质量检验,如对食品卫生质量的检验,检验食品中有害生物、食品添加剂、农药残留量、重金属含量等;对动植物的检验检疫;对危险货物的安全性能检验;对飞机、车辆、船舶的安全的防护质量检验;废气、噪音、废水的限量检验等。

检验机构在完成进出口商品的质量检验后签发品质检验证书(Inspection Certificate of Quality)或专项检验证书,如检疫证书、兽医证书等。

2. 进出口商品的数量或重量检验

商品的数量(Quantity)或重量(Weight)是贸易合同中的重要内容,因其直接涉及该笔贸易的成交金额与最终结算,与双方利益的关系最为直接,因此,数量或重量检验是检验工作的主要内容之一。

3. 包装检验

出口商品的包装检验,可分为危险货物包装检验和一般货物包装检验。包装检验是根据合同、标准和其他有关规定,对进出口商品的外包装和内包装以及包装标志进行检验。一般在抽样现场检验,或在进行衡器计量的同时结合进行。进行包装检验时首先核对外包装上的商品包装标志(标记、号码等)是否与进出口合同相符。对进口商品主要检验外包装是否完好无损,包装材料、包装方式和衬垫物等是否符合合同规定的要求,对外包装破损的商品要检查其是否由于包装不良所引起。对运输包装性能检验的典型项目有跌落试验、堆码试验、气密试验、液压试验等。

4. 出口商品装运技术检验

根据对外贸易关系人的申请,或依据有关法律、法规的规定,检验机构对出口商品的装载条件、装载技术等内容进行检验鉴定,主要有如下检验项目:

(1) 船舱检验。船舱检验包括干货船检验、油舱检验、冷藏舱检验,以确认其对所装货物的适载性。

(2) 集装箱鉴定。检验机构对装运易腐烂变质食品实施强制性检验,以保证出口食品的卫生质量。对其他进出口集装箱,凭对外贸易关系人的申请,办理鉴定业务。

(3) 监视装载。简称监装,是检验部门对出口商品装货进行的监视鉴定工作。对货物监装时,首先要对装运出口货物的船舱进行检验,或对集装箱进行检验,确认其适货性。同时审核承运人的配载计划是否符合货运安全的需要;监督承运人按照商品的装载技术要求进行装载,并出具监视装载证书。

（4）积载鉴定。积载鉴定是根据对外贸易关系人的申请,检验部门对出口商品装载情况进行的鉴定。鉴定时审核承运人的配载计划是否合理,注意其安全、稳固性、防止货物相抵性、串味等。检查装船技术设施是否符合保护货物的质量、衬垫、通风措施等,据实出具鉴定证明。

（5）货载衡量鉴定。货载衡量是对贸易成交将要运输的商品进行测量体积和衡定重量的工作,是由承运人或托运人申请检验部门办理的鉴定业务。其主要目的是为了计算运输中的运费。同时,为订舱、配载提供准确的货物体积和重量数据,以便保证船舶合理配载及安全、平稳。

5. 出入境动植物检疫

为防止动物传染病、寄生虫病和植物危害性病、虫、杂草及其有害生物传入传出国境,保护农、林、牧、渔业和人体健康,保障我国国际贸易活动的正常进行,按照《中华人民共和国进出境动植物检疫法》的规定,对进出境的动植物、动植物产品和其他检疫物,装载动植物、动植物产品和其他检疫物的装载容器、包装物以及来自动植物疫区的运输工具,依法实施检疫。

6. 出入境卫生检疫

按照我国《国境卫生检疫法》及其实施细则的规定,出入境的人员、交通工具、集装箱、运输设备、尸体、骸骨及可能传播检疫传染病的行李、货物、邮包等都必须接受卫生检疫。经卫生检疫机关许可,方准入境或出境。入境出境的微生物、人体组织、生物制品、血液及其制品等特殊物品,也应当主动接受检疫。经卫生检疫机关许可,方准带入或带出,海关凭卫生检疫机关签发的有关证明放行。

7. 进出口商品鉴定

检验机构办理进出口商品鉴定业务,须凭申请办理,不属于强制性检验。检验机构根据对外贸易、运输和保险合同规定的有关各方,即进出口商品收货、用货单位和代理接运部门以及出口商品的生产者、供货单位和经营部门的申请,外国检验机构的委托,办理进出口商品鉴定业务,签发各种鉴定证书,供申请单位作为办理商品交接、结算、计费、理算、通关、计税、索赔或举证等的有效凭证。

七、买卖合同中的检验条款

（一）买卖合同中检验检疫条款的规定

国际货物买卖合同中的检验条款,应根据商品的性质、特点及不同的交易情况,做出适当的规定。检验条款一般包括下列内容:有关检验权的规定;检验或复验的时间和地点;检验机构;检验项目和检验证书等。一般来说,进口合同中的检验条款与出口合同中的检验条款应有所区别。但无论对进口还是出口,此项条款的订立都应谨慎,以免遭受经济上的损失。对出口而言,一般都规定在出口国检验,进口国复验。

例1:出口合同中的检验条款

买卖双方同意以装运港（地）中国出入境检验检疫局签发的质量和重量（数量）检验证书作为信用证项下议付所提交的单据的一部分,买方有权对货物的质量和重量（数量）进行复验,复验费由买方负担。但若发现质量和/或重量(数量)与合同规定不符时,买方有权向卖方索赔,并提供经卖方同意的公证机构出具的检验报告。索赔期限为货物到达目的港(地)后××天内。

It is mutually agreed that the Certificate of Quality and Weight(Quantity)issued by the China Exit and Entry Inspection and Quarantine Bureau at the port/place of shipment shall be part of the documents to be presented for negotiation under the relevant L/C. The Buyers shall have the right to reinspect the quality and weight(quantity)of the cargo. The reinspection fee shall be borne by the buyers. Should the quality and/or weight(quantity) be found not in conformity with that of the contract, the Buyers are entitled to lodge with the Sellers a claim which should be supported by survey reports issued by a recognized surveyor approved by the Sellers. The claim, if any, shall be lodged within ... days after arrival of the goods at the port/place of destination.

本例的索赔期限,也就是买方复验货物的期限。具体期限应根据货物的性质、国内运输、检验的繁简等情况而定。对较易变质和损坏的货物,可以短一些;不易变质或损坏的货物,可以长一些。需安装、调试的机械设备还可以长至安装调试所需的合理时间。

例2:进口合同中的条款

双方同意以制造厂(或某公证行)出具的质量和数量/重量检验证书作为有关信用证项下付款的单据之一。货到目的港(地)卸货后××天内经中国出入境检验检疫局复验,如发现质量和/或数量/重量与本合同不符时,除属保险公司或承运人负责外,买方凭中国出入境检验检疫局出具的检验证书,向卖方提出退货或索赔。所有退货或索赔引起的一切费用(包括检验费)及损失,均由卖方负担。在此情况下,凡货物适于如抽样者,买方可应卖方要求,将有关货物的样品寄交卖方。

It is mutually agreed that the Certificate of quality and weight or quantity issued by the Manufacturer(or ... Surveyor)shall be part of the documents for payment under the relevant L/C. In case the quality or weight or quantity of the goods be found not in conformity with those stipulated in this contract after reinspection by the China Exit and Entry Inspection and Quarantine Bureau within ... days after discharge of the goods at the port/place of destination, The Buyers shall return the goods to or lodge claim against the Sellers for compensation of losses upon the strength of Inspection Certificate issued by the said Bureau, with the exception of those claims for which the insurers or the carriers are liable. All expenses(including inspection fee)and losses arising from the return of the goods or claims should be borne by the Sellers. In such case, the Buyers may, if so requested, send a sample of the goods in question to the Sellers, provided that the sampling is feasible.

(二)规定检验检疫条款的注意事项

检验检疫条款直接关系到买卖双方的经济利益和信誉,关系到合同的顺利履行。因此,此项条款的订立,必须体现我国对外贸易的方针政策,贯彻"平等互利"、"实事求是"的原则,符合我国涉外经济合同法的规定,并在必要时运用国际惯例,使所订立的商检条款有利于出

口货物与进口到货的检验和验收工作的顺利进行。在订立商检条款时应注意以下一些问题:

(1) 检验条款应与合同其他条款相一致,不能相互矛盾。在检验条款中,规定检验时间和地点时,不能与使用的贸易条件相矛盾。例如,出口采用 CIF 条件成交,卖方的责任是在装运港船上交货后,即可凭单据议付货款,若规定到岸品质与数量或重量由买方验货后决定付款,就使价格条件与检验条款发生矛盾,合同成为名不符实的 CIF 合同了。

(2) 检验条款的规定切合实际,不能接受外商提出的不合理的检验条件。

(3) 要明确规定复验的时间、地点和机构。

(4) 应在检验条款中明确规定检验标准和方法。业务中出现的争议,有时是由于商检机构采用的标准不一致和采用的检验方法不同造成的。进口贸易检验条款应尽量采用国际标准或国外先进标准。

(5) 进口合同检验条款应规定我方有复验权。进口货物到达目的港后应允许我方复验,经复验发现货物与合同不符,有权向国外商人提出索赔或退货。同时,应根据进口货物的实际规定复验期限和地点,对于一些货物如大型机械、矿山使用的载重汽车应在目的地复验,且期限应该稍长一些;进口的成套设备的复验期限应长一些,必须经过安装试车和正式投产几个阶段才能决定其性能质量是否与合同规定相符。

第二节　索　赔

一、争议与索赔和理赔的含义

(一) 争议

争议(Dispute)是指交易的一方认为对方未能全部履行合同规定的责任与义务,发生违约而引起的纠纷。引起争议的原因,主要可分为 3 类:

(1) 卖方违约。如:卖方不按合同规定装船;所交货物的品质、规格、数量、时间、包装等不符或不完全符合合同规定;因某种变故拒不交货;提供的单证不齐全或延误交单等。

(2) 买方违约。如:买方不开立或不按时开立信用证;FOB 条件下,不按规定时间派船接货;不付款赎单,无理拒收货物或对货物故意挑剔等。

(3) 合同规定欠明确。如:"合理公差"、"适合海运包装"、"立即装运"等,导致双方对合同条款的理解和解释不同,造成违约而引起争议。

(二) 索赔

索赔(Claim)是指遭受损害的一方在发生争议后,向违约方提出损害赔偿的要求。由于违约情况不同,程度也有轻重,违约者所承担的责任也不同。买卖合同是对缔约双方具有约束力的法律性文件,一方违约给对方当事人造成损失,就应承担违约的法律责任。受损一方就有权根据合同或有关法律规定提出损失补偿要求。这也是国际贸易中应普遍遵循的原则。

根据索赔对象的不同,索赔可分为向合同违约方索赔(多数是买方向卖方提出)、向承运方索赔以及向保险公司索赔等。究竟向谁索赔,应视责任归属而定。如不交货或延期交货,或所交货物的品质、规格、数量、包装等与合同或信用证不符等,或提供的单据不符合同要求,应向卖方索赔;如数量少于提单载明的数量,收货人持有清洁提单而货物发生残损短缺,应向承运人索赔;如在承保范围内的货物损失,船公司(或承运人)不予赔偿的损失或赔偿不足以补偿货物的损失而又属承保范围内的,应向保险公司索赔。我国的对外索赔,属于船方责任的,由有关运输公司代办;属于卖方责任和保险公司责任的,由各进出口公司自行办理。

索赔要有充分的索赔依据,且应在索赔期限内提出索赔,否则即丧失索赔权。索赔期限即索赔方向违约方提赔的有效时限,逾期提赔,违约方可不予受理。

(三) 理赔

理赔(Settling)就是合同一方对另一方提出的索赔要求进行的受理或处理,也可解释为违约方对受损方所提出的赔偿要求进行处理。

索赔和理赔是同一事情的两方面,在一方(受损方)为索赔,另一方(违约方)为理赔。一般情况下,索赔多发生在进口方面,理赔多发生在出口方面。当然,相反的情况(如进口方发生理赔问题)也是存在的。

对外贸易中的索赔和理赔都是一项维护国家、企业信誉和权益的重要工作,应根据国际惯例和适用的法律,严肃认真地、实事求是地进行处理。为了使贸易双方在处理索赔时有法律依据,在签订外贸合同时,可以根据不同的需要订立索赔条款。

二、违约责任

违约是指买卖双方中的一方违反合同义务的行为。当事人违约就应承担相应的法律责任,这是国际贸易普遍遵循的原则。不同性质的违约行为应承担不同的法律责任。各国法律和国际条约对此都有规定,但就违约行为的性质划分及据此可以采取的补救办法,却不很一致:有的国家以合同中交易条件的主次为依据进行划分,有的国家以违约的后果轻重程度为依据进行划分。

《英国货物买卖法》从是否违反合同条款的角度将违约分为违反要件(Breach of Condition)和违反担保(Breach of Warranty)两种。违反要件,是指违反合同的主要条款,受害方因之有权解除合同并要求损害赔偿。违反担保通常是指违反合同的次要条款,受害方有权因之要求损害赔偿,但不能解除合同。

美国的法律规定,一方当事人违约,致使另一方无法取得该交易的主要利益,则是重大违约(Material Breach)。在此情况下,受损害的一方有权解除合同,并要求损害赔偿。如果一方违约,情况较为轻微,并未影响对方在该交易中取得主要利益,则为轻微违约(Minor Breach),受损害的一方只能要求损害赔偿,而无权解除合同。

我国《合同法》规定:当事人一方迟延履行合同义务或者有其他违约行为致使不能实现合同目的,对方当事人可以解除合同;当事人一方迟延履行主要债务,经催告后在合同期内仍未履行的,对方当事人可以解除合同。《合同法》又规定,合同解除后,尚未履行的,终止履行;已经履行的,根据履行情况和合同性质,当事人可以要求恢复原状、采取其他补救措施,并有权要求赔偿损失。

《公约》规定,一方当事人违反合同的结果,如使另一方当事人蒙受损害,以至于实际上剥夺了他根据合同有权期待得到的东西,即为根本违反合同(Fundamental Breach of Contract)。若一方违反合同构成根本违反合同时,受损害的一方可以宣告合同无效并要求损害赔偿。如违约的情况尚未达到根本违反合同的程度,则受损方只能要求损害赔偿而不能解除合同。

综上所述,各国法律和国际公约对违约情况的区分不同,对于不同的违约情况应承担的责任亦有不同的规定。因此,为维护我方权益,应根据我国法律和国际上有关法律和惯例,订好国际货物买卖合同中的索赔条款,并在合同的履行中加以正确运用。

三、买卖合同中的索赔条款

索赔条款通常有异议与索赔条款和罚金条款两种规定方式。在一般买卖合同中,多数只订异议与索赔条款,而在买卖大宗商品和成套设备等合同中,除订明异议与索赔条款外,再另订有罚金条款。

1. 异议与索赔条款

异议与索赔条款(Discrepancy and Claim Clause)一般是针对卖方交货品质、数量或包装不符合同规定而订立的,主要包括索赔依据、索赔期限,有的还规定索赔处理方法。索赔依据主要规定索赔必须具备的证据和出证机构。除机器设备等性能特殊的商品外,索赔期限一般不宜规定过长,以免使卖方承担过重的责任;也不宜规定过短,以免使买方无法行使索赔权。

例1:异议与索赔条款

买方对于装运货物的任何索赔,必须于货物到达提单及/或运输单据所订目的港(地)之日起××天内提出,并须提供卖方同意的公证机构出具的检验报告。属于保险公司、轮船公司或其他运输机构责任范围的索赔,卖方不予受理。

Any claim by the Buyer regarding the goods shipped should be filed within ... days after the arrival of the goods at the port/place of destination specified in the relative Bill of Lading and/or transport document and supported by a survey report issued by a surveyor approved by the Seller. Claim in respect of matters within responsibility of insurance company, shipping company/other transportation organization will not be considered or entertained by the Seller.

2. 罚金条款

罚金条款(Penalty Clause),即一方未履行合同义务时向对方支付约定的罚金,以补偿对方损失,可在合同中规定罚金的数额或罚金的百分率。罚金条款较多使用于卖方延期交货或买方延期接货或延期付款等情况,罚金实质上就是违约金。罚金数额由交易双方商定,并规定最高限额,通常罚金数额以不超过总金额的5%为宜。一方支付罚金后,还应当履行合同义务。

例2:延期交货罚金条款

　　如卖方不能按合同规定的时间交货,在卖方同意由付款银行在议付货款中扣除罚金或由买方于支付货款时直接扣除罚金的条件下,买方应同意延期交货。每延期 7 天收取延期交货部分金额 0.5% 的罚金,不足 7 天按 7 天计算。但罚金不得超过延期交货部分总金额的 5%。如卖方延期交货超过合同规定期限 10 周时,买方有权撤销合同,但卖方仍应不延迟地按上述规定向买方支付罚金。

Should the Sellers fail to make delivery on time as stipulated in the contract, the Buyers shall agree to postpone the delivery on the condition that the Sellers agree to pay a penalty which shall be deducted by the paying bank from the payment under negotiation, or by the Buyers direct at the time of payment. The rate of penalty is charged at 0.5% of the total value of the goods whose delivery has been delayed for every seven days, odd days less than seven days should be counted as seven days. But the total amount penalty, however, shall not exceed 5% of the total value of the goods involved in the late delivery. In case the Sellers fail to make delivery ten weeks later than the time of shipment stipulated in the contract, the buyers shall have the right to cancel the contract and the Sellers, in spite of the cancellation, shall still pay the aforesaid penalty to the Buyers without delay.

案例分析 9 - 1

　　案例:中国 A 公司与美国 B 公司签订进口 100 公吨小麦合同。事后 A 公司与中国其他两家公司分别签订转售 500 公吨小麦合同。合同履行期内,B 公司因故明确表示无法履行合同。A 公司多次交涉未果,遂向 B 公司提出如下赔偿要求:① B 公司无法履行合同造成的利润损失;② 支付给国内两家公司的违约金;③ 催促 B 公司履行合同等文电、办公费用;④ 其他因 B 公司违反合同造成的损失。请问:A 公司的要求是否合理?为什么?

　　评析:A 公司提出的①③④项赔偿要求是合理的,第②项不合理。因为中美两国均为《公约》成员国,且合同中未排除《公约》的适用。因此本纠纷应适用《公约》解决。根据《公约》规定,一方违约应承担的损害赔偿的范围,应与对方因其违约而遭受的包括利润在内的损失额相等,但不得超过违约方在订立合同时预料到或理应预料到的可能损失。本案中 A 公司与另外两公司的转售合同是在 A、B 公司合同签订之后,B 公司不知情且无法预料,所以要求 B 公司承担违约金是不合理的。案例中①③④项为《公约》明确规定的损害赔偿范围的部分,为违约方在订立合同时可预料到或理应预料到的损失;第②项则无法预见。

第三节　不可抗力

一、不可抗力的含义

　　不可抗力(Force Majeure)又称人力不可抗拒,是指买卖合同签订后发生无法预见、无法预防、无法避免和非当事人所能控制的意外事件,以致不能履行或不能如期履行合同。在此情况下,发生意外事件的一方,可以免除履行合同的责任或推迟履行合同。由于不可抗力条款属于免责条款,因此,在客观上对于不可抗力事件的认定就十分关键。

二、不可抗力的原因及认定条件

造成不可抗力事件的原因大体可分为自然原因和社会原因两类。

(1)自然原因引起的,如水灾、火灾、冰灾、暴风雨、大雪、地震、海啸等自然灾害。

(2)社会原因引起的,如战争、罢工、政府封锁、禁运等。

但应注意,并非所有自然原因和社会原因引起的事件都属于不可抗力事件,如物价涨落、汇率变动等一些交易中常见的现象,除买卖双方另有约定外,都不属于不可抗力范围。

构成不可抗力事件一般应具备以下条件:

(1)意外事件必须发生在合同签订以后。

(2)事件不是由于任何一方当事人故意或过失、疏忽而导致的。

(3)事件的发生及其造成的后果是当事人无法预见、不能控制和无能为力的。

三、不可抗力的法律后果

发生不可抗力事件后,应按约定的处理原则和办法及时进行处理。不可抗力事件引起的后果主要有 3 种:一是解除合同;二是部分履行,部分解除;三是变更合同或延期履行合同。究竟如何处理,应视事件的原因、性质、规模及其对履行合同所产生的实际影响程度而定,买卖双方也要在合同中作出具体规定。如果不可抗力事件只是暂时阻碍合同的履行,则只能延期履行合同。

当事人在行使解除权利时应十分慎重。特别是不能履行的一方,应尽可能提出妥善建议使双方尽量减少损失。倘若对方不同意延期履行合同,则建议采取替代和减少履行等变更合同的方式,尽可能地维持合同存在,保持友好合作关系。在此应防止当事人故意夸大事件,提出解除合同的不合理要求。

四、不可抗力事件的处理

不可抗力条款是一项免责条款,只有确实发生了不可抗力,当事人一方方可免责。因此,发生不可抗力时,遭受不可抗力事件的一方除要查明事实的真相并及时通知对方外,还应提供有效的证明文件,作为发生不可抗力事件的证据,并且在通知中应提出处理的意见。

《公约》第 79 条第 4 款规定,发生不可抗力后,不履行义务的一方必须将障碍及其对履行义务能力的影响通知另一方,使对方及时采取一些相应措施。如果该项通知在不履行义务的一方已知道或理应知道这一障碍后一段合理时间内,仍未为另一方收到,则他对由于另一方未收到通知而造成的损害应负赔偿责任。在实际业务中,有关当事人多以电报或电传方式通知另一方当事人,并应在规定的期限内提供由规定机构出具的证明文件。在国外,这种证明文件一般由当地的商会或法定公证机构出具。在我国,由中国国际贸易促进委员会出具。

　　一方接到对方关于不可抗力事件的通知或证明文件后,无论同意与否都应及时答复,否则,按有些国家的法律(如《美国统一商法典》),将视作默认。

　　案例评析 9－2

　　案例:我国从阿根廷进口普通豆饼 2 万公吨,交货期为 8 月底,拟转售欧洲。然而,4 月阿根廷出口商原定的收购地点发生百年未见洪水,收购计划落空。出口商要求按不可抗力处理免除交货责任,进口方该怎么办?

　　评析:合同如无特殊约定,本合同应适用《公约》(中国和阿根廷均为《公约》缔约国)。按照《公约》的有关规定,出口方发生的事件不构成不可抗力,因为事件的后果不是不可克服的。豆饼属种类货,可以替代,合同不要求特定的产地,出口商应从其他地区或国家购买货物交货,尤其是从发生洪水灾害到交货,尚有 4 个月的时间供其准备货源。出口商如拒不履约,进口商可在其交货时从国际市场上补进,然后向出口商索取差价和损害赔偿。

五、合同中的不可抗力条款

　　国际贸易中对不可抗力并无确切和统一的解释,容易导致当事人之间发生纠纷。为了避免这种现象发生,在货物买卖合同中应订入不可抗力条款,对容易出现分歧的问题作出解释,以便维护双方的权益。

　　国际货物买卖合同中的不可抗力条款主要规定不可抗力的范围、对不可抗力的处理原则和方法、不可抗力发生后通知对方的期限和方法,以及出具证明文件的机构等。

　　我国对于进出口合同中的不可抗力条款主要有以下 3 种规定方式。

　　1. 概括式规定

　　即在合同中不具体规定不可抗力事件的种类,只是笼统地规定。

　　如由于不可抗力原因,致使卖方不能全部或部分装运,或延迟装运合同货物,卖方对于这种不能装运或延迟装运本合同货物不负有责任。但卖方须以电讯方式通知买方,并须在×天内,以特快专递方式向买方提交由中国国际经济贸易促进委员会(中国国际商会)出具的证明此类事件的证明书。

　　If the shipment of the contracted goods is prevented or delayed in whole or in part due to Force Majeure, the Seller shall not be liable for non-shipment of late shipment of the goods of this contract. However, the Seller shall notify the Buyer by teletransmission and furnish the latter within ... days by courier service with a certificate issued by the China Council for the Promotion of International Trade (China Chamber of International Commerce) attesting such event or events.

　　此种方法由于对不可抗力事件的范围规定太笼统,难以作为解决问题的依据,因此使用较少。

　　2. 列举式规定

　　如由于战争、地震、水灾、火灾、暴风雨、雪灾的原因,致使卖方不能全部或部分装运或延迟装运合同货物,卖方对于这种不能装运或延迟装运本合同货物不负有责任。但卖方须以电讯方式通知买方,并须在×天内,以特快专递方式向买方提交由中国国际经济贸易促进委员会(中国国际商会)出具的证明此类事件的证明书。

If the shipment of the contracted goods is prevented or delayed in whole or in part by reason of war, earthquake, flood, fire, storm, heavy snow, the Seller shall not be liable for non-shipment of late shipment of the goods of this contract. However, the Seller shall notify the Buyer by teletransmission and furnish the latter within … days by courier service with a certificate issued by the China Council for the Promotion of International Trade (China Chamber of International Commerce) attesting such event or events.

但这种规定过死,一旦发生意外事件,超出所列举的范围,就有可能发生争执,也难以援引此条款为据。

3. 综合式规定

如由于战争、地震、水灾、火灾、暴风雨、雪灾或其他不可抗力的原因,致使卖方不能全部或部分装运或延迟装运合同货物,卖方对于这种不能装运或延迟装运本合同货物不负有责任。但卖方应立即将事件通知买方,并于事件发生后×天内将事件发生地政府主管当局出具的事件证明书用特快专递方式寄交买方为证,并取得买方认可。在上述情况下,卖方仍有责任采取一切必要措施从速交货。如果事件持续超过×星期,买方有权撤销合同。

The Seller shall not be liable for failure or delay to perform all or any part of this contract due to war, earthquake, flood, fire, storm, heavy snow or other cause of Force Majeure. However, the Seller shall advise the Buyer immediately of such occurrence, and within … days thereafter, shall send by courier service to the Buyer for their acceptance a certificate issued by the competent government authorities of the place where the accident occurs as evidence thereof. Under such circumstance, the Seller, however, is still under the obligation to take all necessary measure to hasten the delivery of the goods. In case the accident lasts for more than … weeks, the Buyer shall have the right to cancel the contract.

这种规定既明确,又有一定的灵活性,是一种较好的规定方法。

六、处理不可抗力事件应注意的问题

当不可抗力事件发生后,合同当事人在援引不可抗力条款和处理不可抗力事件时,应注意如下问题:

(1) 发生不可抗力事件的一方当事人应按约定期限和方式立即将事件情况通知对方,并提供有关机构的证明,作为发生事件的证据。

(2) 正确援引不可抗力条款。交易一方援引不可抗力条款免责时,另一方当事人应按合同规定严格进行审查,以确定其援引的内容是否属于不可抗力条款规定的范围。

(3) 双方当事人应就不可抗力的后果,按约定的处理原则和办法进行协商处理,但应注意免责的有效时间和合同规定的处理方式。当事人由于受不可抗力事件的阻碍,可以免除其履行合同义务的责任,但免责只限于不可抗力存在的期间内有效。一旦不可抗力事件对履约的阻碍消除后,就应立即恢复履行其义务。

（4）区分商业风险和不可抗力事件。商业风险往往也是无法预见和不可避免的，但是它和不可抗力事件的根本区别在于一方当事人承担了风险损失后，有能力履行合同义务。如对种类货的处理，此类货物可以从市场中购得，因而卖方通常不能免除其交货责任。

（5）重视特定标的物的作用。对于包装后刷上唛头或通过运输单据等已将货物确定为某项合同的标的物，称为特定标的物。此类货物由于意外事件而灭失，卖方可以确认为不可抗力事件。如果货物并未特定化，则会造成免责的依据不足。比如3万米棉布在储存中由于不可抗力损失了1万米，若棉布分别售予两个货主，而未对棉布作特定化处理，则卖方对两个买主都无法引用不可抗力条款免责。

第四节　仲　裁

一、仲裁的含义

仲裁（Arbitration）是指买卖双方在争议发生之前或之后，签订书面协议，自愿将争议提交双方所同意的第三者予以裁决，以解决争议。仲裁是依照法律所允许的仲裁程序裁定争端，仲裁裁决对当事各方具有法律上的约束力。如果败诉方不能自动执行该裁决，胜诉方可以请求法院强制执行。

二、仲裁的特点

与诉讼相比，仲裁的特点如表9-2所示。

表9-2　仲裁与诉讼的比较

比较内容	仲　裁	诉　讼
机构不同	仲裁庭	法院
机构性质不同	民间组织	官方机构
办案人员不同	仲裁员	法官
办案人员是否可选择不同	可以	不可以
是否要协议不同	要	不要
程序不同	一般按仲裁机构程序	按法院规定
办案进度不同	一般较快	一般比仲裁慢
是否会影响双方关系不同	一般不会影响	会影响
费用不同	一般较低	一般较高
仲裁裁决/法院判决不同	是终局性的	可以上诉

三、仲裁协议

我国《仲裁法》第 4 条规定,当事人采用仲裁方式解决纠纷,双方应当自愿达成仲裁协议。没有仲裁协议,一方申请仲裁的,仲裁机构不予受理。可见,发生争议的双方中任何一方申请仲裁时,必须提交双方当事人达成的仲裁协议。仲裁协议是双方当事人表示愿意将他们之间已经发生的或可能发生的争议交付仲裁解决的一种书面协议。双方当事人如不愿将争议提交法院审理,则应在争议发生前在合同中签订仲裁条款。

(一) 仲裁协议的形式

仲裁协议分两种。一种是由双方当事人在争议发生前订立的,表示将来一旦发生争议应提交仲裁解决。这种协议一般都包含在合同内,作为合同的一项条款即仲裁条款(Arbitration Clause)。另一种是由双方当事人在发生争议之后订立的,是双方同意把已经发生的争议交付仲裁机构裁决的书面协议,这种协议称为提交仲裁协议(Submission)。以上两种形式具有同等的法律效力。但值得注意的是,发生争议之前双方容易达成仲裁协议,一旦发生争议后,双方要达成仲裁协议就比较困难。因此,仲裁作为一项合同条款,就显得十分重要。

(二) 仲裁协议的作用

1. 表明双方当事人在发生争议时自愿提交仲裁

仲裁协议约束双方当事人在协商调解不成时,只能以仲裁方式解决争议,不得向法院起诉。

2. 排除法院对争议案件的管辖权

世界上除极少数国家,一般都规定法院不受理争议双方订有仲裁协议的争议案件。如果一方违背仲裁协议,自行向法院起诉,另一方可根据仲裁协议要求法院不予受理,并将争议案件退交仲裁庭裁断。

3. 使仲裁机构取得对争议案件的管辖权

仲裁协议是仲裁机构受理争议案件的法律依据,任何仲裁机构都无权受理没有仲裁协议的案件。

上述三方面的作用是互相联系、不可分割的,其中排除法院的管辖权是重要的一个方面。

四、仲裁地点和仲裁机构

(一) 仲裁地点

按照国际惯例,选择仲裁地点一般应适用被选的仲裁所在国的仲裁法规和程序法,即在一国仲裁,适用该国的仲裁法规。选择的仲裁地点不同,适用的法律也不尽相同,对买卖双方的权利、义务的解释就会有差别,其结果也会不同。因此,在协议仲裁地点时,应慎重考虑。交易双方都力争在自己比较了解和信任的地方仲裁,尤其是力争在本国进行仲裁。

根据国际惯例,除非合同中另有规定(如我国和别国有仲裁协议应按协议办),仲裁员应根据仲裁地点所在国的法律规则进行裁定。因此,在我国外贸实践中选择仲裁地点时,应力争在中国,将争议提交中国国际经济贸易仲裁委员会,根据该会规则进行仲裁;仲裁地点:北京/深圳/上海。如对方不同意,可规定在被告国仲裁;如对方对前两种选择都不同意,可规定在双方同意的第三国仲裁。

(二)仲裁机构

国际商事仲裁机构有两种形式:一是常设仲裁机构;二是由双方共同指定仲裁员组成临时仲裁机构。采取何种选择,都应在仲裁协议中明确规定。

目前,世界上有许多国家和一些国际组织都设有专门从事处理商事纠纷的仲裁组织机构,即有固定的名称、地址、仲裁员设置,具备仲裁规则。我国的常设仲裁机构是中国国际经济贸易仲裁委员会和海事仲裁委员会,总会设在北京。1989 年和 1990 年又设立了中国国际经济贸易仲裁委员会深圳分会和上海分会。

国际性仲裁组织有国际商会仲裁院(设在巴黎)。其他国家的仲裁机构有:英国伦敦仲裁院、美国仲裁协会、瑞典斯德哥尔摩仲裁院、瑞士苏黎世商会仲裁院、日本国际商事仲裁协会等。还有在特定行业内设定的仲裁机构,如伦敦谷物商业协会、伦敦油籽协会等。

临时仲裁机构是为了审理特定案件由双方当事人指定仲裁委员会组织起来的,案件处理完毕后便解散。成立这种机构需事先在仲裁条款中就组织、工作人员、办法等问题作出明确协议,提供仲裁依据。

五、仲裁程序

仲裁程序(Arbitration Procedure)是指双方当事人发生争议后根据仲裁协议规定,将争议交付仲裁时应办理的手续。

仲裁程序主要包括仲裁申请、仲裁庭的组成、仲裁审理及作出裁决 4 个环节。各国仲裁法和仲裁机构的仲裁规则对仲裁程序都有明确的规定。

1. 提出仲裁申请

仲裁申请是仲裁机构立案受理的前提。申请书内容各国法律规定并不一致。中国国际经济贸易仲裁委员会仲裁程序暂行规定:当事人一方申请仲裁时,应提交以下包含内容的申请书:

(1)申诉人和被申诉人的名称地址。

(2)申诉人的要求、所根据的事实与证据。

(3)提交申请书时应附的有关证件,如合同、仲裁协议、来往函件等的原件或副本、抄本,并交纳补偿仲裁费的预定金。

2. 仲裁庭的组成

争议案件提交仲裁后,由争议双方所指定的仲裁员组成仲裁庭进行审理并作出裁决。根据我国仲裁规则,仲裁庭可由 3 名仲裁员组成,其中双方当事人各指定一名,并由仲裁委员会主席指定一名为首席仲裁员。但当事人各自指定的仲裁员并不代表当事人的利益,不偏袒任何一方;仲裁庭也可由一名由双方当事人共同指定或委托仲裁委员会主席指定的独任仲裁员组成,单独审理案件。

被指定的仲裁员,如果与案件有利害关系,应当自行向仲裁委员会请求回避。仲裁员回避的决定,由仲裁委员会主席作出。仲裁员因回避或其他原因不能履行职责时,应按照原指定仲裁员的程序,重新指定。

3. 仲裁审理

仲裁审理是仲裁程序中最重要的环节。仲裁庭审理案件有两种形式:开庭审理和不开庭审理。我国仲裁规则规定,除非双方当事人申请或征得双方当事人同意,否则仲裁庭应开庭审理。但开庭审理一般不公开进行。仲裁庭对案件的审理过程一般包括开庭、调解、收集证据和调查取证,必要时,还须采取保全措施。

开庭日期由仲裁庭会同仲裁委员会秘书处决定,并在开庭前30天通知双方当事人,当事人如有正当理由,可以申请延期。开庭地点应是在仲裁委员会所在地,但经仲裁委员会主席批准,也可以在其他地方。仲裁庭开庭时,如一方当事人或其代理不出庭,仲裁庭可以进行缺席审理和作出缺席裁决。

仲裁和调解相结合解决争议是我国涉外仲裁的一个重要特点。我国仲裁规则规定,如果双当事人有调解愿望,或一方当事人有调解愿望,并经仲裁庭征得另一方当事人同意,仲裁庭可以在仲裁程序进行过程中,对其审理的案件进行调解。经调解达成和解协议的案件,仲裁庭应当根据双方当事人和解协议的内容,作出裁决书。如果双方当事人自行达成和解,申诉人应当及时撤销案件。另外,我国的仲裁机构在一定条件下也可以会同外国的有关仲裁机构,就争议案件共同对双方当事人进行联合调解。

审理案件时,当事人应对其申诉或答辩所依据的事实提出证据,仲裁庭认为必要时可以自行调查、收集证据;还可以向专家咨询,或指定鉴定人进行鉴定,专家和鉴定人可以是中国或外国的机构或公民。

保全措施又称临时性保护措施,是指在仲裁开始到作出裁决前对争议的标的物或有关当事人的财产采取临时性保护措施。例如,临时扣押财产,以防止转移或变卖;对有争议的易腐烂货物先行出售等。一般情况下,由有关国家的法院作出保全的决定。

4. 裁决

裁决是仲裁程序的最后一个环节。按规定,裁决必须以书面形式作出。裁决一般是终局的,对双方当事人均有约束力。裁决作出后,任何一方当事人不得向法院起诉,也不准向其他任何机构提出变更仲裁裁决的请求。但如果当事人能证明该裁决不符合法律程序要求,例如无仲裁协议或仲裁员的行为不当等,该当事人可以向法院提出申请,要求法院撤销裁决,宣布无效。

六、仲裁裁决的承认与执行

仲裁裁决的承认是指法院根据当事人的申请,依法确认仲裁裁决具有可予执行的法律效力。仲裁裁决的执行是指当事人自动履行裁决事项,或法院根据一方当事人的申请依法强制另一方当事人执行裁决事项。

仲裁裁决一经作出,就具有法律效力,对双方当事人都有约束力。当事人应自动履行裁决,仲裁机构无强制执行裁决的权利和义务。裁决书写明期限的,应在规定的期限内自动履行,如未写明期限的,应当立即履行。在实践中,败诉方拒不执行裁决的情况也并不少见。

如果败诉方不执行,胜诉方可以请求法院强制执行。如果仲裁地和败诉方在同一个国家,能够比较顺利地执行;反之,执行起来就比较困难。

为了解决各国在承认和执行外国仲裁裁决上所存在的分歧,使仲裁裁决能够顺利执行,国际上曾签订了一些国际仲裁公约。其中最有影响力的是1958年联合国在纽约签订的《承认与执行外国仲裁裁决公约》(简称《1958年纽约公约》),用协定公约形式解决了一国当事人不执行另一国仲裁机构所作出的裁决问题。截至2003年1月,已有133个国家和地区批准参加了该公约。我国于1987年1月22日批准加入这个公约。该公约的主要内容是要求所有缔约国必须承认当事人之间订立的书面仲裁协议(包括合同中的仲裁条款)的法律效力,并根据公约的规定和申请执行地的程序,承认和执行外国仲裁裁决。该公约规定,缔约国在加入时可作两项保留,即互惠保留和商事保留。我国在加入时也作了这两项保留。即中华人民共和国只在互惠的基础上对在另一缔约国领土内作出的仲裁裁决的承认和执行适用该公约;中华人民共和国只对根据中华人民共和国法律认定为属于契约性和非契约性商事法律关系所引起的争议适用该公约。

我国仲裁机构作出的涉外仲裁裁决,其强制执行分为国外执行和国内执行两种。根据上述情况,在我国作出的仲裁裁决,需要在外国执行时,若对方是与我国签有互相执行仲裁裁决协议的,或者对方是《承认与执行外国仲裁裁决公约》缔约国并同意执行我国仲裁裁决的,则可顺利执行;否则,我方只有到对方国家的法院去请求其强制执行。至于外国仲裁机构的裁决,需要我国法院承认和执行的,一方当事人可直接向被执行人住所地或者其财产所在地的中级人民法院申请。我国法院依照我国缔结或参加的国际条约或者按照互惠的原则办理。

案例评析 9-3

案例:我某外贸公司与德国商人签订了一份进口铝锭的合同,数量为3 000公吨,价格条件为FOB,装运港为鹿特丹/汉堡,由卖方选择。合同签订后我方曾多次去电要求对方指定装运港及货物备妥待运的日期,以便我方派船接运货物。但因当时该商品国际市场价格上涨,对方对我方要求不仅避而不答,反而要求我方提高货价,双方遂发生争议。经过两年多的交涉,问题仍不能解决,我方才根据合同中的仲裁条款向中国国际经济贸易仲裁委员会提出申请,要求仲裁。经过仲裁庭的调查审理,最后作出裁决:对方赔偿我方差价损失36万英镑,并由对方承担全部仲裁费用。由于此案历时两年多,卖方在此期间采取了转移财产及与母公司脱离关系等手法,在仲裁庭宣布我方胜诉时,对方随即宣布破产。经过破产清理,所剩财产寥寥,致使我方无法得到全部补偿而受到巨大损失。请对此案进行评论。

评析:买卖合同签订后,双方必须严格按照合同规定履行其责任和义务。根据《2010通则》的解释,FOB条件下,买方负责租船或订舱,支付运费,并给予卖方关于船名等充分通知。本案的价格条件为FOB鹿特丹或汉堡,由卖方选择,卖方应尽早确定装运港,在规定时间内备妥货物,并充分通知买方以便及时派船接货。但本案的卖方签约后得知该商品价格上涨便想毁约,故对买方的多次催促置之不理,拒不执行合同,已构成严重违约。在此情况下,买方完全应该向卖方提出索赔,及时提请仲裁,以获得损害赔偿,降低损失。但本案的买方始终显得很被动,只是一味地与卖方进行软弱无力的交涉,没有及时采取有力的行动,错失良机,使得卖方有足够的时间转移财产,并适时宣布破产。尽管最终卖方胜诉,却无法获得应有的赔偿。

七、合同中的仲裁条款

国际货物买卖合同中的仲裁条款，一般应包括：提交仲裁的事项，即提请仲裁的争议范围、仲裁地点、仲裁机构、仲裁规则、裁决的效力等内容。

仲裁地点与仲裁时所适用的仲裁规则和法律有密切的关系，所以确定仲裁地点是个很重要的问题。与外商签订仲裁条款时，通常首先争取规定在我国仲裁，也可规定在被申请一方的所在国仲裁，或者在双方同意的第三国仲裁；必要时，也可有选择地使用规定在对方所在国进行仲裁。

以下为我国进出口贸易合同中通常采用的3种仲裁条款的实例。

例1：规定在我国仲裁的条款

凡因本合同引起的或与本合同有关的任何争议，均应提交中国国际经济贸易仲裁委员会，按照申请仲裁时该会现行有效的仲裁规则进行仲裁。仲裁裁决是终局的，对双方都有约束力。

Any disputes arising from or in connection with this contract shall be submitted to China International Economic and Trade Arbitration Commission for arbitration which shall be conducted in accordance with the Commission's rules in effect at the time of applying for arbitration. The arbitral award is final and binding upon both parties.

例2：规定在被申请一方所在国仲裁的条款

凡因执行本合同所发生的或与本合同有关的一切争议，双方应通过友好协商解决；如果协商不能解决，应提交仲裁。仲裁在被申请一方所在国进行。如在中国，则由中国国际经济贸易仲裁委员会根据该会仲裁规则进行仲裁。仲裁裁决是终局的，对双方都有约束力。

Any disputes arising out of the performance of, or relating to this contract, shall be settled amicably through negotiation. In case no settlement can be reached through negotiation, the case shall be submitted for arbitration. The location of arbitration shall be in the country of the domicile of the defendant. If in China, the arbitration shall be conducted by the China International Economic and Trade Arbitration Commission in accordance with it's rules of arbitration. If in … , the arbitration shall be conducted by … in accordance with it's rules of arbitration. The arbitral award is final and binding upon both parties.

例3：规定在双方同意的第三国仲裁的条款

凡因执行本合同所发生的或与本合同有关的一切争议，双方应通过友好协商解决；如果协商不能解决，应提交××（国）××（地）××（仲裁机构），根据该仲裁机构的仲裁规则进行仲裁。仲裁裁决是终局的，对双方都有约束力。

Any disputes arising out of the performance of, or relating to this contract, shall be settled amicably through friendly negotiation. In case no settlement can be reached through negotiation, the case shall then be submitted to … for arbitration, in accordance with it's rules of arbitration. The arbitral award is final and binding upon both parties.

如规定在对方所在国进行仲裁，该仲裁条款的格式与在第三国仲裁的条款基本相同，只是国家名改为对方国家。

此外，仲裁费用由谁负担，也应在仲裁条款中订明。通常由败诉方承担，也有的规定由仲裁庭酌情决定。我国仲裁规则规定,败诉方所承担的费用不得超过胜诉方所得胜诉金额的 10%。

本章知识——结构图

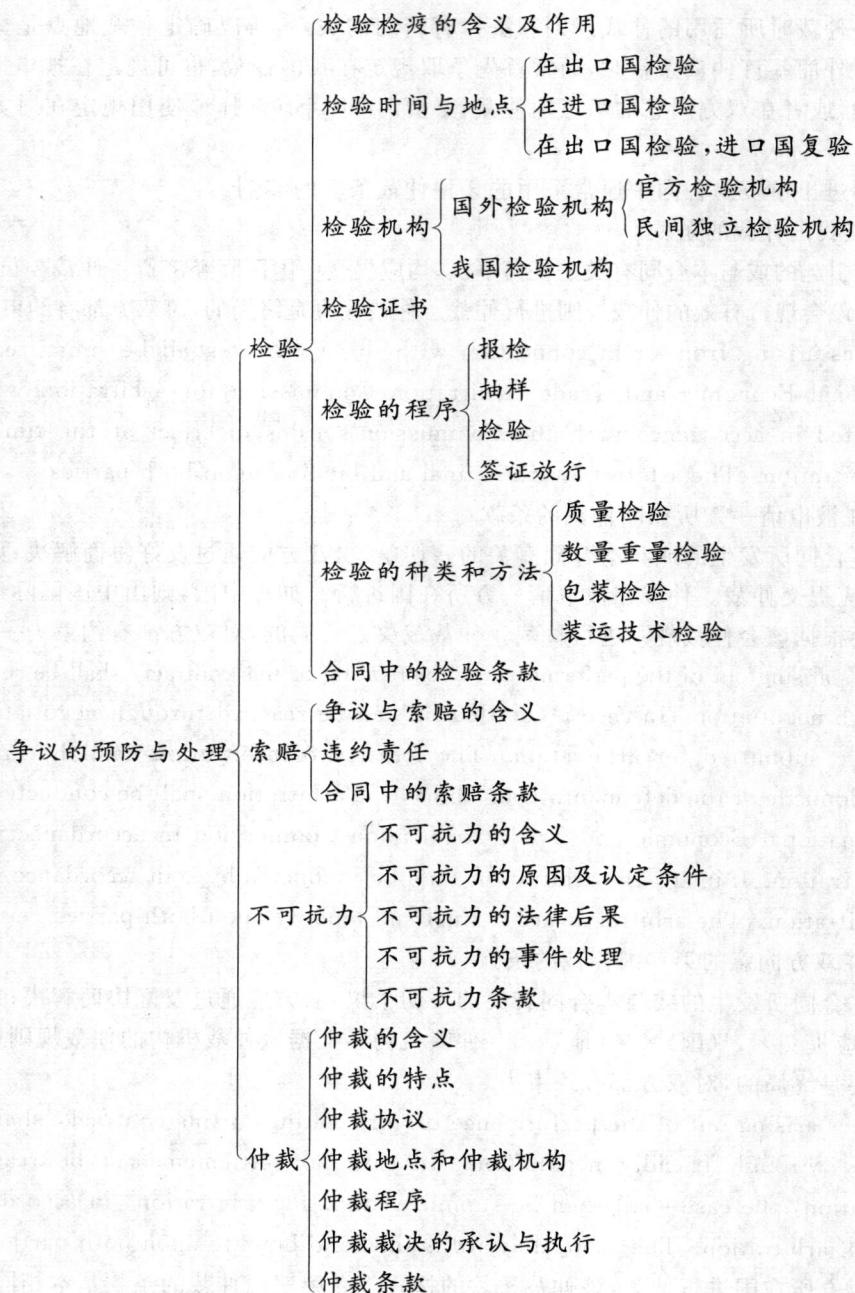

检验检疫的含义及作用

检验时间与地点
　在出口国检验
　在进口国检验
　在出口国检验,进口国复验

检验机构
　国外检验机构
　　官方检验机构
　　民间独立检验机构
　我国检验机构

检验证书

检验的程序
　报检
　抽样
　检验
　签证放行

检验的种类和方法
　质量检验
　数量重量检验
　包装检验
　装运技术检验

合同中的检验条款

检验

争议的预防与处理

索赔
　争议与索赔的含义
　违约责任
　合同中的索赔条款

不可抗力
　不可抗力的含义
　不可抗力的原因及认定条件
　不可抗力的法律后果
　不可抗力的事件处理
　不可抗力条款

仲裁
　仲裁的含义
　仲裁的特点
　仲裁协议
　仲裁地点和仲裁机构
　仲裁程序
　仲裁裁决的承认与执行
　仲裁条款

经典案例

运输公司无单放货应赔偿托运人损失

【案情介绍】

2001年6月4日,英国A公司由其代理签发了以英国A公司为抬头的提单一套,托运人为中国B公司,收货人栏记载为按C银行的指示,通知人为D公司,装货港大连,卸货港韩国釜山。货物品种为男式服装等,数量为683包,运费到付。提单号XX,该提单项下货物的价款为97 225美元。

2001年6月17日,英国A公司由其代理签发了以英国A公司为抬头的提单一套,托运人为中国B公司,收货人栏记载为按C银行的指示,通知人为D公司,装货港大连,卸货港韩国釜山。货物品种为男式服装等,数量为381包,运费到付。提单号YY,该提单项下货物的价款为50 443美元。

英国A公司将中国B公司上述两票货物运至目的港后未凭正本提单即将货物放走。中国B公司仍持有上述两票货物的正本提单各一式三份。

中国B公司向法院提起诉讼,请求英国A公司赔偿货物及利息损失。

英国A公司认为:

(1) 中国B公司已收到货款3万美元。

(2) 在涉案货物交付后,就货款的支付,中国B公司和收货人已经有了新的付款协议,本案争议发生后,中国B公司仍在向收货人发运货物,收货人在支付货款的同时,以追加付款的形式,支付涉案货款。

(3) 中国B公司手中有属于收货人的两批原料,中国B公司完全可以以其手中持有收货人的货物或变卖该货物所得价款来实现自己的债权。鉴于上述情况,中国B公司不应该向英国A公司索赔。

【案情分析】

本案是中国公司与英国公司之间发生的纠纷,中国公司向中国法院起诉,并且涉案货物运输起运港为中国港口,英国公司接受了中国法院的管辖并在诉讼中依据中国的法律进行答辩,双方当事人对适用何国法律处理本案也没有进行约定。因此,依法可以适用与合同有最密切联系地的中国法律来处理本案。

1. 要正确处理本案,必须认清本案中存在的两个法律关系。第一个法律关系是英国A公司与中国B公司之间的国际海上货物运输法律关系;第二个法律关系是中国B公司与收货人之间的货物买卖等法律关系。两个法律关系虽然有联系,但在法律权利义务方面是各自独立的,也就是说,前一个法律关系中的权利不能代替后一个法律关系中的权利;前一个法律关系中的义务不能抵消后一个法律关系中的义务。本案发生纠纷的是前一个法律关系,因此,谈权利义务,只限于英国A公司与中国B公司之间的国际海上货物运输法律关系中的权利义务。

2. 英国A公司与中国B公司之间的权利义务。英国A公司作为承运人接受中国B公司货物,签发提单,将货物承运至目的港。英国A公司与中国B公司之间已构成国际海上货物运输合同关系。英国A公司接受货物以后,有义务将货物运到目的港,并凭正本提单在目的港交付货物。如果英国 A 公司未履行上述义务,则中国 B 公司有权索赔。

在国际货物运输中,提单是承运人据以交付货物的凭证。托运人将货物交给承运人,承运人接受货物签发提单以后,承运人临时保管货物,货物的控制权是和提单联系在一起的,只有持有提单的人才能接受货物,承运人也有义务向提单持有人交付货物,即照单交货。

3. 本案的实际情况是,收货人没有正本提单,英国 A 公司却将货物交给收货人。中国 B 公司仍持有货物的正本提单。在此情况下,根据法律,英国 A 公司要么将提单所记载的货物交给中国 B 公司,要么赔偿损失。因货物已经交给了他人,英国 A 公司已经没有货物,自然只能赔偿损失。

4. 根据第 1 点的叙述,无论中国 B 公司是否收到货款 3 万美元,无论收货人是否同意追加付款,无论中国 B 公司手中是否有属于收货人的原料,均不影响中国 B 公司向英国 A 公司索赔。(资料来源外销网 http://waixiao.net)

思考与练习

一、思考题

1. 为什么说买方收到货物并不意味着接受货物?

2. 异议与索赔条款和罚金条款有何区别?

3. 仲裁是否具有终局性的效力?

4. 援引不可抗力条款应注意什么问题?

二、案例分析题

1. 我某进出口公司向香港某公司进口 20 台精密仪器,每台 3 万港元。合同规定:任何一方违反合同,应支付另一方违约金款 1 万港元。事后卖方只交付 12 台,其余 8 台不能交货。当时市场价格上涨,每台价格为 4 万港元。卖方企图赔付违约金 1 万港元了结此案,但买方不同意。在上述情况下,买方向卖方索赔的金额是多少?为什么?

2. 海南 A 公司(买方)和香港 B 公司(卖方)以 FOB 香港订购一批镀锌板。合同规定货到目的港(海口)申请中国商检局对货物进行商检。货物自香港运到海口后,A 公司随即向中国海南进出口商品检验局申请对该货物进行检验。检验发现货物存在品质问题,海南商检局出具了商检报告。买方据此向卖方提出索赔。卖方认为商检不是在香港进行的,商检证书没有法律效力。买方认为合同规定货到目的地由中国商检局检验。双方争执不下,卖方提交仲裁。试问:买方提交的商检证明是否可以作为索赔的依据?

3. 某出口商以 CIF 条件出口货物一批,合同规定装运期为 10/11 月份(shipment during Oct/Nov)。10 月 20 日,出口国政府公布一项条例,规定从 11 月 1 日起,除非有特别许可证,否则禁止该货物出口。卖方未能装运货物,买方于是请求赔偿损失。在此案中,卖方是否可以免除其交货义务?为什么?

4. 某公司以 CFR 条件对德国某外商出口一批小五金工具。合同规定货到目的港后 30 天内检验,买方有权凭检验结果提出索赔。出口公司按时发货,外商也按期凭单支付货款。可半年后,出口方收到德国买方的索赔文件,称上述小五金工具有 70% 已锈损,并附有德国某内地一检验机构出具的检验证书。试分析:(1)买卖双方各有无过错?(2)对买方提出的索赔要求,卖方应如何处理?

5. 1997 年 8 月 20 日,一艘承载上海某贸易公司向某国出口商认购的一批进口钢材的外国货轮到达上海港,货在港口检验时发现钢材上层严重锈蚀,后据调查该船到达前曾航行于赤道附近海面多日,并曾遭遇过大雨。该项买卖合同采用的是 CIF 术语,付款方式为托收,但没有索赔条款。试问:(1)买方可否向卖方提出索赔?(2)买方可否向承运人提出索赔?(3)买方可否向保险人提出索赔?

6. 1998 年 7 月,中国某公司与英国某公司成交某食品 2 000 公吨,每公吨 CFR ××港400 英镑,总金额为 800 000 英镑,交货期为当年 10—12 月。由于当时中方公司缺货,只交了 500 公吨,其余 1 500 公吨经双方协议同意延长至下一年度交货。次年,中国发生自然灾害。于是,中方公司以不可抗力为理由,要求免除交货责任。但对方回电拒绝,并称该商品市场价格上涨,由于中方公司未交货已使其损失 16 万英镑,要求中方公司无偿提供其他品种的同类食品抵偿其损失。中方公司不同意买方提出的要求。买方于是根据仲裁条款规定向中国仲裁机构提出仲裁,仲裁申请中强调中方公司所称不可抗力的理由不充分,并指出中方公司如不愿意以商品抵偿其损失,就坚持索赔 16 万英镑。在仲裁机构的调解下,双方经过多次协商,中方公司向买方赔偿 4 万多英镑结案。试分析:(1)中方公司在上述情况下可否引用不可抗力条款免除交货责任?(2)上述因交货责任引起的赔偿,怎样才算合理?

三、业务操作题

训练资料

(1) 出口方:常州大华进出口(集团)有限公司

(2) 进口方:TKAMLA CORPORATION , 6-7, KAWARA MACH, OSAKA, JAPAN

(3) 合同号:CZDH13/095

(4) 报检单位登记号:1486987661

(5) 报检单编号:8664771215

(6) 商品名称:DOUBLE OPEN END SPANNER

(7) 船名航次:"XUNDA" V. 365

(8) 货物存放地点:延陵东路 89 号

(9) HS 编号:8204. 1100

(10) 包装种类及数量:纸箱 1 500 件

(11) 货物总值:75 000 美元

(12) 货物毛重:3 600 千克　货物净重:2 680 千克

训练要求:请以出口公司业务员谢思的身份,根据上述资料填制出境货物报检单。

第十章
国际贸易方式

教学目标

　　通过本章的教学使学生了解除逐笔售定以外的其他贸易方式的特点、性质及其具体的做法，对不同贸易方式进行比较分析，培养学生对不同贸易方式进行业务操作的能力。

关键词

　　经销（Distributorship）　　　　　　　代理（Agency）

　　寄售（Consignment）　　　　　　　　拍卖（Auction）

　　投标（Submission of Tender）　　　　对销贸易（Counter Trade）

　　补偿贸易（Compensation Trade）　　　期货贸易（Futures Trading）

　　招标（Invitation to Tender，Call for Tender）

　　来料加工（Processing with Customer's Materials）

　　进料加工（Processing with Imported Materials）

　　来件装配（Assembling with Customer's Parts）

第一节　经销、寄售与代理

一、经销

　　经销（Distributorship）即出口企业与国外经销商达成书面协议，主要规定经销商品的种类、经销期限及地区范围，利用国外经销商就地推销商品的一种方式。双方通过签订经销协议（Distributorship Agreement），确立经销业务关系，凭借双方的密切合作，达到推销约定商品的目的。经销可分为一般经销与独家经销。

（一）一般经销

　　在一般经销方式下，出口企业根据经销协议向国外经销商提供在一定地区、一定时期内经营某项（或某几项）商品的销售权，经销商则有义务维护出口企业的利益，必要时，还要对经销商品组织技术服务、进行宣传推广，而出口企业也需向经销商提供种种帮助。经销商虽享有经销权,在购货上能得到一些优惠,但没有专营权。出口企业可以在同一地区指定几家经销商。

（二）独家经销

独家经销(Exclusive Sales 或 Exclusive Distributorship),也称包销,即出口商与国外客户达成书面协议,由前者将某一商品或某一类商品给予后者在约定地区和一定期限内独家经营的权利,后者向前者承包一定商品在一定期限和地区内销售。

独家经销商与出口企业之间的关系是买卖关系。独家经销商从出口企业处购进货物后,自行销售、自负盈亏、自担货价跌落及库存积压的风险。出口商不得向经销地区内的其他客户出售同样商品,独家经销商不得在经销地区之外销售所经销的商品。

1. 独家经销协议

独家经销协议(Exclusive Sales Agreement 或 Exclusive Distributorship Agreement),是出口企业与其授权的独家经销商规定双方的权利和义务,并从法律上确立双方关系的契约。独家经销协议主要包括以下内容:

（1）独家经销权及其对等条件。

（2）经销商品的范围。可以是供货人经营的全部商品,也可以是其中的一部分,视经销商经营能力、资信情况而定。

（3）经销商品的数量或金额。既规定经销商应承购的数额,也规定供货人应保证供应的数额。

（4）独家经销的区域和期限。供货商在确定区域内不再指定其他经销商经营同类商品,经销商不得向经销区域之外转售指定商品。

（5）经销商品的作价方法。一般采用分批作价的方法。

（6）经销商的其他义务。包括广告宣传、市场调研和维护供货人权益等。

（7）独家经销的期限。可规定 1 年或若干年,还往往规定延期及终止条款。

此外,还应规定不可抗力及仲裁条款等一般交易条件,其规定方式与一般买卖合同大致相同。

2. 独家经销方式的利弊

采用独家经销方式,对出口商来讲是稳固市场、扩大销售的有效途径之一。通过签订独家经销协议,确定了双方在一定期限内稳定的关系,这种关系既是互相协作的,又是互相制约的。在规定期限、规定地区的经营和市场开发上,双方有着共同的目标和一致的利益,能在平等互利的基础上同舟共济。出口商通常在价格、支付条件等方面给予经销商一定的优惠,能充分调动经销商的经营积极性,专心销售约定的商品,并向用户提供必需的售后服务和进行广告宣传。出口商也能对市场销售做全面、系统的长期规划和安排,采取近期和远期的推销措施。

采用独家经销方式,由于经销商在经销区域内对指定商品享有专营权,在一定程度上可避免或减少因自相竞争而造成的损失。

然而,如果经销商选择不当,其经营能力较弱,信誉不佳,则会使出口商陷入困境。例如,独家经销还经销其他出口企业的商品,就不能专心经营约定的商品;独家经销商的经营能力较差,虽然努力,仍不能甚至远远不能完成协议规定的最低限额;独家经销商作风不正、居心不良,凭借专营权压低价格或包而不销,就会使出口企业受到限制,不能向其他商人销售,从而蒙受损失,等等。

3. 对独家经销商的选择、使用和管理

对于独家经销商,重在选择,贵在使用。对其的选择、使用和管理,因产品、市场、双方的实力地位和经营意图等的不同,在掌握上往往也有所不同。一般说来,可从往来客户中挑选对象,经过适当的考察和评价,再签订正式协议。不重视选择而贸然签订协议并授予专营权,将给企业带来后患。还应逐笔检查每笔交易的执行情况,定期检查协议的执行情况,以便根据不同情况采取必要的适当措施。

二、寄售

寄售(Consignment)是一种委托代销人代售货物的贸易方式。寄售人(Consignor)与代售人(Consignee)签订寄售协议后,将货物运往代销地,委托当地代销商按照协议规定的条件和办法代为销售其货物。代销商代为收货、存仓、保险和销售,当货物售出后,扣除费用和佣金,将余款汇交寄售人。

(一)寄售的特点

寄售是一种先出运、后出售商品的委托代售的贸易方式。寄售人是卖方,也可称为委托人或货主;代销人也称为受托人,即接受委托从事寄售业务的商号或公司。在国际贸易中,出口方为开拓商品的销路,扩大出口,往往采用寄售方式。与一般的出口业务相比,寄售方式具有以下特点:

(1)双方是委托代销的关系而不是买卖关系。代销人只为寄售人提供服务并收取佣金,其责任只限于在货物抵达后照管货物,尽力推销,并依照寄售人的指示处置货物,不承担寄售货物的任何风险与费用。

(2)卖方出运货物在先,代销商与买主成交在后,是一种凭实物进行的现货买卖。

(3)货物的所有权在售出之前属寄售人。

(4)代销商不承担市价涨落与销售畅滞的风险和费用,只收取佣金作报酬。

(二)寄售的利弊分析

1. 寄售的优点

(1)采用寄售方式可以在当地市场出售现货,有利于卖方根据当地市场供求情况,及时掌握销售时机,不断改进商品质量,提高竞争力,扩大销路,卖得好价。

(2)货物与买主直接见面,买主可以看货成交,即时采购,对开辟市场、推销新产品具有一定作用。

(3)代销商一般不需垫付资金,除在售出前要负责保管外,无须承担风险,多销多得,有利于促进其经营积极性。

2. 寄售的缺陷

(1)承担的贸易风险较大。寄售人要承担出运前的一切风险,包括运输途中和到达目的地后的货物损失和灭失的风险,货价下跌和不能售出的风险,以及代销人资信不佳而导致的损失。

（2）资金周转期长，收汇不很安全。寄售方式下，货物售出前的一切费用均由委托人负担，而货款要等货物售出后才能收回，不利于资金周转。一旦代销人违反协议，也会给寄售人带来意料不到的损失。

（三）寄售协议

寄售协议（Consignment Agreement）是寄售人和代销人之间就双方的权利义务以及寄售业务中的有关问题签订的法律文件。应认真确定寄售协议各项条款的内容，特别要对寄售商品的作价方法、双方当事人的权利与义务作出明确、合理的规定。

在签订寄售协议时，要特别注意以下几点。

1. 选择适当的作价方法

（1）规定最低限价。代销人在不低于最低限价的前提下，可以任意出售货物；否则，必须事先征得寄售人同意。

（2）随行就市。代销人可在不低于当地市价的情况下出售寄售货物，寄售不作限价。代销人有较大的自主权。

（3）销售前征得寄售人同意。代销人在得到买主的递价后，立即征求寄售人意见，经确认同意后，才能出售货物。或规定一定时期的销售价格，由代销人据以对外成交。

（4）规定结算价格。货物售出后，双方依据协议中规定的价格进行结算。对于代销人实际出售货物的价格，寄售人不予干涉。代销人须承担一定风险。

2. 合理规定货款的收付时间和办法

寄售方式下，货款多数是在货物售出后收回。寄售人和代销人之间通常采用记账的方法，定期或不定期地结算，由代销人将货款汇给寄售人，或者由寄售人用托收方式向代销人收款。

3. 明确规定佣金的支付条件

佣金是寄售人付给代销人作为其提供服务的报酬。在佣金条款中，一般应规定佣金的计算基础、佣金率以及佣金的支付时间和方法等内容。

（四）采用寄售方式应注意的问题

寄售方式下，出口人要承担较大的风险与费用，因此，采用寄售方式时必须做好以下工作：

（1）对国外销售市场进行充分的调查研究，以此作为选择寄售地点的依据。应尽量将寄售地点选在商品与外汇进出比较方便，税收与费用也比较低的地方，还要考虑当地的商品供求与消费习惯等问题。

（2）选择可靠的、有良好资信和推销能力的客户作为代销人，以便在货到目的地后能迅速售出，货物售出后寄售人能迅速收回货款。

（3）寄售方式除可以用来推销一些滞销商品外，主要适用于农副土特产品、轻工产品等规格复杂、不易划分等级的产品，工艺品、首饰等难以凭样成交的商品，需要收集用户意见的新小商品，要进入新市场的名优商品等。

另外，寄售商品的数量一般不宜太大，以免超过当地市场的容量，长期不能脱售。

三、代理

代理是国际贸易中较为常见的做法,在运输、保险、广告等行业都活跃着为数众多的代理人,而全球贸易则有一半左右是通过代理商来完成的。委托人授权代理人代表他向第三者招揽生意、订立合同或办理与交易有关的其他事宜,同时对代理人支付佣金作为报酬。

(一) 代理的含义

代理(Agency)是指代理人(Agent)按照委托人(Principal)的授权,代表委托人与第三者订立合同或实施其他法律的行为,而由委托人直接负责由此产生的权利与义务。我国《民法通则》也规定:"代理人在权限内,以被代理人的名义实施民事法律行为。被代理人对代理人的代理行为,承担民事责任。"

(二) 代理的特点

代理可分为委托代理、法定代理和指定代理。在国际经贸往来中的代理大都是委托代理。国际货物买卖中的代理,一般是指卖方作为委托人通过其委派的代表(代理人),在国外向客户招揽生意、订立合同,或办理与交易有关的其他事宜的销售代理。

在代理业务中,委托人与代理人之间不是买卖关系,而是委托代理关系。委托人根据协议承担责任,代理人根据协议确定的代理权,以委托人的名义从事业务活动,并获取佣金。换言之,代理人根据委托人的授权进行活动所产生的权利和义务,直接对委托人发生效力。代理具有以下的特点:

(1) 代理人必须在委托人授权的范围内进行活动。

(2) 代理人只负责居间介绍,招揽订单,不承担履行合同的法律责任。

(3) 代理人一般以委托人的名义与第三者订立合同。

(4) 代理人通常不垫付资金,不承担经营风险。

(5) 代理人按交易量和事先议定的比例收取佣金。

(三) 代理的类型

1. 总代理

总代理(General Agency)是委托人在指定地区的全权代表。总代理有权代表委托人从事商务活动或非商务性的事物。如从事商品购销业务、签订商务合同或代表委托人接待资金甚至诉讼。由于总代理的权限很大,选择时要特别谨慎。我国出口企业一般不委托外商充当我方的总代理。

2. 一般代理

一般代理(Agency),又称佣金代理(Commission Agency),即委托人可以在同一代理地区和代理期限内,同时委托多个代理商代销其指定的商品,代理人按代理协议的有关规定,根据实际推销的商品数额向委托人收取佣金。代理人不享有独家专营权,一般不以自己的名义代表委托人与第三方签订合同,只居间提供信息和介绍业务。委托人自己也可以与实际买主直接成交,而无须给代理人佣金。

3. 独家代理

独家代理(Exclusive Agency)指代理人在一定地区和期限内,享有代销指定商品的专营权。委托人在该期限、该地区只能委托该代理人推销其指定商品,而不能再委托其他客商推销同类商品。即使委托人在这一期限和地区内直接同客户进行了交易,也要向独家代理人支付一定的佣金。

(四)代理协议

代理协议(Agency Agreement)也称代理合同,用以明确委托人和代理人之间权利与义务的法律文件。协议内容由双方当事人按照契约自由的原则,根据双方的合意加以规定。国际贸易中的代理种类繁多,代理协议的形式和内容也各不相同。常见的销售代理协议主要包括以下内容。

1. 代理的商品和区域

协议要明确规定代理商品的品名、规格以及代理权行使的地理范围。在独家代理的情况下,其规定方法与经销协议大体相同。

2. 代理人的权利与义务

这是代理协议的核心部分。一般可包括下述内容:

(1)明确代理人的权利范围,以及是否享有独家专营权。

(2)规定代理人在一定时期内应推销商品的最低销售额。

(3)代理人应在代理权行使的范围内保护委托人的合法权益。在协议有效期内,代理人无权代理与委托人商品相竞争的商品,也无权代表协议地区内的其他相竞争的公司。对于在代理区域内发生的侵犯委托人知识产权的不法行为,代理人有义务通知委托人,以便采取必要措施。另外,代理人还负有保守商业秘密的责任。

(4)代理人应承担市场调研和广告宣传的义务。

3. 委托人的权利与义务

委托人的权利主要体现在:对客户的订单有权接受也有权拒绝,对于拒绝订单的理由可以不作解释,代理人也不能要求佣金。但对于代理人在授权范围按委托人规定的条件与客户订立的合同,委托人应保证执行。委托人有义务维护代理人的合法权益,保证按协议规定的条件向代理人支付佣金。在独家代理情况下,委托人要尽力维护代理人的专营权。如因委托人的责任给代理人造成损失,委托人应予以补偿。

4. 佣金的支付

佣金(Commission)是代理人为委托人提供服务所获得的报酬。代理协议要规定在什么情况下代理人可获得佣金。在独家代理协议中通常规定,如委托人直接与代理区内的客户签订买卖合同,代理人仍可获取佣金。在协议中还要规定佣金率、佣金的计算基础、佣金的支付时间和方法等内容。

此外,还可在协议中规定不可抗力条款、仲裁条款以及协议的期限和终止办法等条款。这些条款规定的办法与经销协议大致相同。

四、包销、寄售与代理三种方式的选择与比较

在出口业务中,出口商为了能将自己经营的商品顺利地打入国外市场,或在进入市场后

能在当地站稳脚跟并逐步扩大市场份额,可根据具体情况选择包销、寄售或代理的方式。只要方式选择得当,合同条款订得合理,又能找到合适的合作伙伴,就可以达到以上目的,扩大出口贸易。

对于有一定销售基础,但在当地市场上竞争对手较多的商品,可以通过包销方式以巩固销路求得发展;有些新产品经过试销发现在当地有一定的发展前途,如果遇到信誉好、经营能力强的客户表示愿意专销这些产品并且承担一定数量的销售额度,可以利用包销方式来打开局面;在市场上已占有一定份额的商品,再要扩大和发展已感到困难时,可选择当地实销大户进行包销,以稳住已有的销售阵地。

对于开发新产品或开拓新市场的出口商来讲,寄售这种方式可以起"投石问路"的作用。另外,寄售是一种凭实物的买卖。在国际贸易中,有些难以划分规格、等级或标准的商品,或单凭小样难以成交的商品,或某些需要抢先应市的商品,为了国外买主就地看货成交,按质论价,可以采用寄售方式。另外,在出售一些小型机器设备时,只凭说明书不足以使买主了解其性能和质量,如采用可以在当地展示或表演,则更易于销售。

代理在国际贸易中被广泛运用,对于促进贸易活动的发展发挥了极其重要的作用。代理人可以利用所掌握的信息源、销售网络和推销手段替出口商招揽生意、介绍客户,从而创造大量的交易机会,还可代表出口商与买主谈判签约,甚至提供售后服务,这些都为贸易的发展起到了他人无法替代的作用。

由此可见,只要运用得当,包销、寄售和代理对于扩大出口都可以发挥很好的作用,但是从法律上讲,它们之间又有明显的区别,见表 10-1。

表 10-1　包销、寄售和代理的区别

贸易方式	基本当事人	合同性质	操作特点
包销	供货人与包销人	买卖	包销人自担风险,自负盈亏获取商业利润
寄售	寄售人与代销人	行纪	代销人以自己名义推销商品,行为后果自负,一般以佣金作为报酬
代理	委托人与代理人	委托	代理人以委托人名义从事商业活动,后果由委托人承担,以佣金作为报酬

包销与独家代理都具有独家经营和垄断的性质,但两者又有区别,如表 10-2 所示。

表 10-2　包销与独家代理的区别

区别 ＼ 方式	包销	独家代理
业务性质	买断或卖断	代理
协议名称	独家经销协议	独家代理协议
经销人/代理人收入	买卖商品的差价	佣金
是否需资金	自备资金购进商品	一般不用
责任	委托人不得将商品销售给当地其他客户;包销商不得销售同类其他品种和牌号的商品	代理商不再代理同类其他品种和牌号的商品;委托人也不得委派其他代理商,如委托人将委托代理的商品售予当地其他客户时,应付给代理商佣金

第二节　招标、投标与拍卖

一、招标与投标

招标与投标是国际经济贸易中常用的一种交易方式,广泛运用于国际承包工程和大宗物资采购业务中。

（一）招标与投标的含义及性质

招标投标是一种传统的贸易方式,是指一种有组织的并按一定条件进行交易的方式。它不用经过一般的磋商程序而只由招标人提出一定条件邀请投标人发盘竞争,最后由招标人选择对其最有利的发盘,并与提出该发盘的投标人签约成交。

1. 招标

招标(Invitation to Tender 或 Call for Tender)即买方或工程业主(即招标人)预先发出招标通告或招标单,提出拟购商品或拟建项目的各种条件,邀请卖方或工程承包商(即投标人)在规定的时间和地点,按一定程序对自己发盘报价。

2. 投标

投标(Submission of Tender)即投标人根据招标通告或招标单规定的条件,在指定的时间和地点向招标人发盘,争取与其成交。

招标与投标不是两种交易方式,而是一种交易方式的两个方面。投标是针对招标而来的后续行动,有招标才有投标。招标属于竞卖性质,即一个买方对多个卖方。卖方只能按招标人提出的要求和条件进行一次性报价,由招标人决定谁能中标,这样就没有反复磋商的余地。因此,招标人在投标人的激烈竞争中居于有利地位,经常以较低的代价与较快的速度获得他所需要的物资或完成拟建的工程项目。

（二）招标与投标的特点

与一般进出口贸易相比,招标与投标主要有以下几个特点。

1. 不经过磋商

招标与投标不经过磋商,只按照招标人发出的招标通告所规定的招标条件由多家卖主投标,最后由招标人从中选择对他最有利的条件成交。而一般进出口贸易是买卖双方通过函电或谈判进行磋商,达成交易,签订合同。

2. 没有讨价还价的余地

招标与投标是由招标人邀请递价(Call for Bid),投标人应邀递价,中标与否,是否有竞争性,能否被招标人接受,取决于投标人所报出的条件,一般没有讨价还价的余地。而一般进出口贸易通常多由卖方主动报价,买卖双方经多次讨价还价,最后按双方同意的价格成交。

3. 招标投标方式极具竞争性

招标与投标是一家竞买（招标）多家竞卖（投标）的贸易方式，一般在规定的时间和地点公开进行。由于国内外多家卖主同时参加投标，投标人之间的竞争十分激烈，往往都报出尽可能优惠的条件，以争取中标，故招标人可以争取到比较有利的条件。而一般进出口贸易不具有这样的特点。

4. 投标人投递的标书必须是书面的

书面标书对投标人具有约束力，标书在公开开标前是不能撤销的。

（三）招标与投标的基本做法

商品采购中的招投标业务，基本包括 4 个步骤，即招标、投标、开标和评标、签订合约。

1. 招标

国际上采用的招标方式，主要有以下几类：

（1）国际竞争性招标（International Competitive Bidding）。按其具体做法，可分为公开招标和选择性招标两种。

公开招标是指招标人在国内外报纸杂志上发布招标通告，以便使所有合法的投标者都有机会参与竞争，这种做法又称为无限竞争性招标。公开招标通常要进行资格预审，即对打算参加投标的企业的能力、资金和信誉等方面情况进行预先审查，只有通过了资格预审的企业，才有权参加投标。采取资格预审，有利于提高投标质量。

选择性招标是指招标人不公开发布招标通告，只是根据以往的业务关系和情报资料或由咨询公司提供的投标者的情况，向少数客户发出招标通知，故这种做法也称为有限竞争性招标。选择性招标多用于购买技术要求较高的专业性设备或成套设备，应邀参加投标的企业通常是经验丰富、技术装备优良并在该行业中享有一定声誉的企业。

（2）谈判招标。谈判招标（Negotiated Bidding）又称议标，属于非竞争性招标。由招标人直接委托卖方进行合同谈判、确定标价、达成交易、签订合同。严格地说，谈判招标不是通常意义上的招标，它与一般的通过谈判达成交易并直接签订合同的做法相似。

（3）两段招标。两段招标（Two-stage Bidding）又称两步招标，在采购某些复杂的货物时，通常采用此种招标方式。第一步，先邀请投标人提出不包括报价的技术投标；第二步，再邀请投标人进行价格投标。

2. 投标

鉴于投标是投标人向招标人发出的报盘，故投标人必须认真对待。主要包括获取招标文件、缮制投标书、提供投标担保和递送投标文件等环节。

（1）投标人在投标前先要取得招标文件。招标文件是招标人为投标人制定的规范性的文件，其中对投标人应具备的资格、合同的一般交易条件、技术性标准以及投标截止时间、开标日期等事项，都有明确具体的规定。投标人要认真分析研究招标人提出的各项条件，然后再根据自己的意图编制投标书。

（2）投标书实质上是一项有效期至规定开标日期为止的发盘，其内容必须十分明确，中标后与招标人签订合同所要包含的重要内容应当全部列入。投标，既是商业行为，又是法律行为。投标人在投标书中所提出的各项条件是否合适，直接关系到中标可能性的大小，如一旦中标签约，还直接关系到投标人的经济效益。因此，投标人缮制投标书时，应认真考虑，慎重对待。

（3）招标人招标时，通常都要求投标人要提供投标担保，以促使投标者在有效期内保证完全履行投标文件中承诺的责任和义务。按照惯例，开标后，如投标人未中标，可收回其提供的保证金。但如投标人在投标有效期内撤回标书，或投标人中标后拒绝签约，则招标人可没收该项投标保证金作为补偿。投标担保，可以采用投标保证金、银行保函和备用信用证等形式。

（4）投标书应在投标截止日期之前送达招标人或其指定的收件人，逾期无效。按照一般惯例，投标人在投标截止期之前，即投标生效之前，可以书面提出修改或撤回。

3. 开标和评标

开标有公开开标和不公开开标两种方式，究竟采用何种方式，应按照招标人在招标通告中对开标方式所作的规定办理。

（1）公开开标。公开开标是指招标人在规定的时间和地点当众启封投标书，并宣读其内容。投标人都可参加，并当场监视开标。

（2）不公开开标。不公开开标是指在招标人不参加监视的情况下，由招标人自行开标，并选定中标人。

开标后，招标人对各个投标书中提出的条件进行评审、比较，并从中选择对其有利者为中标人，这一过程称为评标。如招标人认为所有的投标均不理想或所报条件不符合要求，可宣布招标失败，并拒绝全部投标。造成招标失败的主要原因有：最低的标价也超过了招标人预定的可接受标准；或者所有投标书所提供的，都与招标要求不符；或者只有个别人参与投标，不具有竞争性。

4. 签订合约

招标人选定中标人之后，要向其发出中标通知书，约定双方签约的时间和地点。中标人签约时，要提交银行保函或备用信用证，作为中标人将遵照合同履行义务的担保。

二、拍卖

拍卖（Auction）是由专营拍卖业务的拍卖行在规定的时间和地点，按照一定的规章，通过买主公开叫价或密封出价的方法，将货物逐件、逐批地卖给出价最高的买主的一种现货交易方式。

在国际贸易中，采用拍卖方式进行交易的商品，一般都是规格复杂、品质不易标准化，或难以久存、易腐变质的商品，或习惯要通过拍卖而出售的商品，例如皮毛、羊毛、烟草、香料、茶叶、花卉、水果、地毯、古玩、艺术品等。参与拍卖的买主，通常须向拍卖行交存一定数额的履约保证金。

（一）拍卖的组织形式

国际上的拍卖一般由专营拍卖业务的拍卖行组织。卖方在拍卖前必须及时将货物运到拍卖行指定的仓库，由其对货物进行整理、分类、分批等工作，并编印拍卖目录，对外公布拍卖的时间、地点、商品种类、存放地点等情况，以便参加拍卖的买主在拍卖前到该指定仓库看货，甚至对货物进行抽样检验。卖方在拍卖后一般对货物的品质不承担赔偿责任。

拍卖由拍卖行主持,在预定的时间、地点进行,一般是按拍卖目录规定的次序逐批拍卖商品,通过有意购买的买主竞价而最后成交,买主在成交后就要立即付款、提货。在整个拍卖过程中,拍卖行要向货主提供各种服务,同时收取一定的佣金或经纪费作为报酬。

(二)拍卖的特点

(1)一方通过拍卖方式出售货物,多家购买者竞相购买。

(2)拍卖的货物都是现货。

(3)口头报出欲购商品的价格(绝大多数)。

(4)拍卖的商品一般为大宗商品、易变质的商品、不易规定统一价格的商品、艺术品及纪念品等。

(5)拍卖业务由专业机构——拍卖行或拍卖公司办理。

(6)拍卖方式因成交时间短、交货快,有利于买方的资金周转,减少各种交易风险。卖方则可以用这种交易方式,扩大自己商品的影响,且通过竞买者的激烈竞争,往往可以使其获得较高的价格。此外,由于买主拍卖前已经查过货物,所以卖方在拍卖后一般对货物的品质不承担赔偿责任,对卖方很有利。

(三)拍卖的出价方法

(1)增价拍卖。又称英式拍卖,也称买主叫价拍卖,是最常用的一种拍卖方式。由拍卖人宣布预定的最低价格,通过买主激烈的叫价竞争,最后由拍卖人以击槌动作宣告交易结束,把货物卖给出价最高的竞争者。

(2)减价拍卖。又称荷兰式拍卖(Dutch Auction),也称卖方叫价拍卖,即先由拍卖人喊出最高价,然后由拍卖人逐渐减低叫价,直到有竞买者表示接受而达成交易。减价拍卖经常用于拍卖鲜活商品和水果、蔬菜等。

(3)密封递价拍卖。又称招标式拍卖(Bidding Auction),即先由拍卖人公布每批商品的具体情况和拍卖条件,然后由各买方在规定的时间内将自己的出价密封递交拍卖人,由拍卖人对买方递价分析比较后,最后决定把货物卖给条件最适合的买主。

三、招标、投标与拍卖的比较

招标、投标与拍卖,都有各自的特点和长处。招标、投标属于竞卖方式。招标人通过招标吸引众多的卖方参与竞争。卖方之间的竞争,使买方在价格及其他条件上有较多的比较和选择,从而在一定程度上保证了所采购商品的最佳质量,并可使招标人以相对低廉的价格购进其所需的商品。另外,投标人提交的投标担保和履约担保,也在一定程度上减少了招标人的风险。就投标人而言,这种交易方式也有其有利之处。因为,招标、投标业务,一般涉及金额都比较大。但只要投标人事先进行了认真的可行性研究,在投标过程中谨慎小心,科学计算,一旦中标,认真履约,通常都能获得可观的经济效益。

拍卖属于竞买方式。拍卖会的主办人通常都会利用媒体的宣传来扩大影响,吸引尽可能多的竞买人到场参与竞争。激烈的竞争使得价格步步攀升,卖主可从中受益。拍卖价格的高低,除了取决于拍卖本身的质量外,竞争的激烈程度也是重要的决定因素。对于竞买人来讲,由于拍卖多采用公开的现场、现货竞买方式,透明度很高,且有相关的法律保证其公正性,因而大大减少了买方的风险。总之,采取这种公开竞买的方式,在一定程度上避免了因买卖双方互不见面导致事后发觉上当再索赔或打官司的被动局面。

第三节 加工贸易

一、加工贸易的含义

加工贸易(Process Trade)是指经营企业从境外保税进口全部或部分原辅材料、零部件、元器件、包装物料,经加工或装配后,将制成品复出口的经营活动,包括来料加工/来件装配/来样加工与进料加工、进件装配等。

二、加工贸易的种类

(一)进料加工

1. 进料加工及其特点

进料加工(Processing with Imported Materials)属于一种单边购进、单边售出的贸易方式,是指经营单位或生产者用外汇购买进口的原材料、辅料、元器件、零部件、配套件和包装物料,再由生产者加工成成品或半成品后销往国外市场。如进口羊毛加工成羊毛衫出口,进口橡胶加工成轮胎和胶鞋出口。进口原材料的所有权和收益权属于经营企业。进料加工的特点如下:

(1)料件进口、产品外销。经营单位用外汇购买进口料件,加工成产品后外销。

(2)自行生产、自行销售。经营单位进口料件后自行决定产品生产数量、规格、款式。根据国际市场情况自行选择产品销售对象和价格。

(3)自负盈亏、自担风险。经营单位只赚取从原材料到产品的附加值,需要自筹资金、自寻销路。

(4)料件进口和产品出口是两笔不同的交易,料件供应商和产品购买者之间没有必然的联系(对口合同除外)。

2. 进料加工的具体方式

(1)先进口原料再加工成品出口。这种方式可以择机进料,成本较低廉。但加工方须把握准国际市场,否则容易造成库存积压。

(2)先与国外客商签订出口合同,后从国外购进原料加工。此方式多属于来样进料加工,要按照买方提供的样品生产。其好处是产品适销对路,压力来自于原料的落实,并要保质、保量、按期交货。

(3)对口合同方式。此方式即原料供应商和成品购买者为同一方,加工方与对方同时签订进口原料和成品出口的合同,两个合同分别结算。此做法最为稳妥,但机会难得。

（二）对外加工装配

对外加工装配是来料加工和来件装配的总称，是一种委托加工的交易方式。

1. 来料加工与来件装配及其特点

来料加工（Processing with Customer's Materials）是指由国外客户提供原料、辅料，委托国内加工方按其要求进行加工，成品交由国外客户负责销售，国内加工方按合同规定收取工缴费。

来件装配（Assembling with Customer's Parts）是指由国外客户提供零部件、元器件，有的还提供包装物料，必要时也提供某些设备或技术，委托国内装配方按其设计要求进行装配，成品交由国外客户负责销售，国内装配方按合同规定收取工缴费。

来料加工与来件装配有以下特点：

（1）来料和成品出口是一笔交易，原料的供应商和成品的接受者是同一客商。

（2）来料加工与来件装配的双方是委托加工关系，不是买卖关系，加工方对来料来件只有使用权而没有所有权。

（3）加工装配业务在生产上受外方控制，市场多变，成品难以定型，在一定程度上盈亏由外商决定。

（4）承接来料加工与来件装配业务的企业通常从事劳动密集型、中低技术型产品的加工。因此，加工点通常在发展中国家。

2. 进料加工与对外加工装配的区别

进料加工与对外加工装配的区别，如表 10-3 所示。

表 10-3　进料加工与对外加工装配的区别

区别＼方式	进料加工	对外加工装配
关系不同	双方是买卖关系，双方的所有权改变，当事人改变，往往是两笔以上的交易	双方是委托加工关系，来料及配件的所有权归供应方所有，成品运回供应方，属一笔交易
收益不同	进料、进件加工装配的收入是原料与成品之间的差额，即外汇增值额，根据外汇增值率来计算加工成品的盈亏	加工装配业务的收入是加工费
管理不同	用外汇购买材料和配件，成品出口是正常出口的一个组成部分，因此，管理部门一般按正常贸易来进行管理	不涉及国内原料，一般不涉及用汇，只要加工商品不是违禁品、假冒名牌商品和对国内出口商品造成极大威胁的同类商品，管理部门一般在管理上较为宽松
支付方式不同	进口料、件的一方须支付料、件款；成品出口时，国外买方也必须支付成品款	原材料、零配件的提供方一般不收费，待收回成品时支付加工费
对产品质量要求的当事人不同	加工方根据市场销售的实际情况来制定产品的质量标准。产品质量一个来自国外委托方，一个来自加工方自身	产品质量必须达到委托方和加工方事先约定的标准

第四节 对销贸易

一、对销贸易的含义及特征

对销贸易(Counter Trade),又称返销贸易、反向贸易或互抵贸易。即买卖双方达成协议,规定一方的进口产品可以部分或全部以相对的出口产品来支付,是一种既买又卖、买卖互为条件的贸易方式。除有形货物以外,对销贸易也可包括劳务、专有技术和工业产权等无形财产的交易。

二、对销贸易的主要形式

对销贸易有多种形式,如补偿贸易、易货贸易、反购或互购(Counter Purchase)、转手贸易(Switch Trade)和抵消(Offset)等。但在我国对外经贸活动中,采用较多的是补偿贸易、易货贸易和互购。

(一) 补偿贸易

1. 补偿贸易及其特点

补偿贸易(Compensation)又称产品回购(Product Buyback),即交易的一方在对方提供信贷的基础上进口机器设备或技术,然后再向对方返销以该进口设备及/或技术所生产的直接产品或相关产品或其他产品或劳务,以其所得价款分期偿还进口价款的本金和利息。补偿贸易有如下特点:

(1) 贸易和信贷相结合,设备赊销赊购。

(2) 贸易和生产相结合,出口与进口相结合。设备出口方承诺回购进口方的产品或劳务,因此,出口方极为关心设备进口方的生产情况。

(3) 不以货币为主要支付工具,而是以产品或劳务作为主要支付手段。

(4) 交易并非一次完成,而要经过多次才能完成,短的要 1~2 年,长的要 10~20 年。

2. 补偿贸易的种类

(1) 直接补偿。也称产品返销,是指进口方用进口设备直接生产的产品即衍生产品的出口分期偿清进口的价款。这是补偿贸易基本的做法。但是这种做法有一定的局限性,它要求生产出来的直接产品及其质量必须是对方所需要的,或在国际市场上是可销的,否则不易为对方所接受。

(2) 间接补偿。也称商品换购,是补偿贸易中较常见的做法。当所交易的进口设备本身不生产物质产品(如运输工具),或设备所生产的直接产品并非对方所需或在国际市场上不好销时,可由双方根据需要和可能进行协商,用回购其他产品来代替。

(3) 劳务补偿。这种做法常见于来料加工和来件装配相结合的中小型补偿贸易中,由承接对外加工、装配业务的企业以加工费逐步偿还其进口的加工或装配所需设备、技术价款的本息。

3. 补偿贸易与对外加工装配业务的区别

补偿贸易与对外加工装配业务的区别,如表 10 - 4 所示。

表 10 - 4 补偿贸易与对外加工装配业务的比较

方式 区别	补偿贸易	对外加工装配业务
产品所有权	加工产品所有权归机器设备的进口方所有	加工产品的所有权归原材料提供方所有
收益	利用所引进的机器设备提高生产率和扩大再生产	赚取加工费
承担产品返销的责任	机器设备的提供方承担回购产品,属于回收其用信贷方式售出的机器设备的价款	原材料供应方回收属于他的加工产品
双方关系	双方当事人是买卖关系	委托加工关系

(二) 易货贸易

1. 易货贸易及其特点

易货贸易(Barter Trade)是指在买卖双方之间进行的货物或劳务等值或基本等值的直接交换,不涉及现金收付。随着交易的扩大和发展,现已改变为通过货款支付清算,进口货和出口货的交换作为一笔交易,双方都承担购买对方等值货物的义务。易货贸易的特点体现在以下几个方面:

(1) 是一次性交易的行为。

(2) 只有互买互卖的双方当事人,不涉及第三方。

(3) 双方只签署一份合同且双方交换的货物载明在合同之上,并能立即执行。

(4) 一方以货物抵付另一方货物的合同,其执行期限较其他方式所需时间短。

(5) 易货具有局限性,包括地区和对象。

(6) 双方如有一方未及时出运货物或供非所需,另一方就会吃亏。

2. 易货贸易的种类

(1) 记账易货贸易。贸易一方用出口货物换来进口货物,双方对货值记账,互相抵冲,货款逐笔平衡,不必用现汇支付,或者在一定时期内平衡(如有逆差,再以现汇或商品支付)。这种做法多用于两个国家之间的易货贸易。这种方式下进出口可同时进行,也可以先后进行,但时间间隔不能太长。

(2) 对开信用证方式。在这种方式下,进出口同时成交,金额大致相等,双方互相开立以对方为受益人的信用证支付货款,规定一方开出的信用证在收到对方的信用证时才生效。也可以采用保留押金方式,即先开出的信用证先生效,结汇时银行将款扣下,留做该受益人开回头信用证时的押金。采用这种方式,表面上看双方都以信用证支付从对方购买货物的价款,但仍然是以货换货的交易,先出口的一方得不到货款,只是取得对方承诺以供应的货物作为补偿。

3. 易货贸易与补偿贸易的区别

易货贸易与补偿贸易的区别,如表 10 - 5 所示。

表 10 - 5   易货贸易与补偿贸易的区别

方式 区别	易货贸易	补偿贸易
产品互换性质	基本上以商品作为清偿工具	在信贷基础上商品互换(即以机器设备换回直接或间接产品),互换商品的周期较长,一般仍以货币作为双方清偿的工具
进出口商品的时间	进口与出口基本上能够同时进行	先进后出,机器设备的进口和成品出口往往间隔的时间较长
贸易与生产的关系	易货贸易与生产没有关系	出口机器设备的一方,不仅关心机器设备的运转情况,同时也关心机器设备生产产品的质量。因为这些产品往往就是偿还的产品,直接影响设备出口方的利益

(三) 易货贸易与对外加工装配业务的区别

易货贸易与对外加工装配业务的区别,如表 10 - 6 所示。

表 10 - 6   易货贸易与对外加工装配业务的区别

方式 区别	易货贸易	对外加工装配业务
所有权	货物的所有权,在费用支付及风险转移之前,仍为各出口方所有	原材料、配件的所有权为供应方(委托方)所有
收益	以货换货,一般不存在外汇转移	加工装配业务的收入是加工费
支付方法	一般不支付货款,双方选用同一货币来办理清算事宜,货款相互冲转	一般不用支付原材料的价款,加工方净收加工费
交易双方环境	为使产品互通有无,或因贸易伙伴外汇匮乏或进口国家(地区)的外汇限制等原因而进行的	往往由于委托方当地劳务费用高,为了减低成本,委托方到劳务费用低的国家或地区进行产品的加工、装配

(四) 互购

互购(Counter Purchase),顾名思义,就是交易双方互相购买对方的产品。互购贸易涉及使用两个既独立又相互联系的合同。在这种方式下,交易双方先签订一个合同,约定由先进口国(往往是发展中国家)用现汇购买对方的货物(如机器、设备等),并由先出口国(通常为发达国家)在此合同中承诺在一定时期内买回头货;之后,双方还需签订另一个合同,具体约定由先出口国用所得货款的一部分或全部从先进口国购买回头货。

互购的特点在于,两笔交易都用现汇支付,一般是通过信用证即期付款或付款交单来进行,有时也可采用远期信用证付款。与一般交易不同的是,先出口的一方在第一份合同中做出回购对方货物的承诺,从而把先后两笔不一定等值的现汇交易结合在一起。因此,先出口方除非是接受远期信用证,否则不存在垫付资金问题;相反,还可以在收到出口货款至支付进口回头货价款的这段时间里,利用对方的资金,而且,在随后的谈判中处于比较有利的地位。对先进口方来说,利用互购贸易有利于带动本国产品的出口,但要先付出一笔外汇,虽然不利,但享有"以进带出"的好处。

第五节　商品期货交易

一、期货交易的含义和特点

期货交易(Futures Trading)是一种在特定类型的固定市场,即期货市场(Future Market)或称商品交易所(Commodity Exchange),按照严格的程序和规则,通过公开喊价的方式,买进或卖出某种商品期货合同的交易。期货交易只是期货合同本身的买卖,交易结果是交付或取得以及买进或卖出同等数量的期货合同的价格差额。期货交易的商品基本上都是属于供应量较大、价格波动频繁而质量比较容易分出等级的初级产品,如谷物、棉花、咖啡、可可、橡胶及有色金属等。

期货交易具有以下基本特点。

1. 以标准合同交易为主

期货交易市场不是买卖实际货物的市场,而是买卖品质、规格、数量、包装、交货地点和方式、检验、支付、解决争议等条款及内容都已经标准化了的期货合同的市场,买卖双方只需商定价格和交货期两项条款,以及合同份数。据此,人们常把在商品期货交易所中进行的标准合同交易称为买空卖空,买进期货合同的一方被称为多头,卖出期货合同的一方被称为空头。在进行期货合同交易时,买卖双方并不直接见面,而是通过经纪人来进行。

2. 特殊的清算制度

在许多商品期货市场上都设立了清算制度或财力雄厚的清算所(Clearing House),负责处理在商品交易所内达成的所有交易的结算和合同的履行。在期货市场上,买卖双方达成交易后,均需立即在清算所进行登记。登记后,买卖双方即不再存在合同责任关系,而是分别与清算所建立合同关系,清算所分别成为期货合同的买方和卖方。

期货市场上的清算方法主要有对冲和实物清算两种。所谓对冲是指当期货合同即将到期时,原卖出货物的一方可以伺机买进同一时期交货的期货合同来抵冲卖出的货物,而本来买进货物的一方则可以选择适当的时机卖出同一交货期的期货合同来抵冲买进的货物。通过对冲使买卖双方只与价格发生关系,而不必牵涉到实际货物的买卖。所谓实物清算是指当期货经营者只买不卖(多头)或只卖不买(空头),在规定的交割期达到时,处于空头地位的经营者根据规定向清算所交付提货仓单,收取约定的货款,再由清算所将收到的仓单交给处于多头地位的经营者并向其收取价款。

3. 严格的履约保证金制度

为了防止因交易一方丧失偿付能力逃避合同义务,而使交易另一方蒙受损失,确保期货交易合同的履行以及清算制度的正常进行,各个商品期货交易市场中的清算所都实行了严格的履约保证金制度,包括初始保证金交纳制度和亏损时补交保证金制度。初始保证金交纳制度,即买卖双方达成每笔交易时,均需按合同金额的5%~10%向清算所交纳保证金;

亏损时补交保证金制度,即每个交易日结束时,如会员名义亏损已超过规定的百分比(占保证金的比例),清算所会立即向其发出补交保证金通知,会员须在次日期货交易所开市前按规定补交保证金,否则,清算所有权终止该会员的交易,并按结算价对其交易进行清算。

二、套期保值

套期保值又称海琴(Hedging)业务,或对冲交易。交易者在买进(或卖出)实货的同时或前后,在期货交易所卖出(或买进)相等数量的期货合同作为保值,将期货交易和现货交易结合起来进行。由于期货市场和实货市场的价格趋势一般来说是一致的,涨时同涨,跌时俱跌,所以实货市场的亏(盈),可从期货市场的盈(亏)得到弥补或抵消。

套期保值分为卖期保值和买期保值两种。

1. 卖期保值(Selling Hedging)

卖期保值即套期保值者根据现货交易情况,先在期货市场卖出期货合同,再买进同等数量的期货合同进行平仓。生产商预售商品时,或加工商在采购原材料时,为避免价格波动的风险,常采用卖期保值的方法。

例如,某工厂买进棉花生产棉布,工厂主估计以后棉花价格要下跌,但为了生产,现在不得不买进。为了避免棉价下跌所造成的损失,工厂主可以在买进棉花的同时到期货市场卖出同等数量的期货合约。这样,将来一旦价格下跌,在实际货物的交易中导致了亏损,但他在期货交易中却会获得一定的盈利来弥补实货亏损。示例见表 10-7。

表 10-7　卖期保值示例

时　间	现货市场	期货市场
4 月 5 日	购入棉花 20 万磅 单价 USD0.65	卖出 4 张期货合约,共 20 万磅,单价 USD0.63
6 月 25 日	现货价 USD0.58	补进 4 张合约,单价 USD0.57
经营结果	现货亏损:0.65−0.58=0.07	期货盈余:0.63−0.57=0.06

如表 10-7 所示,每磅只亏损 USD 0.01,假定手续费 USD200,全部算下来,亏损为:$200\,000×(0.07−0.06)+200=2\,200$(美元)。而假如不搞套期保值,亏损为:$200\,000×0.07=14\,000$(美元)。由此可见,套期保值使亏损大为减少。

2. 买期保值(Buying Hedging)

买期保值与卖期保值正相反,即套期保值者在出售现货时,担心将来现货价格上涨使自己遭受损失,于是便在交易所购进期货合同,然后再卖出期货合同进行平仓。通常中间商在采购货源时,为了避免价格波动,采用买期保值的方法。

例如,9 月下旬 B 公司售出 12 月份交货的 2 号燕麦 10 万蒲式耳,每蒲式耳 USD2.10。但 B 公司在签订售货合同时,手中并无现货,而 12 月份必须履行交货义务,于是 B 公司在交易所购进 20 个合同(每个合同 5 000 蒲式耳)12 月份交货的 2 号燕麦,每蒲式耳为 USD2.20。12 月 2 日,B 公司购进现货,价格涨至每蒲式耳 USD2.30,等于 B 公司每蒲式耳亏损 USD0.10。而在此时,B 公司购进的期货每蒲式耳涨至 USD2.40,于是 B 公司就出售 2 号燕麦期货在期货市场上平仓。B 公司现货每蒲式耳赔 USD0.10,但由于适时做了买期保值,期货市场上每蒲式耳盈利 USD0.10。结果是利用期货市场的盈利来弥补现货市场的亏损,见表 10-8。

表 10-8 买期保值示例

时间	现货市场	期货市场
9月下旬	售出 2 号燕麦 10 万蒲式耳,合同价为 USD2.10/蒲式耳,12月份交货	买入 12 月份 2 号燕麦 20 个期货合同,价格为 USD2.20/蒲式耳
12 月 2 日	买入现货,价格为 USD2.30/蒲式耳	售出期货合同,价格上涨为 USD2.40/蒲式耳
经营结果	现货亏损:USD0.10/蒲式耳	期货盈余:USD0.10/蒲式耳

本章知识——结构图

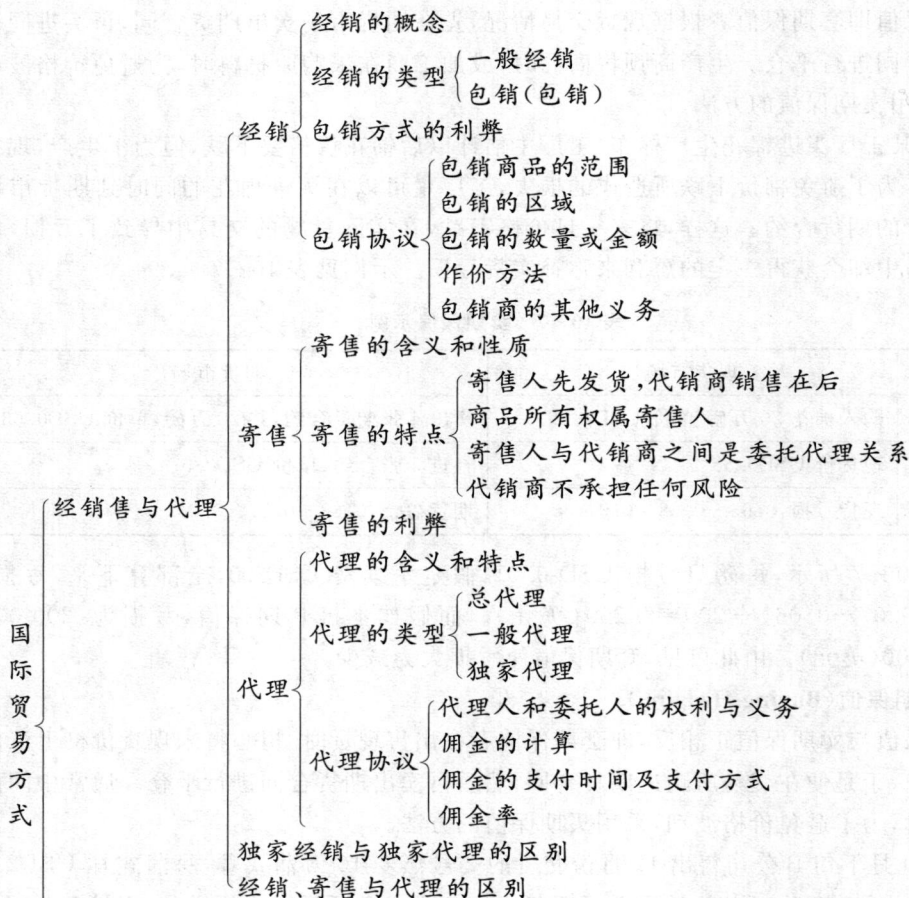

```
                            ┌ 经销的概念
                            │ 经销的类型 ┌ 一般经销
                            │           └ 包销(包销)
                    ┌ 经销 ┤ 包销方式的利弊
                    │      │           ┌ 包销商品的范围
                    │      │           │ 包销的区域
                    │      └ 包销协议 ┤ 包销的数量或金额
                    │                  │ 作价方法
                    │                  └ 包销商的其他义务
                    │
                    │              ┌ 寄售的含义和性质
                    │              │           ┌ 寄售人先发货,代销商销售在后
                    │              │           │ 商品所有权属寄售人
          经销售与代理 ┤       ┌ 寄售 ┤ 寄售的特点 ┤ 寄售人与代销商之间是委托代理关系
国                   │       │      │           └ 代销商不承担任何风险
际                   │       │      └ 寄售的利弊
贸   ┤                │       │      ┌ 代理的含义和特点
易                   │       │      │           ┌ 总代理
方                   │       └ 代理 ┤ 代理的类型 ┤ 一般代理
式                   │              │           └ 独家代理
                    │              │           ┌ 代理人和委托人的权利与义务
                    │              └ 代理协议 ┤ 佣金的计算
                    │                         │ 佣金的支付时间及支付方式
                    │                         └ 佣金率
                    ├ 独家经销与独家代理的区别
                    └ 经销、寄售与代理的区别
```

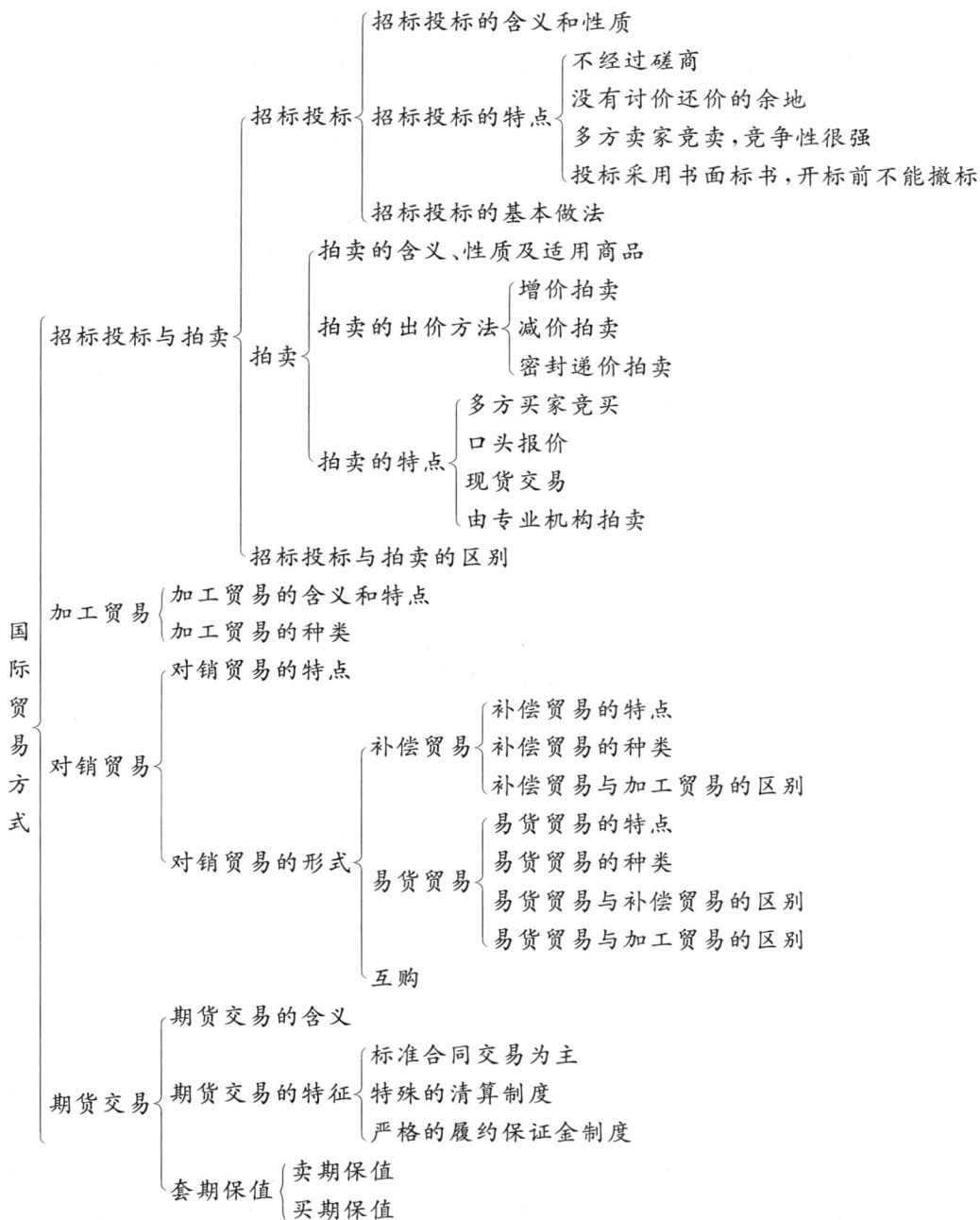

招标投标与拍卖
├─ 招标投标
│　├─ 招标投标的含义和性质
│　├─ 招标投标的特点
│　│　├─ 不经过磋商
│　│　├─ 没有讨价还价的余地
│　│　├─ 多方卖家竞卖,竞争性很强
│　│　└─ 投标采用书面标书,开标前不能撤标
│　└─ 招标投标的基本做法
├─ 拍卖
│　├─ 拍卖的含义、性质及适用商品
│　├─ 拍卖的出价方法
│　│　├─ 增价拍卖
│　│　├─ 减价拍卖
│　│　└─ 密封递价拍卖
│　└─ 拍卖的特点
│　　　├─ 多方买家竞买
│　　　├─ 口头报价
│　　　├─ 现货交易
│　　　└─ 由专业机构拍卖
└─ 招标投标与拍卖的区别

国际贸易方式

加工贸易
├─ 加工贸易的含义和特点
└─ 加工贸易的种类

对销贸易
├─ 对销贸易的特点
└─ 对销贸易的形式
　├─ 补偿贸易
　│　├─ 补偿贸易的特点
　│　├─ 补偿贸易的种类
　│　└─ 补偿贸易与加工贸易的区别
　├─ 易货贸易
　│　├─ 易货贸易的特点
　│　├─ 易货贸易的种类
　│　├─ 易货贸易与补偿贸易的区别
　│　└─ 易货贸易与加工贸易的区别
　└─ 互购

期货交易
├─ 期货交易的含义
├─ 期货交易的特征
│　├─ 标准合同交易为主
│　├─ 特殊的清算制度
│　└─ 严格的履约保证金制度
└─ 套期保值
　├─ 卖期保值
　└─ 买期保值

经典案例

代理合同纠纷案

【案情】

　　1996年3月6日,某食品进出口公司第一整理加工厂(以下称加工厂)与某特艺品进出

口公司(以下称特艺品公司)签订了代理出口协议书。协议约定,特艺品公司代加工厂与客户签订出口生姜合同,加工厂负责组织生姜生产,并按期送至双方约定的地点。协议约定特艺品公司负责出口货物的报关、租船定舱、缮制出口单据、垫付有关费用、办理有关手续。加工厂负担代理业务中产生的一切直接费用,包括报关费、报验费、仓储费、装卸费、国内外运费、保险费、银行手续费。收汇后,特艺品公司扣除上述费用后将余款按银行当日汇率折成人民币转到加工厂账户。特艺品公司据此代理出口协议书,于1996年3月19日与日本海渡贸易有限公司签订了售货确认书,由特艺品公司向日方出口生姜41吨,每吨价格2 100美元,付款方式为日方收货后汇款。签约后,加工厂即组织生姜两个集装箱计41.72吨,并于1996年3月28日将货备齐,加工厂、特艺品公司及日方三方对生姜质量进行了确认,特艺品公司储运部明知船期为1996年3月31日,但在办理承运手续时,未提前做好运输工具的租赁工作,后特艺品公司于3月29日将第一箱生姜运至青岛八号码头"大清河号"轮上,又未按规定操作设定恒温,致使货到日本时已冻坏75%,日方客户拒收货物,拒付货款。第二箱生姜因运输车辆轮胎爆裂,也未赶上"大清河号"轮,后换"大欣号"轮发往日本,造成逾期交货,日方客户仍拒付货款。后经特艺品公司多次向日方交涉,日方仅赔偿损失人民币5万余元,特艺品公司如数支付加工厂。扣除代理费、海运费等,剩余货款人民币60余万元,加工厂要求特艺品公司赔偿。特艺品公司应诉后认为,加工厂将代理关系误认为销售关系,双方的权利义务关系应由民法通则的代理规定予以调整,因此,该批货的所有权人为加工厂,而加工厂未按约定日期将货运至指定地点,造成货物损失,应负全部责任,要求驳回加工厂的诉讼请求。

【判决】

法院审理认为,原、被告签订的《代理出口协议》合法有效,双方均应按约履行。被告的储运部在办理承运手续时,未提前做好运输工具的租赁工作,至1996年3月28日仍未找到专用运输工具。第一箱冷藏集装箱也未按规定设立恒温,第二箱又延误船期,造成的损失应由被告承担全部赔偿责任。被告以双方运输约定货物所有权未转移为由推卸法律责任没有依据,其拒绝赔偿的理由不成立。被告作为受托人未尽代理职责,致出口合同不能完全履行和迟延履行,应在扣除代理手续费及为原告垫付的有关费用后,赔偿原告的实际损失人民币60余万元,并承担本案诉讼费。

【分析】

本案是一起外贸代理出口合同纠纷案,主要涉及外贸代理制的法律适用问题。外贸代理是指具有对外贸易经营权的工贸企业在对外贸易过程中,为代理进出口而达成的明确双方权利义务关系的协议。它是一种新型的特殊的民事代理关系,与民法通则规定的普通民事代理相比,具有如下特征:① 外贸代理法律关系必然由内部代理协议和外部进出口合同两个既有内在联系又彼此独立的法律关系合并构成。② 代理人不是以被代理人的名义对外签约、履约,而是以自己的名义对外签约、履约。③ 被代理人不能成为外贸合同的当事人,不得自行对外询价或进行商务谈判,不得自行就合同条款对外商作任何形式的承诺或自行与外商变更或修改合同。④ 被代理人不直接承担对外签约的一切法律后果,而代理人不仅有义务积极协助被代理人对外索赔理赔,而且直接对外商承担合同义务,享受合同权利。⑤ 外贸代理人必须是经有关部门批准取得对外贸易经营权的工贸企业,其他企业不能充当外贸代理人。

思考与练习

一、思考题

1. 经销、寄售与代理有何特点？

2. 独家经销和独家代理利弊何在？

3. 进料加工与来料加工有何本质区别？

4. 招标投标与拍卖具有哪些特点？该如何进行业务操作？

二、案例分析题

1. 我 A 公司与美国 B 公司签订一份独家经销协议，A 公司把该公司经营的草制品在美国的独家经营权授予 B 公司，期限为一年。一年来，由于 B 公司销售不力，致使 A 公司蒙受很大损失。试分析 A 公司蒙受损失的原因。

2. 某企业与一家外国工厂签订来件装配一种家用电器 5 000 台的合同，规定采用对开信用证分别结算配件和成品的价款，由我方开出见票后 90 天付款的不可撤销远期信用证向对方购买配件，但须在对方开出向我购买成品的即期回头信用证后方始生效。两份信用证总金额的差额为外方付给我方的工缴费。上述合同按时执行后，双方又按原合同续订了 5 万台分五批执行的新合同。第一、第二两批共 2 万台，双方均按时开证，并顺利履行了合同。其后外商突然提出，由于我方信用证中有须收到对方回头信用证后方始生效的条款，当地银行认为有此附加条款的信用证不能视作已经生效的信用证，因此，不能凭以融通资金，使其发生经营困难。为顺利履行余下的三批装配合同，外商要求我方开出的新证取消上述附加条款。我方认为上笔合同圆满履行，新合同也已执行 2/5，说明对方是可以信赖的，于是接受了对方的要求，在开出的后三批 3 万台来件价款的信用证中取消了上述收到回头信用证方始生效的附加条款。外商按我方信用证规定向我方发运了配件，但回头信用证始终未开到，我方银行到期被迫支付来件价款×万美元。在此期间，我方虽多次向外商交涉，但均无结果。事后查明，因该产品销路不佳，市价大跌，以致整机的售价还卖不到原定的配件价格。在此情况下，外方遂利用我方开出的信用证处理其剩余部件，而不履行购回成品的义务，造成我方以高价单边进口配件的巨额损失。对此，试分析我方应吸取的教训。

3. 某国某政府机构为采购某商品进行国际公开招标，招标文件规定投标截止期为 10 月 31 日。我国一家主要生产这类商品的工厂，在认真研究了招标文件后认为，根据自身条件完全能够达到招标文件规定的条件，为推销其产品，决定进行投标。同时，为争取中标，在投标书中所报价格极具竞争性。8 月初，该厂寄出投标书，并按招标文件要求交纳了投标保证金 5 000 美元。之后不久，生产该商品的原料价格猛涨，倘若按投标书所报价格中标，工厂将蒙受极大损失。该厂不得已只能电请招标人要求修改投标书的报价。招标人以招标文件明确规定，投标书一经送达不得撤销和修改为由加以拒绝。事后，原料市价涨势未减，眼看按投标书价格进行交易已不可能，于是被迫通知招标人撤销投标书，已交纳的保证金被招标人全数没收。按此情节，试分析我方在工作中存在哪些缺点？应当吸取哪些教训？除保证金损失外，还有什么损失？

SHIPPER CHANGZHOU COSIN INTERNATIONAL TRADE LTD NO.501 1# FUCHEN GARDEN 8# TAIHU EAST ROAD NEW DISTRICT CHANGZHOU JIANGSU CHINA		**COMMERCIAL INVOICE**	
CONSIGNEE K & I RAISE CO., LTD NISHIMURA BLDG ROOM 405 5-70 1-CHOME HONMACHI CHUO-KU OSAKA JAPAN			
NOTIFY K & I RAISE CO., LTD NISHIMURA BLDG ROOM 405 5-70 1-CHOME HONMACHI CHUO-KU OSAKA JAPAN		INVOICE NO. 13MS010A	DATE 2013-3-25
		YOUR ORDER NO.	OUR ORDER NO.
		DOCUMENTARY CREDIT NO.	

VESSEL/AIRCRAFT NH8432	FROM SHANGHAI	COUNTRY OF ORIGIN OF GOODS	
TO OSAKA	SAILING ON ABOUT 26-Mar-13	TERMS OF DELIVERY AND PAYMENT CNF JAPAN	PAYMENT BY T/T

Shipping Mark	Description	QUANTITY (PCS)	@ (IN USD)	AMOUNT (IN USD)
K & I S/NO.: COL NO.: OSAKA JAPAN C/NO.: MADE IN CHINA	GARMENTS KY0735	312	20.60	6,427.20
	TOTAL	312.00		6,427.20

PACKED IN 7 CTNS
TOTAL GROSS WEIGHT 104.00KGS
TOTAL NET WEIGHT 90.00KGS

常州市科兴国际贸易有限公司
CHANGZHOU COSIN INTERNATIONAL
TRADE CORP.LTD

总经理　陆小飞
GMANAGER　LU XIAO FEI

SHIPPER
CHANGZHOU COSIN INTERNATIONAL TRADE LTD
NO.501 1# FUCHEN GARDEN 8# TAIHU EAST ROAD
NEW DIS TRICT CHANGZHOU JIANGSU CHINA

PACKING LIST

CONSIGNEE
K & I RAISE CO., LTD
NISHIMURA BLDG ROOM 405 5-70
1-CHOME HONMACHI CHUO-KU OSAKA JAPAN

NOTIFY
K & I RAISE CO., LTD
NISHIMURA BLDG ROOM 405 5-70
1-CHOME HONMACHI CHUO-KU OSAKA JAPAN

INVOICE NO.	DATE
13MS010A	2013-3-25
YOUR ORDER NO.	OUR ORDER NO.
DOCUMENTARY CREDIT NO.	

VESSEL/AIRCRAFT ECT. NH8432 | FROM SHANGHAI
COUNTRY OF ORIGIN OF GOODS

TO OSAKA | SAILING ON ABOUT 26-Mar-13
TERMS OF DELIVERY AND PAYMENT
CNF JAPAN   PAYMENT BY T/T

MARKS AND NUMBERS;NUMBER AND KIND OF PACKAGES;DESCIPTION OF DOODS GOODS:	QUANTITY (PCS)	TOTAL GROSS WEIGHT	TOTAL NET WEIGHT	MEASTS M3
GARMENTS KY0735	312			
TOTAL	312	104.00KGS	90.00KGS	0.95CBM

PACKED IN 7 CTNS
TOTAL GROSS WEIGHT 104.00KGS
TOTAL NET WEIGHT 90.00KGS

常州市科兴国际贸易有限公司
CHANGZHOU COSIN INTERNATIONAL TRADE CORP.LTD

总经理
GMANAGER   LU XIAO FEI

PICC 中国人民财产保险股份有限公司 PICC PROPERTY AND CASUALTY COMPANY LIMITED

总公司设于北京 Head Office Beijing

一九四九年创立 Established in 1949

货物运输保险单 **CARGO TRANSPORTATION INSURANCE POLICY**
Invoice No.:CZCS13-J001I

保险单号 PYIE201332040000001590
POLICY NO.

被保险人: TO THE ORDER OF KUVEYT TURK KATILIM BANKASI A.S.
INSURED:

中国人民财产保险股份有限公司（以下简称本公司）根据被保险人要求，以被保险人向本公司缴付约定的保险费为对价，按照本保险单列明条款承保下述货物运输保险，特订立本保险单。
THIS POLICY OF INSURANCE WITNESSES THAT PICC PROPERTY AND CASUALTY COMPANY LIMITED (HEREINAFTER CALLED "THE COMPANY") AT THE REQUEST OF THE INSURED AND IN CONSIDERATION OF THE AGREED PREMIUM PAID TO THE COMPANY BY THE INSURED, UNDERTAKES TO INSURE THE UNDERMENTIONED GOODS IN TRANSPORTATION SUBJECT TO THE CONDITIONS OF THIS POLICY AS PER THE CLAUSES PRINTED BELOW.

标 记 MARKS & NOS.	包装及数量 QUANTITY	保险货物项目 GOODS	保险金额 AMOUNT INSURED
AS PER INVOICE NO: CZCS13-J001I	45 ROLLS	WOVEN FABRIC 98 PCT COTTON 2 PCT SPANDEX CORDUROY AS PER THE BEN.'S PRO. INV. NO:12CS005 DD. 121121 L/C NO.:034VL1206I312	USD15035.00

总保险金额: US DOLLARS FIFTEEN THOUSAND AND THIRTY FIVE ONLY
TOTAL AMOUNT INSURED

保费: 启运日期: AS PER INVOICE 装载运输工具: XIN QIN HUANG DAO V.0129W
PREMIUM: AS ARRANGED DATE OF COMMENCEMENT: PER CONVEYANCE:

自: SHANGHAI CHINA 至: ISTANBUL, TURKEY
FROM: TO:

承保险别: COVERING THE FOLLOWING RISKS FROM WAREHOUSE TO WAREHOUSE
CONDITIONS: -ALL RISKS
-INSTITUTE CARGO CLAUSES A
-INSTITUTE WAR CLAUSES(CARGO) I.C.C.(A)
-INSTITUTE STRIKE CLAUSES(CARGO) I.C.C(A)

所保货物如发生保险单项下可能引起索赔的损失，应立即通知本公司或下述代理人查勘。如有索赔，应向本公司提交正本保险单（本保险单共有二____份正本）及有关文件。如一份正本已用于索赔，其余正本自动失效。
IN THE EVENT OF LOSS OR DAMAGE WHICH MAY RESULT IN A CLAIM UNDER THIS POLICY,IMMEDIATE NOTICE MUST BE GIVEN TO THE COMPANY OR AGENT AS MENTIONED. CLAIMS, IF ANY, ONE OF THE ORIGINAL POLICY WHICH HAS BEEN ISSUED IN TWO ORIGINAL(S) TOGETHER WITH THE RELEVANT DOCUMENTS SHALL BE SURRENDERED TO THE COMPANY.IF ONE OF THE ORIGINAL POLICY HAS BEEN ACCOMPLISHED, THE OTHERS TO BE VOID.

ERGET SCT TURKEY C/O BILGISIN
Omer Avni Mh.Celebi Hamami Sk.
No: 18, K: 6, F?nd?kl?
ISTANBUL, TURKEY
Tel: +90 212 252 56 12
Fax: +90 212 252 24 99
Email: mail@ergetsct-africa.com

保险人:
UNDERWRITER:

Authorized Signature (3)

赔款偿付地点: ISTANBUL, TURKEY IN USD
CLAIM PAYABLE AT

日期: Mar. 30, 2013
DATE:

地址: No.11 HEPINGBEILU, CHANGZHOU, JIANGSU, CHINA
ADD:

邮编(POST CODE): 213001

网址(WEBSITE):www.e-picc.com.cn

电话(TEL): 0086-519-95518
传真(FAX): 0086-519-5106067

AEYIEA2008Z60
印刷号(PRINTED NUMBER): 32001200063445

CHANGZHOU COSIN INTERNATIONAL TRADE CORP.LTD.

NO:501 1 FUCHEN GARDEN 8,TAIHU EAST ROAD NEW DISTRICT, CHANGZHOU, JIANGSU, CHINA

WEIGHT/PACKING LIST

TO: DENIM KUMASCILIK TIC. VE SAN. LTD.
STI.-YENIBOSNA, MERKEZ MH. DOGU
SANAYI SITESI 11,BLOK NO:3 34197
BAHCELIEVLER ISTANBUL TURKEY

NO: CZCS13-J001I
DATE: 25-Mar-13

SHIPPING MARK：N/M

BALE NO.				WEIGHT(KGS)		MEASUREMENT	
				G.W.	N.W.		
WOVEN FABRIC 98 PCT COTTON 2 PCT SPANDEX CORDUROY 21W STR 56/57" PFD AS PER THE BEN.'S PRO. INVOICE NO: 12CS005 DD.121121	4352.80	MTRS		1750.00	1715.00	4.00	CBM
TOTAL:	4352.80	MTRS		1750.00	1715.00	4.00	CBM
L/C NO.:034VL12001312							
PACKED IN 45 ROLLS ONLY TOTAL: G.W.:1750KGS N.W.: 1715KGS MEASUREMENT: 4CBM							

常州市利兴国际贸易有限公司
CHANGZHOU COSIN INTERNATIONAL
TRADE CORP.LTD

总经理
GMANAGER   LU XIAO FEI

CHINA CONTAINER LINE LTD.

OTI#:019383NF

INTERNATIONAL BILL OF LADING

FOR COMBINED TRANSPORT SHIPMENT OR PORT TO PORT SHIPMENT

Shipper / Exporter (Complete name and address) CHANGZHOU COSIN INTERNATIONAL TRADE CORP. LTD. NO:501-1 FUCHEN GARDEN 8 TAIHU EASTROAD NEW DISTRICT, CHANGZHOU, JIANGSU, CHINA	Booking No. CCLSHA30330884	Bill of Lading No. CCLSHA30330884
	F/ Agent Name & Ref.	Shipper's Ref. J001I

Consignee (not negotiable unless consigned to order) TO THE ORDER OF KUVEYT TURK KATILIM BANKASI A.S.	Delivery Agent(OTI#:019383): MCL ULUSLARARASI KONSOLIDASYON VE LIMAN HIZM LTD STI (AS DELIVERY AGENT ONLY) CAFERAGA MAH.
Notify Party (Complete name and address) DENIM KUMASCILIK TIC. VE SAN. LTD. STI//YENIBOSNA MERKEZ MH. DOGU SANAYI SITESI 11. BLOK NO:3 34197 YENIBOSNA ISTANBUL, TURKEY	CETINTAS IS MERKEZI NO 17 KAT:5 KADIKOY ISTANBUL T:00902165414422 F:00902165414482 TAX OFFICE:KADIKOY TAX NUMBER:6130714782

Pre-carriage by		RECEIVED by the Carrier the Goods specified below in apparent good order and condition unless otherwise stated, to be transported to such place as agreed, authorized or permitted herein and subject to all the terms and conditions appearing on the front and reverse of this Bill of Lading to which the Merchant agrees by accepting this Bill of Lading, any local privileges and customs notwithstanding.
Place of Receipt SHANGHAI	Port of Loading SHANGHAI	The particulars given below as stated by the shipper and the weight, measure, quantity, condition, contents and value of the Goods are unknown to the Carrier.
Ocean Vessel XIN QIN HUANG DAO V. 0129W	Voy. No.	In WITNESS whereof one (1) original Bill of Lading has been signed if not otherwise stated below, the same being accomplished the other(s), if any, to be void.
Port of Discharge KUMPORT	Place of Delivery KUMPORT	

Particulars furnished by the Merchant

Container No. and Seal No. Marks & Nos.	Quantity and Kind of Packages	Description of Goods	Measurement (M₃) Gross Weight (KGS)
CCLU4778569/P703141 N/M	 45 ROLLS	WOVEN FABRIC 98PCT COTTON 2 PCT SPANDEX CORDUROY AS PER THE BEN'S PRO. INV NO:12CS005 DD.121121 HS:580122 LC NO:034VL12001312	4.000 CBM 1750.000 KGS
		LCL CFS-CFS FREIGHT PREPAID	
TOTAL NUMBER OF CONTAINERS OR OTHER PACKAGES OR UNITS RECEIVED BY THE CARRIER	TOTAL IN WORDS: FORTY FIVE (45) ROLLS ONLY		Declared Value $ If Merchant enters actual value of Goods and pays the applicable ad valorem traiff rate, Carrier's package limitation shall not apply.

FREIGHT & CHARGES	Revenue Tons	Rate	Per	Prepaid	Collect
					3 0 MAR 2013 ON BOARD SHANGHAI

Ex. Rate	Prepaid at	Payable at	Place and date of issue 3 0 MAR 2013 SHANGHAI
	MOVEMENT	No. of original B(s) /L THREE (3)	Signed on behalf of the Carrier: CHINA CONTAINER LINE (SHANGHAI) LIMITED

JURISDICTION AND LAW CLAUSE

The contract evidenced by or contained in this Bill of Lading is governed by the laws of the United States of America, and any claim or dispute arising hereunder or in connection herewith shall be determined by the U.S. Central District Court of California and no other Court.

by

BILL OF LADING FCI FAN CHENG INTERNATIONAL TRANSPORTATION SERVICE CO., LTD. ORIGINA

SHIPPER (PRINCIPAL OR SELLER-LICENSEE AND ADDRESS)	B/L NO.	NUMBER OF ORIGINAL B/L'S
JIANGSU OVERSEAS GROUP GARMENTS CO., LTD. CITIC MANSION, 348 ZHONGSHAN ROAD, NANJING, CHINA	ESOSK03719673	THREE
	EXPORT REFERENCES 03SUGO2D2V89	

CONSIGNED TO	FORWARDING AGENT (NAME AND ADDRESS-REFERENCES)
TO ORDER OF SHIPPER	

NOTIFY PARTY/INTERMEDIATE CONSIGNEE (NAME AND ADDRESS)	POINT AND COUNTRY OF ORIGIN
SHINYEI KAISHA, OSAKA BRANCH OSAKA-EKIMAE DAIICHI BLDG, 1F 1-700, NO3, 1-CHOME, UMEDA, KITA-KU, OSAKA 530 JAPAN AND OMORI KAISOTEN LTD., 23-1 HIGASHI-MACHI, CHUO-KU, KOBE, JAPAN	INLAND ROUTING/EXPORT INSTRUCTIONS
PLACE OF RECEIPT	

VESSEL VOYAGE	PORT OF LOADING	CONTAINER NUMBERS
TY LAKE V.0329E	SHANGHAI PORT	
PORT OF DISCHARGE	FOR FINAL DESTINATION	
OSAKA, JAPAN	OSAKA, JAPAN	

MARKS AND NUMBERS	NO. OF PKGS	DESCRIPTION OF PACKAGES AND GOODS (PARTICULARS FURNISHED BY SHIPPER)	GROSS WEIGHT	MEASUREME
I/M	599 CARTONS	MEN'S 100PCT COTTON WOVEN TRUNKS MEN'S 100PCT SILK WOVEN TRUNKS CN/SN:GESU2206150/2767046 1X20'FCL OCEAN FREIGHT INCLUDING FAF(BAF)/YAS/EBS PREPAID SHIPMENT EFFECTED BY CONTAINERIZED VESSEL	5352.00KGS	24.66CBM

ORIGINAL

ON BOARD 庄海民 (5)

SAY FIVE HUNDRED AND NINETY NINE CARTONS ONLY   CY-CY

SHIPPERS LOAD & COUNT
FREIGHT PREPAID
15 JUL 2003

FREIGHT RATES, CHARGES. WEIGHTS AND/OR MEASUREMENTS			To obtain Delivery Contact:
SUBJECT TO CORRECTION	PREPAID	COLLECT	GINKAI SHIPPING CO., LTD NIIGATA TEL: 045 640 3281
@			
@			
@			
@			15 JUL 2003
@			
@			SHANGHAI
TOTAL OCEAN FREIGHT CHARGES			Dated at
OTHER CHARGES			FAN CHENG INTERNATIONAL
			FAN CHENG TRANSPORTATION SERVICE CO., L
			As Carrie
TOTAL PREPAID			庄海民
TOTAL COLLECT			(5) AS CARRIER

Form No. 1A

BILL OF LADING

报检单位公章

中华人民共和国出入境检验检疫
出境货物报检单

报检单位（加盖公章）： 广东省纺织品进出口广通贸易有限公司　　　　*编　号＿＿＿＿＿＿

报检单位登记号： 4401W13490　联系人：刘执强　电话：＊＊＊　报检日期：2003 年 1 月 15 日

发货人	（中文）广东省纺织品进出口广通贸易有限公司					
	（外文）GUANGDONG TEXTILES IMP. AND EXP. GRANDTON TRADING CO. LTD.,					
收货人	（中文）阿联酋 ABC 有限公司					
	（外文）ABC TRADE CO., LTD. DUBAI（UAE）					
货物名称（中外文）	H.S. 编码	产地	数/重量	货物总值	包装种类及数量	
台布 EMBROIDERED TABLE CLOTH NO. B4010－A502	6204.300	广东中山	4 000 打	99 960 美元	400 纸箱	

运输工具名称号码	船舶 MAEK335 V.002	贸易方式	一般贸易	货物存放地点	大朗仓库
合同号	97/2495	信用证号	SK/25067/97	用途	其他
发货日期	2003.01.22	输往国家（地区）	阿联酋	许可证/审批号	25KD257
启运地	广州	到达口岸	迪拜	生产单位注册号	/
集装箱规格、数量及号码	1×20'FCL MALU2004023				

合同、信用证订立的检验检疫条款或特殊要求	标记及号码	随附单据（画"√"或补填）	
/	MAHARJA 02GT2495 DUBAI NO.1－400	☑合同 ☑信用证 ☑发票 □换证凭单 ☑装箱单 □厂检单	□包装性能结果单 ☑许可/审批文件 □ □ □ □

需要证单名称（画"√"或补填）				*检验检疫费	
□品质证书	__正__副	□植物检疫证书	__正__副	总金额 （人民币元）	
□重量证书	__正__副	□熏蒸/消毒证书	__正__副		
□数量证书	__正__副	□出境货物换证凭单	__正__副		
□兽医卫生证书	__正__副	☑出境货物通关单	1正2副	计费人	
□健康证书	__正__副	□			
□卫生证书	__正__副	□		收费人	
□动物卫生证书	__正__副	□			

报检人郑重声明： 1. 本人被授权报检。 2. 上列填写内容正确属实，货物无伪造或冒用他人的厂名、标志、认证标志，并承担货物质量责任。 签名： 刘执强	领取证单	
	日期	
	签名	

注：有"*"号栏由出入境检验检疫机关填写

中华人民共和国海关出口货物报关单

预录入编号：002102133　　　　　　　　海关编号：

出口口岸 新凤罗冲(5102)	备案号		出口日期 03.12.13		申报日期 03.12.10
经营单位 广东龙华贸易有限公司 (4401A13217)	运输方式 江海(2)	运输工具名称 SUISUN V.001		提运单号 KEN－98－25401	
发货单位 广东龙华贸易有限公司	贸易方式 一般贸易		征免性质 一般征免		结汇方式 信用证
许可证号	运抵国(地区) 芬兰		指运港 赫尔辛基		境内货源地 广东中山
批准文号 28HT82591	成交方式 CIF	运费 502/2688/3		保费 0.25/1	杂费
合同协议号 98SGQ468001	件数 400	包装种类 箱		毛重(千克) 3 600	净重(千克) 3 000
集装箱号 MAEU6150875＊1(1)	随附单据			生产厂家 中山威威电器厂	

标记唛码及备注
ABC
HELSINKI
NO.1－400

FOB 总值：64 626.38 美元

项号	商品编码	商品名称、规格型号	数量及单位	最终目的国 (地区)	单价	总价	币制	征税
01	85393190	节能灯 TR－3U－A 110V 5W E27/B22	5 000 只	芬兰	2.50	12 500.00	美元	照章 征税
02	85393190	节能灯 TR－3U－A 110V 7W E27/B22	5 000 只	芬兰	3.00	15 000.00	美元	
03	85393190	节能灯 TR－3U－A 110V 22W E27/B22	5 000 只	芬兰	3.80	19 000.00	美元	
04	85393190	节能灯 TR－3U－A 110V 26W E27/B22	5 000 只	芬兰	4.20	21 000.00	美元	

税费征收情况

录入员　　　录入单位 ＊＊＊　　　＊＊＊	兹声明以上申报无讹并承担法律责任	海关审单批注及放行日期(签章)	
报关员 　　李明 单位地址 　广州政龙路 152 号 邮编 ＊＊＊　电话 ＊＊＊	申报单位(签章) 广东龙华贸易有限公司 报关专用章 填制日期　03.12.10	审单	审价
		征税	统计
		查验	放行

进口口岸 广州海关	备案号(1) C51066000019	进口日期 2006年8月15日	申报日期 2006年8月15日	
经营单位（440193***） 广州电梯有限公司	运输方式(2) 江海运输	运输工具名称(3) SUI DONG FANG/ 510100607150	提运单号(4) 06XF02014	
收货单位（440193***） 广州电梯有限公司	贸易方式(5) 一般贸易	征免性质(6) 一般征税	征税比例 T/T	
许可证号	起运国（地区）(7) 香港	装货港 香港	境内目的地 广州	
批准文号	成交方式(8) EXW	运费	保费	杂费
合同协议号 BTNU0945-46	件数(9) 13	包装种类(10) CASE	毛重（千克）(11) 7640	净重（千克）(12) 7073
集装箱号	随附单据(13) 商业发票、装箱单		用途(14) 销售	

标记唛码及备注

All business, whether involving transport or not, is handled subject to our general conditions.

项号(15) 商品编号 商品名称、规格型号(16) 数量及单位(17) 原产国(18) 单价 总价(19) 币制(20) 征免

1.--------6005343 ESCALATOR MACHINE 13 CASES中国 3706.22 51887.08 EUR 照章征税

2.--------6005344 14.000 UNITS OF ECH3

3.--------6004843 11.0 KW-380/415V-50Hz

4.--------6005273

税费征收情况

录入员　录入单位 报关员 单位地址 邮编　电话	兹声明以上申报无讹并承担法律责任 申报单位（盖章） 填制日期	海关审单批注及放行日期（盖章） 审单　审价 征税　统计 查验　放行

ORIGINAL

1. Exporter	Certificate No.
CHANGZHOU COSIN INTERNATIONAL TRADE CORP. LTD. NO:501 1 FUCHEN GARDEN 8 TAIHU EAST ROAD NEW DISTRICT, CHANGZHOU, JIANGSU, CHINA	**CCPIT 123950808** 13C3204A0088/00014 CERTIFICATE OF ORIGIN OF THE PEOPLE'S REPUBLIC OF CHINA

2. Consignee	5. For certifying authority use only
DENIM KUMASCILIK TIC. VE SAN. LTD. STI.-YENIBOSNA, MERKEZ MH. DOGU SANAYI SITESI 11,BLOK NO:3 34197 YENIBOSNA ISTANBUL TURKEY	
3. Means of transport and route FROM SHANGHAI CHINA TO ISTANBUL TURKEY BY SEA	CHINA COUNCIL FOR THE PROMOTION OF INTERNATIONAL TRADE IS CHINA CHAMBER OF INTERNATIONAL COMMERCE
4. Country / region of destination TURKEY	

6. Marks and numbers	7. Number and kind of packages; description of goods	8. H.S.Code	9. Quantity	10. Number and date of invoices
N/M	FORTY FIVE (45) ROLLS OF WOVEN FABRIC 98 PCT COTTON 2 PCT SPANDEX CORDUROY AS PER THE BEN.'S PRO. INV NO: 12CS005 DD. 121121 L/C NO. :034VL12001312 WE CERTIFY THAT THE GOODS ARE OF CHINA ORIGIN. **	5801	4352.8MTRS	CZCS13-J001I MAR. 25, 2013

11. Declaration by the exporter	12. Certification
The undersigned hereby declares that the above details and statements are correct, that all the goods were produced in China and that they comply with the Rules of Origin of the People's Republic of China.	It is hereby certified that the declaration by the exporter is correct.
MAR. 25, 2013	MAR. 25, 2013
Place and date, signature and stamp of authorized signatory	Place and date, signature and stamp of certifying authority

F14

凭
SAKURA BANK, LTD., THE (FORMERLY MITSUI

Drawn under TAIYO KOBE) TOKYO

信用证 第 号
L/C No. 645-3000598

日期 年 月 日
dated JAN. 13, 1998

按 息 付 款

Payable with interest @ % per annum

号码 汇票金额
No. **Exchange** *for*

USD16000.00

中国. 广州 年 月 日
Guangzhou. China. 19

见票 日 后 (本 汇 票 之 副 本 未 付) 付
At *sight of this* **FIRST** *of Exchange* (*Second of exchange being unpaid*)

pay to the order of BANK OF CHINA 或其指定人

金 额
the sum of U.S. DOLLARS SIXTEEN THOUSAND ONLY.

此致
To AKURA BANK, LTD., THE (FORMERLY GUANGDONG MACHINERY IMPORT AND
ITSUI TAIYO KOBE) TOKYO EXPORT CORP. (GROUP)

SHIPMENT DECLARATION

DATE: MAR 30,2013

V/V: XIN QIN HUANG DAO V.0129W

B/L NO.:CCLSHA30330884

POL/POD: SHANGHAI/ISTANBUL

WE STATING THAT THE AGE OF THE VESSEL IS NOT OLDER
THAN 17 YEARS OLD.

常州市科兴国际贸易有限公司
CHANGZHOU COSIN INTERNATIONAL
TRADE CORP.LTD

总经理
GMANAGER   LU XIAO FEI

常州市科兴国际贸易有限公司
CHANGZHOU COSIN INTERNATIONAL TRADE CORP. LTD
Add:NO.501 1# FUCHEN GARDEN 8# TAIHU EAST ROAD NEW DISTRICT CHANGZHOU JIANGSU CHINA

Tel:0086-519-85159928　　Fax:0086-519-85139896

售货确认书
SALES CONFIRMATION

合同编号：
Contract No: 12CS005-J001I
日期：
Date: 2012-11-21

买方（Buyers）：DENIM KUMASCILIK TIC.VE SAN.LTD.STI
买方地址（Buyers Address）：YENIBOSNA MERKEZ
　　MH. DOGU SANAYI SITESI 11.BLOK NO:3
　　34197 YENIBOSNA ISTANBUL TYRKEY
Buyer's Tel:　　　　　　　　Buyer's Fax:

传真/来函/定单：
Your Fax/Letter/Indent:

兹经买卖双方同意，成交商品，订立条款如下：
The undersugned Seller and Buyer have agreed to close the following transactions acording to the terms and conditions stipulated below:

货号 Article NO.	品名及规格 Description of goods	数量 Quantity	单价 Unit Price	总值 Total Amount	
1	CORDUROY	4352.8	3.14	USD	13667.79
				USD	0.00
				USD	0.00
				USD	0.00
				USD	0.00
				USD	0.00
	TOTAL:	4352.8		USD	13667.79

1.装运期： 2013-3-30　　　　允许溢短装 +3%
Time of shipment　　　　quantity more or less allowed +3%

2.装运口岸和目的地：由 SHANGHAI 至 ISTANBUL　可否分批、可否转运：
Loading Port & Destination form SHANGHAI to ISTANBUL　Partial Shipment: Allowed　Transshipment:

3.保险： 由卖方按发票金额110%投保一切险及战争险，按1981年1月1日中国人民保险公司条款负责。
Insurance: To be effected by the sellers for 110% of invoice value against All Risks and War Risks as per PICC dated 1/1/1981.
由买方自理 To be effected by the buyer.

4.付款条件：
Term of Payment:

5.买方收到本售货确认书后请立即回签一份，如买方对本确认书有异议 应于收到后五天内提出，否则认为买方已同意接受本确认书所规定的各项条款。
The buyer is requested to sign and return one copy of this Sales Confirmation immediately after receipt of the same.Objection,if any,should be raised by Buyer within five days after receipt of this Sales Confirmation in the absence of which it is understood that the Buyer has accepted the terms and conditions of the Sales Confirmation.

6.备注：
Remarks:

买方确认签署
Buyer Confirmed by
Please insert in L/C:S/C,All bank charges are for account applicant

总经理
GMANAGER LU XIAO FEI
卖方确认签署
Seller Confirmed by
常州市科兴国际贸易有限公司
CHANGZHOU COSIN INTERNATIONAL TRADE CO.,LTD

```
2003DEC02 15:30:10                                    LOGICAL TERMINAL E102
MI S700               ISSUE OF A DOCUMENTARY CREDIT        PAGE 00001
                                                           FUNC MSG700
                                                           UMR  09857800
MSGACK  DWS7651 AUTH OK, KEY B3030921E8341D10, BKCHCNBJ UOVBSGSG RECORD
BASIC HEADER        F  01 BKCHCNBJA940 1009 866230
APPLICATION HEADER  O 700 1440 031202 UOVBSGSGAXXX 8951 561285 031202 I440 N
                              *UNITED OVERSEAS BANK LIMITED
                              *SINGAPORE
USER HEADER         SERVICE CODE   103:
                    BANK. PRIORITY 113:
                    MSG USER REF.  108: 1CMOTRDLC403894X
                    INFO. FROM CI  115:
SEQUENCE OF TOTAL    *27  : 1 / 1
FORM OF DOC. CREDIT  *40 A : IRREVOCABLE
DOC. CREDIT NUMBER   *20  : 1CMLC403894
DATE OF ISSUE        31 C : 031202
EXPIRY               *31 D : DATE 031222 PLACE IN BENEFICIARY'S COUNTRY
APPLICANT            *50  : SMCTEXTILE PTE LTD
                            159 SIN MING ROAD
                            HEX 03-04 AMTECH BUILDING
                            SINGAPORE 575625
BENEFICIARY          *59  : JIANGSU OVERSEA GROUP GARMENTS
                            CO., LTD
                            15/16 FLOOR CITIC MASION, 348
                            ZHONGSHAN ROAD, NANJING, CHINA
AMOUNT               *32 B :              CURRENCY USD AMOUNT 106.116,
POS. / NEG. TOL.(%) 39 A : 0 / 0
ADD. AMOUNT COVERED 39 C : 0,
AVAILABLE WITH/BY    *41 D : ANY BANK IN BENEFICIARY'S COUNTRY
                            BY NEGOTIATION
DRAFTS AT ...        42 C : DRAFT AT  90 DAYS AFTER
                            SIGHT
DRAWEE               42 D : ISSUING BANK FREE OF INTEREST
                            FOR 100PCT INVOICE VALUE
PARTIAL SHIPMENTS    43 P : NOT ALLOWED
TRANSSHIPMENT        43 T : NOT ALLOWED
LOADING IN CHARGE    44 A :
        CHINA (SHANGHAI)
FOR TRANSPORT TO ... 44 B :
        USA (LOS ANGELES PORT)
LATEST DATE OF SHIP. 44 C : 031211
DESCRIPT. OF GOODS   45 A :
        INCOTERM FOB
        MENS 55PCT LINEN 45PCT COTTON WOVEN SHORTS
        PO HEX      STYLE HEX    QUANTITY    UNIT    AMOUNT(USD)
        20996       MX9066       9,600.00    PCS     43,920.00
        20998       MX9058       9,600.00    PCS     43,920.00
        20998       MX9058B      9,600.00    PCS     18,276.00
        .                       ------------         -------------
        .                        28,800.00            106,116.00
                                ------------         -------------
DOCUMENTS REQUIRED   46 A :
        DOCUMENTS IN TRIPLICATE UNLESS OTHERWISE STIPULATED
        +SIGNED COMMERCIAL INVOICE IN QUADRUPLICATE
        +PACKING LIST WITH DETAIL COLOR/SIZE BREAKDOWN IN 1 ORIGINAL
        AND 2 COPIES
        +CERTIFICATE OF ORIGIN IN 1 ORIGINAL AND 2 COPIES
        +SINGLE COUNTRY DECLARATION IN 1 ORIGINAL AND 2 COPIES
        +INSPECTION CERTIFICATE IN 1 ORIGINAL AND 2 COPIES ISSUED AND
        SIGNED BY ''ZHENG GUO CHENG'' STATING THE MERCHANDISE
        SHIPPED IN GOOD ORDER.
        +BENEFICIARY'S CERTIFICATE INDICATING THAT THE DUPLICATE SET
        OF THE STIPULATED DOCUMENTS HAVE BEEN FAXED DIRECTLY TO
```

2003DEC02 15:30:10   LOGICAL TERMINAL E102
MT S700   ISSUE OF A DOCUMENTARY CREDIT   PAGE 00002
                                                      FUNC MSG700
                                                      UMR 09857800

APPLICANT
+2/3 CLEAN ON BOARD OCEAN BILLS OF LADING MADE OUT TO THE
ORDER OF TOPSAIL TEXTILE INC NOTIFY TOPSAIL TEXTILE INC.,
376 S. LEMON CREEK DR., SUITE A. WALNUT, CA 91789 AND MARKED
FREIGHT COLLECT
+BENEFICIARY'S CERTIFICATE CERTIFYING THAT ONE SET OF ORIGINAL
DOCUMENTS INCLUDING INVOICE, PACKING LIST AND 1/3 ORIGINAL
B/LADING HAVE BEEN COURIERED TO TOPSAIL TEXTILE INC.,
376 S. LEMON CREEK DR., SUITE A. WALNUT, CA 91789 AND COURIER
RECEIPT IS REQUIRED

ADDITIONAL COND.   47 A :
+IN CASE OF PRESENTATION OF DISCREPANT DOCUMENTS AND SUBJECT TO
THE ISSUING BANK'S ACCEPTANCE, A DISCREPANCY FEE OF USD35
FOR ACCOUNT OF BENEFICIARY SHALL BE LEVIED.
+ALL BANK CHARGES OUTSIDE SINGAPORE AND REIMBURSEMENT CHARGES
ARE FOR ACCOUNT OF BENEFICIARY.
+UNLESS OTHERWISE STIPULATED ALL DOCUMENTS SHOULD BE ISSUED IN
ENGLISH LANGUAGE.
+INSURANCE TO BE COVERED BY ULTIMATE BUYER
+BILL OF LADING MUST SHOW THE ACTUAL PORT OF LOADING AND
DISCHARGE.
+PLEASE BE INFORMED THAT SATURDAY IS TO BE CONSIDERED A NON-
BANKING BUSINESS DAY FOR OUR TRADE FINANCE PROCESSING/OPERATIONS
UNIT ALTHOUGH OUR BANK MAY OTHERWISE BE OPEN FOR BUSINESS.

CONFIRMATION   *49 : WITHOUT
INSTRUCTIONS   78 :
+WE WILL ADVISE YOU OF THE MATURITY DATE UPON ACCEPTANCE OF
DOCUMENTS IN COMPLIANCE WITH TERMS OF CREDIT. ON MATURITY,
PLEASE CLAIM YOUR REIMBURSEMENT FROM:
UNITED OVERSEAS BANK LTD
UOB BUILDING, 592 FIFTH AVENUE
48TH STREET, 10TH FLOOR
NEW YORK, N.Y. 10036, USA
+SEND ALL DOCUMENTS IN ONE LOT BY COURIER SERVICE TO
UNITED OVERSEAS BANK LTD, IMPORT BILLS
80 RAFFLES PLACE, 8TH STOREY, UOB PLAZA 1, SINGAPORE 048624
+REIMBURSEMENT, IF APPLICABLE, IS SUBJECT TO ICC URR525.
+THIS CREDIT IS SUBJECT TO ICC UCP PUBLICATION 500.

TRAILER   ORDER IS <MAC:> <PAC:> <ENC:> <CHK:> <TNG:> <PDE:>
                   MAC:7DBEEE9F
                   CHK:3D0E56356266

955714

CO004/6-PCM (040108)

This cheque is only valid for payment within six months from the date hereof.

此支票只限於票面日期起十六個月內有效。

This cheque is purchased by and issued at the request of

此支票乃由下列公司購買及簽發出

HSBC Life (International) Limited

Pay to the order of 新付給頭人

MR NGAN TING KEI

HK Dollars 港幣

***ONE HUNDRED FIFTY-SIX THOUSAND EIGHT HUNDRED FORTY-SIX AND CENTS SEVENTY-SEVEN ONLY

Date 日期   03 SEP 2013

NOT NEGOTIABLE
A/C PAYEE ONLY

HK $ **************156,846.77***

The Hongkong and Shanghai Banking Corporation Limited

Hong Kong Office: 1 Queen's Road Central, Hong Kong SAR.

香港上海滙豐銀行有限公司

香港總行 香港皇后大道中一號

For The Hongkong and Shanghai Banking Corporation Limited

Lo Ho Yin Gwee 45109

Authorised Signature(s) 授權簽署

⑈95⑈188⑈⑈ 004⑈50 2⑈ 377948⑈006⑈⑈ 02

参考文献

[1] 吴百福,徐小薇.进出口贸易实务教程[M].上海:上海人民出版社,2007.

[2] 张亚芬.国际贸易实务与案例教程[M]2版.北京:高等教育出版社,2009.

[3] 彭福永.国际贸易实务教程[M].上海:上海财经大学出版社,2009

[4] 安徽.国际贸易实务教程[M].北京:北京大学出版社,2005.

[5] 张炳达.国际贸易实务[M].上海:立信会计出版社,2005.

[6] 黎孝先,石玉川.国际贸易实务[M].北京:对外经济贸易大学出版社,2008.

[7] 吴国新,李元旭.国际贸易单证实务[M]3版.北京:清华大学出版社,2012.

[8] 郎丽华.国际贸易案例精选[M].北京:经济日报出版社,2005.

[9] 张彦欣,卓小苏.国际贸易操作实务[M].北京:中国纺织出版社,2005.

[10] 秦超,陈颖.国际贸易实务[M].北京:高等教育出版社,2011.

[11] 胡丹婷.国际贸易实务[M]2版.北京:机械工业出版社,2011.

[12] 刘秀玲.国际贸易实务与案例[M].北京:清华大学出版社,2008.

[13] 梁树新,张宏.国际贸易实务教程[M].北京:人民邮电出版社,2007.

[14] 俞毅.国际贸易实务教程[M].北京:机械工业出版社,2006.

[15] 华欣,张雪莹.新编国际贸易实务[M]2版.北京:清华大学出版社,2009.

[16] 姚新超.国际贸易实务[M].北京:对外经济贸易大学出版社,2007.

[17] 吴薇.国际贸易实务[M].北京:对外经济贸易大学出版社,2007.

[18] 国际商会(ICC).中国国际商会组织翻译.2010年国际贸易术语解释通则[M].北京:
中国民主法制出版社,2011

[19] 国际商会(ICC).中国国际商会组织翻译.跟单信用证统一惯例(UCP600)[M].北京:
中国民主法制出版社,2007.

[20] 国际商会(ICC).中国国际商会组织翻译.关于审核跟单信用证项下单据的国际标准银
行实务(ISBP)[M].北京:中国民主法制出版社,2007.